Die Integration der Schweizer Finanzmärkte

Wirtschaftswissenschaftliche Beiträge

Informationen über die Bände 1–99 sendet Ihnen auf Anfrage gerne der Verlag.

Band 100: K. Morasch, Strategische Allianzen, 1994, ISBN 3-7908-0783-4

Band 101: N. Lamar, Makroökonomische Konvergenz und Währungssystem, 1994, ISBN 3-7908-0784-2

Band 102: G.M. Winkler, Entscheidungen und Präferenzen, 1994, ISBN 3-7908-0786-9

Band 104: C. Fantapié Altobelli, Kompensationsgeschäfte im internationalen Marketing, 1994, ISBN 3-7908-0801-6

Band 105: R. Wagner, Die Grenzen der Unternehmung, 1994, ISBN 3-7908-0812-1

Band 106: H. Richter, Marktorientierte Neugestaltung des Einkommensteuersystems, 1995, ISBN 3-7908-0819-9

Band 107: M. Graff, Bildung und technischer Fortschritt als Determinanten wirtschaftlicher Entwicklung, 1995, ISBN 3-7908-0820-2

Band 109: T. Kuhn, Theorie des kommunalen Finanzausgleichs, 1995, ISBN 3-7908-0828-8

Band 110: B. Schaden, Effektive Kapitalsteuerbelastung in Europa, 1995, ISBN 3-7908-0831-8

Band 111: G. Georgi, Job Shop Scheduling in der Produktion, 1995, ISBN 3-7908-0833-4

Band 112: V. Kaltefleiter, Die Entwicklungshilfe der Europäischen Union, 1995, ISBN 3-7908-0838-5

Band 113: B. Wieland, Telekommunikation und vertikale Integration, 1995, ISBN 3-7908-0849-0

Band 114: D. Lucke, Monetäre Strategien zur Stabilisierung der Weltwirtschaft, 1995, ISBN 3-7908-0856-3

Band 115: F. Merz, DAX-Future-Arbitrage, 1995, ISBN 3-7908-0859-8

Band 116: T. Köpke, Die Optionsbewertung an der Deutschen Terminbörse, 1995, ISBN 3-7908-0870-9

Band 117: F. Heinemann, Rationalisierbare Erwartungen, 1995, ISBN 3-7908-0888-1

Band 118: J. Windsperger, Transaktionskostenansatz der Entstehung der Unternehmensorganisation, 1996, ISBN 3-7908-0891-1

Band 119: M. Carlberg, Deutsche Vereinigung, Kapitalbildung und Beschäftigung, 1996, ISBN 3-7908-0896-2

Band 120: U. Rolf, Fiskalpolitik in der Europäischen Währungsunion, 1996, ISBN 3-7908-0898-9

Band 121: M. Pfaffermayr, Direktinvestitionen im Ausland, 1996, ISBN 3-7908-0908-X

Band 122: A. Lindner, Ausbildungsinvestitionen in einfachen gesamtwirtschaftlichen Modellen, 1996, ISBN 3-7908-0912-8

Band 123: H. Behrendt, Wirkungsanalyse von Technologie- und Gründerzentren in Westdeutschland, 1996, ISBN 3-7908-0918-7

Band 124: R. Neck (Hrsg.) Wirtschaftswissenschaftliche Forschung für die neunziger Jahre, 1996, ISBN 3-7908-0919-5

Band 125: G. Bol, G. Nakhaeizadeh/K.-H. Vollmer (Hrsg.) Finanzmarktanalyse und -prognose mit innovativen quantitativen Verfahren, 1996, ISBN 3-7908-0925-X

Band 126: R. Eisenberger, Ein Kapitalmarktmodell unter Ambiguität, 1996, ISBN 3-7908-0937-3

Band 127: M.J. Theurillat, Der Schweizer Aktienmarkt, 1996, ISBN 3-7908-0941-1

Band 128: T. Lauer, Die Dynamik von Konsumgütermärkten, 1996, ISBN 3-7908-0948-9

Band 129: M. Wendel, Spieler oder Spekulanten, 1996, ISBN 3-7908-0950-0

Band 130: R. Olliges, Abbildung von Diffusionsprozessen, 1996, ISBN 3-7908-0954-3

Band 131: B. Wilmes, Deutschland und Japan im globalen Wettbewerb, 1996, ISBN 3-7908-0961-6

Band 132: A. Sell, Finanzwirtschaftliche Aspekte der Inflation, 1997, ISBN 3-7908-0973-X

Band 133: M. Streich, Internationale Werbeplanung, 1997, ISBN-3-7908-0980-2

Band 134: K. Edel, K.-A. Schäffer, W. Stier (Hrsg.) Analyse saisonaler Zeitreihen, 1997, ISBN 3-7908-0981-0

Band 135: B. Heer, Umwelt, Bevölkerungsdruck und Wirtschaftswachstum in den Entwicklungsländern, 1997, ISBN 3-7908-0987-X

Fortsetzung auf Seite 225

Claudio Mazzoni

Die Integration der Schweizer Finanzmärkte

Ein Vergleich verschiedener Ansätze zur Messung der Kapitalmobilität und Integration der Finanzmärkte

Mit 23 Abbildungen
und 15 Tabellen

Physica-Verlag
Ein Unternehmen
des Springer-Verlags

Reihenherausgeber
Werner A. Müller

Autor
Dr. Claudio Mazzoni
Wirtschaftswissenschaftliches Institut
Universität Zürich
Rämistr. 62
CH-8001 Zürich, Schweiz

Die Deutsche Bibliothek – CIP-Einheitsaufnahme
Mazzoni, Claudio: Die Integration der Schweizer Finanzmärkte: Ein Vergleich verschiedener Ansätze zur Messung der Kapitalmobilität und Integration der Finanzmärkte / Claudio Mazzoni. – Heidelberg: Physica-Verl., 1998
Zugl.: Zürich, Univ., Diss., 1997
(Wirtschaftswissenschaftliche Beiträge; Bd. 163)
ISBN-13: 978-3-7908-1099-8 e-ISBN-13: 978-3-642-47025-7
DOI: 10.1007/978-3-642-47025-7

Umschlaggestaltung: Erich Kirchner, Heidelberg

SPIN 10672192 88/2202-5 4 3 2 1 0 – Gedruckt auf säurefreiem Papier

VORWORT

Die vorliegende Arbeit entstand während meiner Assistenz am Wirtschaftswissenschaftlichen Institut der Universität Zürich. Besonderer Dank gebührt meinem akademischen Lehrer sowie Referenten meiner Arbeit Prof. Dr. Helmut Schneider, Direktor am Wirtschaftswissenschaftlichen Institut der Universität Zürich. Seine stete Diskussionsbereitschaft und aufbauende Kritik waren für mich richtungsweisend und haben es mir ermöglicht, selbständig zu weiterführenden Resultaten zu gelangen. Zudem räumte er mir grosszügig den erforderlichen Freiraum ein, den ich für die Abhandlung des Stoffes benötigte.

Viele Impulse ergaben sich in Diskussionen mit meinen Institutskollegen Patrick Fuchs, Dr. Thomas Leupold, Torsten Schmidt und Wolfram Strüwe. Bei statistischen Problemen konnte ich jederzeit auf die kompetente Beratung von Hans-Joachim Delzeit zählen. Ich möchte mich auch bei Dr. Hans-Peter Huber für seine kritischen Anmerkungen und seine Bereitschaft, mir Daten zur Verfügung zu stellen, bedanken.

Sehr verbunden bin ich Stefanie Haider und Franco Item, die mir mit ausgefeilten Formulierungen und sorgfältigen Korrekturen bei der Erstellung des Manuskripts zur Seite standen.

Es ist mir eine Freude, an dieser Stelle auch den Menschen danken zu können, die mich auf dem Weg vom ersten Gedanken bis zur Fertigstellung dieser Arbeit begleitet und unterstützt haben: meine Eltern, meine Familie und meine Freunde. Ich danke ihnen auch für das Verständnis, das sie mir in besonders arbeitsintensiven Phasen entgegenbrachten. Mein innigster Dank aber gilt Stefanie, für ihre Geduld und Unterstützung, die mir immer sicher waren.

Zürich, im Dezember 1997 Claudio Mazzoni

INHALTSVERZEICHNIS

1 Einleitung und Grundlagen

Die internationalen Kapitalmärkte haben in den letzten zwanzig Jahren seit der Einführung flexibler Wechselkurse eine fortgesetzte Integration erfahren. Die anfänglich weit verbreiteten Zweifel, ob die Stabilität der Kapitalmärkte mit dem Zusammenbruch des Systems fixer Wechselkurse aufrechterhalten werden könne, wurden – bis auf einige turbulente Phasen – nicht bestätigt. Im allgemeinen ist man sich heute darüber einig, dass die internationale Kontrollfunktion, die von der weltweiten Integration der Kapitalmärkte ausgeht, einem wünschenswerten Entwicklungsprozess folgt. Die Bildung von Monopolen und die Wahrscheinlichkeit von Absprachen nimmt mit zunehmender internationaler Teilnahme eher ab. Die Rendite der Projekte nationaler Kapitalnachfrager wird an den alternativen Renditen am Weltmarkt gemessen. Diese fast euphorische Beurteilung, welche aus der Integration der Kapitalmärkte abgeleitet wird, ist heute in der Presse zu einem Gemeinplatz geworden. Es stellt sich aber die Frage, wie diese Integration gemessen werden soll. Damit man davon ausgehen kann, dass die Integration heute tatsächlich grösser ist, als sie es vor zwanzig oder dreissig Jahren war, müssen Parameter gefunden werden, die uns darüber Auskunft geben können. Meistens wird die Integration der Kapitalmärkte mit einer weltweiten Angleichung der Zinsen in Verbindung gebracht oder mit der Möglichkeit, die vorhandene Ressource Kapital an dem Ort anzulegen, an welchem die Allokation die höchste Effizienz erlangt.

Neben der Einführung flexibler Wechselkurse hat für die Entwicklung der internationalen Kapitalmobilität und der damit verbundenen Integration der Kapitalmärkte auch die Aufhebung von Devisenbewirtschaftungsmassnahmen eine wichtige Rolle gespielt. Der ebenso wichtige Abbau von Handelsschranken (GATT) hat die Abschottung inländischer Anbieter von Finanzdienstleistungen gegenüber der ausländischen Konkurrenz nahezu beseitigt. Die Integration der Finanzmärkte hat aber auch die Entwicklung neuer Produkte auf den Finanzmärkten begünstigt, die Integration wiederum wurde durch den technischen Fortschritt in der Telekommunikation beschleunigt.

Ein Blick auf die Statistik zeigt, wie sich die relative Gewichtung der internationalen Finanzmärkte im Vergleich mit anderen Märkten verändert hat. Zu Beginn der siebziger Jahre hat der Zahlungsverkehr, der durch den internationalen Güterhandel hervorgerufen worden war, noch die wichtigste Rolle gespielt, während der Devisenhandel, der aus der internationalen Kapitalnachfrage hervorgegangen war, eine zweitrangige Position einnahm. Diese Situation hat sich mit der Einführung der flexiblen Wechselkurse gewaltig geändert. Der Verlauf der in Abbildung 1.1 dargestellten Daten ist typisch für die Zunahme der Bedeutung der Finanzmärkte in den vergangenen 25 Jahren.

Abbildung 1.1:
Veränderung des Handelsvolumens und der Finanzmarkttransaktionen in Dollar

1970-1995

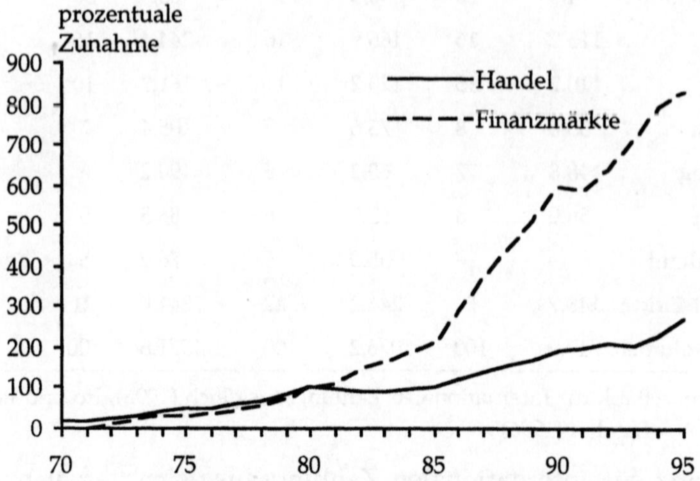

Quellen: Welthandelsvolumen IMF (IFS Yearbook, 1996 S. 115)
Finanzmärkte CHIPS 1996 (http://www.chips.org)

Die Graphik in Abbildung 1.1 zeigt die Grössenordnung des Wachstums. Die von CHIPS (Clearing House Interbank Payments System) erhobenen Daten berücksichtigen über 95% aller Dollartransaktionen. Demnach werden in dieser Abbildung nicht sämtliche Transaktionen an den Finanzmärkten berücksichtigt, man erhält jedoch ein Bild für die Grössenordnung der unterschiedlichen Wachstumsraten[1]. Auch Hallwood und MacDonald (1995) vermerken beispielsweise, dass die Devisenflüsse im Vergleich zu den Handelsflüssen 1989 etwa achtzigmal grösser waren und dieser Faktor bis 1992 auf das Hundertfache anstieg. Dieser Trend setzt sich seit Beginn der neunziger Jahre fort.

---

[1] Die Angaben von CHIPS sollten als Trendangaben und keinesfalls als genaue Messung der internationalen Kapitalströme interpretiert werden. In den

Tabelle 1.1: Durchschnittliche Tagesumsätze an Devisenmärkten

	April 1989		April 1992		April 1995		
	Summe	Anteil in %	Summe	Anteil in %	Summe	Anteil in %	Zunahme in % 1992-1995
Grossbritannien	184.0	26	290.5	27	463.8	30	60
USA	115.2	16	166.9	16	244.4	16	46
Japan	110.2	15	120.2	11	161.3	10	34
Singapur	55.0	8	73.6	7	105.4	7	43
Hongkong	48.8	7	60.3	6	90.2	6	50
Schweiz	56.0	8	65.5	6	86.5	5	32
Deutschland	–	–	55.0	5	76.2	5	39
Andere Märkte	148.7	20	244.2	22	344.0	21	48
Gesamtvolumen	717.9	100	1076.2	100	1571.8	100	46

Quellen: Bank für Internationalen Zahlungsausgleich (1996), Ito und Folkerts-Landau (1996) .

Die Bank für Internationalen Zahlungsausgleich verzeichnete ein Wachstum des durchschnittlichen weltweiten Tagesumsatzes an den Devisenmärkten von über tausend Milliarden Dollar im April 1992 auf über anderthalb tausend Milliarden im April 1995. Über die Hälfte der Transaktionen teilen sich zwischen London, New York und Tokio auf, wobei die Position des Londoner Marktes relativ an Bedeutung zugenommen hat (vgl. Tabelle 1.1).

Neben der verstärkten Präsenz privater Anleger an den internationalen Finanzmärkten, erhöhte sich auch die Nachfrage institutioneller Anleger mit dem Ausbau der Pensionskassen. Selbst die Staatstätigkeit nahm an den internationalen Finanzmärkten zu, da sich die Regierungen zunehmend über die Landesgrenzen hinaus verschuldeten. Die Schuldenstruktur einiger Industrieländer zeigt, dass zwischen 1980 und 1992 ein Trend hin zur verstärkten Auslandsverschuldung zu verzeichnen war (mit Ausnahme der

CHIPS-Angaben sind zum Teil auch Handelsdaten sowie Daten amerikanischer Binnentransaktionen enthalten.

USA). In der Tabelle 1.2 ist die Veränderung der Schuldenstruktur einiger Industrieländer angegeben.

Tabelle 1.2:
Veränderung der Gläubigerstruktur einiger Industrieländer

Land	1980	1986	1992
USA			
Inländische Gläubiger in % der Staatsschuld	78.96	83.56	80.64
Ausländische Gläubiger in % der Staatsschuld	21.04	16.44	19.36
Deutschland			
Inländische Gläubiger in % der Staatsschuld	90.86	79.78	73.72
Ausländische Gläubiger in % der Staatsschuld	9.14	20.22	26.28
Frankreich			
Inländische Gläubiger in % der Staatsschuld		99.16	57.39
Ausländische Gläubiger in % der Staatsschuld		0.84	42.16
Grossbritannien			
Inländische Gläubiger in % der Staatsschuld	91.11	90.22	82.57
Ausländische Gläubiger in % der Staatsschuld	8.89	9.78	17.43
Italien			
Inländische Gläubiger in % der Staatsschuld	46.58	40.84	26.27
Ausländische Gläubiger in % der Staatsschuld	53.42	59.16	73.73
Kanada			
Inländische Gläubiger in % der Staatsschuld	86.13	82.39	75.49
Ausländische Gläubiger in % der Staatsschuld	13.87	17.61	24.51
Schweden			
Inländische Gläubiger in % der Staatsschuld	72.03	72.00	54.25
Ausländische Gläubiger in % der Staatsschuld	27.97	28.00	45.75

Quelle: Goldstein und Folkerts-Landau (1994)

Diese einleitenden Statistiken legen zwar die Vermutung einer erhöhten internationalen Integration der Finanzmärkte nahe, sie sind aber kein einheitliches Mass. Wie gross ist die weltweite Kapitalmobilität? Und – sofern die Kapitalmobilität beziffert werden kann – hat sie in den vergangenen Jahren tatsächlich zugenommen? Diese Fragen sind unweigerlich mit der internationalen Integration der nationalen Finanzmärkte verbunden. Der Grund: Je weniger integriert ein nationaler Finanzmarkt ist, um so kleiner wird dort die Kapitalmobilität sein.

Die Konzepte der Kapitalmobilität und der Integration von nationalen Finanzmärkten müssen vorerst einmal auseinandergehalten werden, obwohl diese in der Literatur zwar oft, aber zu Unrecht, für Synonyme gehalten werden. Eine kurze, einheitliche Definition der Integration von Finanzmärkten gibt es nicht. *In der vorliegenden Arbeit gelten die Finanzmärkte als integriert, wenn die Anleger zwischen in- und ausländischen Anlagen indifferent sind.* Der Zins ist auf allen Anlagen mit gleichem Risiko im internationalen Vergleich aufgrund des Gesetzes der Preisunterschiedslosigkeit ('law of one price') identisch, und die Informationen sind für alle Marktteilnehmenden frei zugänglich. Die Integration der Finanzmärkte wird beeinträchtigt durch Transaktionskosten, Steuern, Kapitalverkehrskontrollen, Eigentumsrechtsbeschränkungen sowie weitere institutionelle Massnahmen, welche die Kosten der Anlage ausländischer Investoren im Inland erhöhen.

Vollständige oder perfekte Kapitalmobilität ist gegeben, wenn keine landesspezifischen Gesetze die nationale oder internationale Anlagestrategie behindern und die Transaktionskosten überall gleich hoch sind. Ferner geht man davon aus, dass die Vermögensbestände auf Änderungen der relativen Erträge sofort angepasst werden können. Die Definition der perfekten Kapitalmobilität setzt voraus, dass die Transaktionen zwischen zwei Handelspartnern aus unterschiedlichen Ländern vollständig von staatlichen Einflüssen verschont werden.

Aus den Definitionen geht hervor, dass die Situation der vollständigen Kapitalmobilität auch bei unvollständiger Integration der Finanzmärkte möglich ist. Bei unvollständiger Kapitalmobilität ist aber eine Integration der Finanzmärkte nicht möglich. Die Bedingung der vollständigen Kapitalmobilität ist somit notwendig, wenn man von der Integration der Finanzmärkte sprechen will. Die Entscheidung, ob Kapitalmobilität vorliegt oder nicht, wird uns in dieser Arbeit hauptsächlich beschäftigen. Mit welchem theoretischen Hintergrund lässt sich die Messung der

Kapitalmobilität nach einer bestimmten Methode begründen? Gibt es möglicherweise bessere Wege, um die Kapitalmobilität zu messen? Schliesslich werden verschiedene Varianten für die Schweiz angewendet, um im Vergleich mit anderen Staaten feststellen zu können, inwiefern sich die Kapitalmobilität seit der Einführung der flexiblen Wechselkurse verändert hat. Damit die verwendeten Ansätze in einem makroökonomischen Umfeld eingeordnet werden können, wird im folgenden Abschnitt ein monetäres Modell des Wechselkurses besprochen.

1.1 Das monetäre Modell des Wechselkurses

Das monetäre Modell des Wechselkurses wird heute schon fast als Standardmodell eingesetzt, um die Bewegungen der Wechselkurse bei freier Kapitalmobilität und flexiblen Wechselkursen zu erklären. Die Prämisse des Modells lautet, der Wechselkurs sei der relative Preisunterschied zwischen dem in- und ausländischen Geld. Das monetäre Modell und die mit diesem Ansatz verwandten Modelle spiegeln die Realität anscheinend besser wider als Modelle, die den Schwerpunkt auf die Gütermärkte legen, wenn man bedenkt, dass die Finanzmärkte, wie wir gesehen haben, heute eine führende Rolle in den internationalen Beziehungen eingenommen haben. Bereits geringe Änderungen in der Politik eines Landes können zu bedeutenden Kapitalströmen führen. Die Kapitalströme beeinflussen die Wechselkurse und sind gleichzeitig ein Zeichen der (wachsenden) Integration der nationalen Finanzmärkte mit den anderen weltweiten Finanzmärkten. Darum ist die typisch monetaristische Charakteristik[2] der angesprochenen Modelle im Gegensatz zum Keynesianischen Aussenhandelsmodell vertretbar, der neben den monetären Ansätzen auch zu nennen ist. Der wichtigste Beitrag dieses reinen Stromgrössenmodells, das als Mundell-Fleming-Modell in die Literatur

---

2 Damit ist die unverzögerte Preisanpassung bei exogenen Schocks gemeint.

einging, besteht in der Berücksichtigung der Wertpapiermärkte und der Kapitalmobilität in einem Aussenhandelsmodell. Das Mundell-Fleming-Modell ist ein Kind seiner Zeit: Es ist schwergewichtig auf die Gütermärkte ausgerichtet, was auch erklären mag, weshalb Bestandesgrössen kaum oder gar nicht wahrgenommen werden. Die oft vorgebrachte Entschuldigung, dass die Ströme nur für kurze Perioden betrachtet werden und deshalb die Bestände nicht oder nur unwesentlich tangieren, kann den heutigen Ansprüchen nicht mehr genügen. Die im Mundell-Fleming-Modell spärlich vorzufindende Unterscheidung der Anlagen in Geld und Wertpapiere wird schliesslich auch von den meisten Autoren, die mit Portfoliomodellen operieren, beklagt (Brainard und Tobin, 1992). Diese Unterscheidung reicht schon heute kaum mehr für die Inlandmodelle aus und verschlechtert den Erklärungsgehalt von Modellen, die internationale Zusammenhänge beschreiben, noch zusätzlich. Durch die Einführung einer Zahlungsbilanzgerade im Mundell-Fleming-Modell, welche bei vollständiger Integration der Finanzmärkte horizontal ist, wird das Problem nicht gelöst. Bei unvollständiger Substitution der in- und ausländischen Wertschriften beginnen die Bestände – und nicht die Ströme – eine Rolle zu spielen. Diese Problematik wird im Mundell-Fleming-Modell vernachlässigt. Natürlich sind auch die monetären Modelle des Aussenhandels nicht so angelegt, dass sie alle erwähnten Mängel des Mundell-Fleming-Modells überwinden können, doch sind solche Modelle für die Beschreibung der heutigen Situation an den internationalen Finanzmärkten geeigneter.

Das Modell besteht üblicherweise aus drei Gleichungen, die drei Märkte beschreiben. Die erste beschreibt das Gleichgewicht am Geldmarkt:

$$m_t - p_t = \alpha\, y_t - \beta\, i_t + \varepsilon_t \tag{1.1}$$

Der Bestand der im Zeitpunkt t angebotenen Geldmenge ist mit m_t bezeichnet, das Preisniveau sei p_t, das reale Einkommen y_t.

Die beiden Parameter α und β seien positive Modellparameter, damit werden auch die Einkommenselastizität beziehungsweise die Zinselastizität des Geldes bezeichnet. Mit ε_t werden allfällige Schocks der Geldnachfrage eingefangen. Die kleingeschriebenen Variablen sind alle in natürlichen Logarithmen angegeben. Für das Ausland gelte die gleiche Geldnachfragefunktion, wobei die inländischen und ausländischen Elastizitäten gleich sind und die ausländischen Variablen mit einem Stern bezeichnet werden.

$$m_t^* - p_t^* = \alpha\, y_t^* - \beta\, i_t^* + \varepsilon_t^* \tag{1.2}$$

Mit der zweiten Beziehung lassen sich die Preise am Gütermarkt bestimmen. Nun können die Preise so modelliert werden, dass sie sich nur langsam anpassen, oder man geht – wie das in den einfachsten makroökonomischen Modellen dieser Art geschieht – von flexiblen Preisen mit sofortiger Anpassung aus. Das setzt aber voraus, dass ein vollkommener Weltmarkt existiert und die gehandelten Güter homogen sind. Ferner entstehen beim weltweiten Handel weder Transportkosten noch Zölle oder anderweitige tarifäre und nicht-tarifäre Handelshemmnisse. Bei flexiblen Güterpreisen im In- und Ausland gilt unter diesen Voraussetzungen die Kaufkraftparität, die folgendermassen definiert wird:

$$w_t = p_t - p_t^* \tag{1.3}$$

wobei der Wechselkurs mit w_t bezeichnet wird. Die Parameter, die den Wechselkurs bestimmen, lassen sich nun durch Einsetzen von Gleichung (1.1) und Gleichung (1.2) in Gleichung (1.3) relativ einfach berechnen:

$$w_t = \left(m_t - m_t^*\right) - \alpha\left(y_t - y_t^*\right) + \beta\left(i_t - i_t^*\right) - \left(\varepsilon_t - \varepsilon_t^*\right) \tag{1.4}$$

Eine Zunahme der inländischen Geldmenge bewirkt ceteris paribus die Zunahme des Wechselkurses, w_t, oder mit anderen Worten eine Abwertung der inländischen Währung. Eine Zunahme der inländischen Produktion bewirkt ceteris paribus entsprechend eine Aufwertung, während die Zunahme des inländischen Zinssatzes zu einer Abwertung der inländischen Währung führt. Eine Erhöhung des inländischen Zinses führt aber zu Kapitalimporten und demnach zu einer Aufwertung der inländischen Währung.

Damit die Frage beantwortet werden kann, ob die Wirkung der Zinssenkung einen grösseren Einfluss auf den Wechselkurs ausübt als die Kapitalimporte, denke man an die Bedeutung der Geldnachfrage in einem System mit flexiblen Preisen. Eine Erhöhung des inländischen Realeinkommens führt zu einer grösseren Geldnachfrage, weil die Marktteilnehmenden bei gegebener realer Geldnachfrage eine wachsende nominale Geldnachfrage bewirken. Da die Notenbank die kurzfristig gestiegene Geldnachfrage nicht befriedigen kann (oder will), werden die Marktteilnehmer ihre Ausgaben drosseln müssen, um auf diese Weise die reale Geldnachfrage konstant halten zu können. Daraus folgt, dass die Preise fallen, bis das Gleichgewicht auf dem Geldmarkt erreicht wird. Der Preiszerfall führt über die Kaufkraftparität zu einer Aufwertung der inländischen Währung. Die Erhöhung des Zinssatzes führt hingegen, aufgrund der gesenkten Geldnachfrage im Publikum, zu einer Senkung des Wechselkurses. Diese Bedingung führt uns zur dritten Gleichung, welche die Bedingung für die internationale Integration der Finanzmärkte beschreibt. Es ist dies die ungedeckte Zinsparität. Die Differenz zwischen dem in- und dem ausländischen Zinssatz entspricht in der einfachsten Formulierung der ungedeckten Zinsparität der Differenz zwischen dem in- und ausländischen Wechselkurs[3]. Mit anderen Worten:

$$i_t - i_t^* = E\left(w_{t+1}^K \right) - w_t^K \qquad (1.5)$$

wobei mit $E(w_{t+1}^K)$ der für $t+1$ erwartete Wechselkurs gemeint ist. Löst man die Gleichung (1.2) nach dem Zinssatz auf und setzt diese Beziehung in Gleichung (1.5) unter Verwendung der Kaufkraftparität in Gleichung (1.3) ein, erhält man die Bestimmung

3 Im folgenden Kapitel werden wir die ungedeckte Zinsparität genauer untersuchen.

des Wechselkurses unter Berücksichtigung der erwarteten Wechselkursänderung[4]

$$w_t^K = \frac{\beta\, E\left(w_{t+1}^K \right)}{1+\beta} + \frac{m_t - m_t^*}{1+\beta} - \frac{\alpha\left(y_t - y_t^*\right)}{1+\beta} - \frac{\left(\varepsilon_t - \varepsilon_t^*\right)}{1+\beta} \tag{1.6}$$

Aus diesem Zusammenhang folgt aufgrund der Vorwärtsiteration von Gleichung (1.6) der heutige Wechselkurs. Dieser entspricht der diskontierten Summe sämtlicher zukünftig zu erwartenden relativen Änderungen:

$$w_t^K = (1+\beta)^{-1} \sum_{i=1}^{\infty} \left\{ \left[\frac{\beta}{1+\beta} \right]^i E\left(m_{t+i} - m_{t+i}^*\right) + E\left(y_{t+i} - y_{t+i}^*\right) + E\left(\varepsilon_{t+i} - \varepsilon_{t+i}^*\right) \right\} \tag{1.7}$$

wobei die Erwartungen im Zeitpunkt *t* aufgrund der in *t* verfügbaren Informationen gebildet werden. Damit dieses Modell mit der Vorstellung rational gebildeter Erwartungen übereinstimmt, muss die Zinselastizität des Geldes (β) positiv sein.

4 Da $i_t = (\alpha\, y_t - m_t + p_t + \varepsilon_t)/\beta$ ist, folgt für Gleichung (1.5) $\left[\alpha\left(y_t - y_t^*\right) - m_t + m_t^* + p_t - p_t^* + \varepsilon_t - \varepsilon_t^*\right]/\beta = E\left(w_{t+1}^K \right) - w_t^K$. Ersetzt man nun die Preisänderung durch die Kaufkraftparität, erhält man durch Auflösen nach w_t^K die Gleichung (1.6).

1.2 Aufbau der Arbeit

Wie aus dem Modell in 1.1 hervorgeht, ist die Existenz der vollständigen Kapitalmobilität von zentraler Bedeutung für die Bestimmung eines möglichst unverzerrten Wechselkurses. Die Frage nach der veränderten Kapitalmobilität und der daraus folgenden Integration der Finanzmärkte für die Schweiz ist das Leitmotiv der vorliegenden Arbeit. Die internationale Verflechtung der Schweizer Geld- und Kapitalmärkte ist bekanntlich relativ gross. Ein Vergleich zwischen den schweizerischen und den ausländischen Anteilen am Geld- beziehungsweise Kapitalmarkt zeigt, wie stark diese internationale Einbindung ist. "Von grosser Bedeutung für die Schweizer Banken ist das Auslandgeschäft, die Gesamtheit der Transaktionen mit Kunden und Banken im Ausland. Diese Geschäfte werden nur teilweise in der Bilanz ausgewiesen. [...] Ein erheblicher Teil des Auslandgeschäftes der Schweizer Banken, insbesondere die Fremdwährungstransaktionen, wird von den im Ausland gelegenen (rechtlich unselbständigen) Niederlassungen getätigt."(SNB, Das schweizerische Bankwesen im Jahre 1995). Die Guthaben aller Banken gegenüber dem Ausland im Jahr 1995 haben 462.2 Mrd. Franken betragen, das entspricht etwas mehr als 36% der Gesamtbilanzsumme aller Banken.

Die Geldmarktgeschäfte gelten als eher kurzfristige Anlagen, während Kapitalmarktgeschäfte tendenziell langfristige Verpflichtungen darstellen. Anteilmässig überwiegen bei den bilanzwirksamen Geldmarktgeschäften auf der Aktiv- sowie auf der Passivseite die ausländischen Anleger. Auf der Aktivseite werden die Bankdebitoren sowie die Geldmarktpapiere berücksichtigt. Obwohl nicht die gesamten Aktivgelder berücksichtigt werden können, da gewisse Geschäfte über ausländische Banken abgewickelt werden und deshalb nicht in der Bankenstatistik der Nationalbank erscheinen, ersieht man aus Abbildung 1.2 die Bedeutung, die diese Geschäfte für die in der Schweiz domizilierten Banken haben. Die in Bilanzen erfassten Aktivgelder beliefen sich in den letzten 25 Jahren immer auf 20% bis 35% der Bilanzsumme.

Der Anteil der ausländischen Aktiva lag jeweils zwischen 15% und 25%. Der Anteil der im Ausland angelegten Aktivgelder war in diesem Zeitraum immer höher als 70%[5].

Abbildung 1.2:
Anteil der ausländischen und inländischen Aktiven an der Bilanzsumme aller in der Schweiz domizilierten Banken
1971-1996

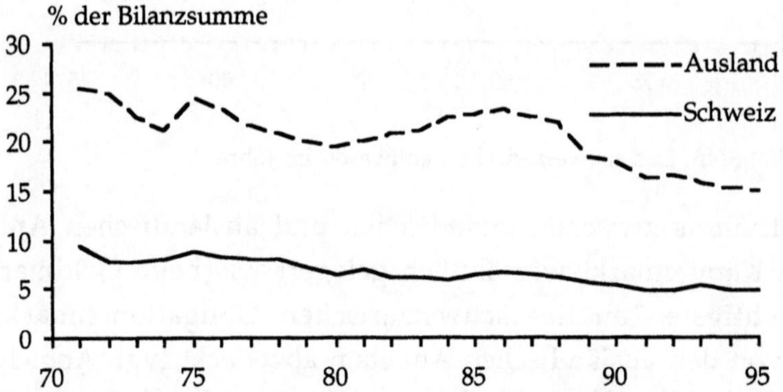

Quelle: SNB, Das schweizerische Bankwesen im Jahre ...

Die Verhältnisse sind bei den Passiven ähnlich gelagert. In den letzten 25 Jahren haben immer die ausländischen Kunden bei der bilanzwirksamen Entgegennahme von Sichtgeldern, Callgeldern und Festgeldern von schweizerischen und ausländischen Banken in der Schweiz in Anteilen an Franken überwogen, so auch bei der Ausgabe von Certificates of Deposit[6] durch die Niederlassungen von Schweizer Banken im Ausland (vgl. Abbildung 1.3).

5 Das ist der Anteil der ausländischen Aktiva an den gesamten Aktivgeldern. Die Angaben zur Struktur der Bilanz der Schweizer Banken von 1971-1995 sind im Anhang 1 im Einzelnen aufgeführt.

6 Diese Geschäfte werden in der Regel als Kreditoren auf Zeit verbucht (Braillard, Betcher und Lusenti, 1987).

Abbildung 1.3:
Anteil der ausländischen und inländischen Passiven an der Bilanzsumme aller in der Schweiz domizilierten Banken
1971-1996

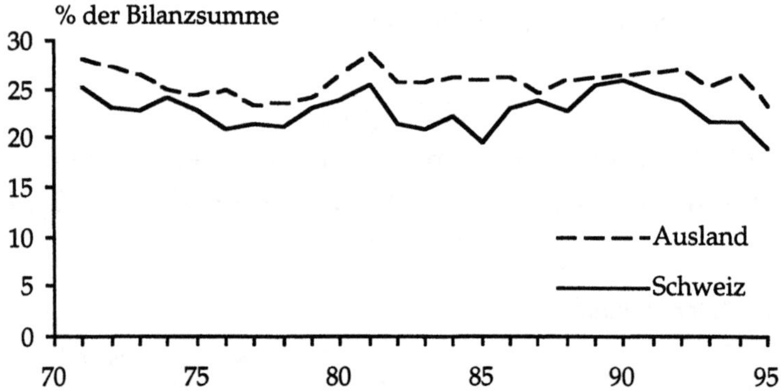

Quelle: SNB, Das schweizerische Bankwesen im Jahre ...

Das Verhältnis zwischen inländischen und ausländischen Anleihen am Kapitalmarkt war ähnlich gelagert wie beim Geldmarkt. Der wichtigste Teil des schweizerischen Obligationenmarktes wurde von den ausländischen Anleihen abgedeckt (vgl. Abb. 1.4). Die ausländischen Kapitalnachfrager waren ausländische Organisationen wie die Weltbank, die Europäische Bank für Wiederaufbau und Entwicklung, multinationale Unternehmungen sowie Staaten.

Abbildung 1.4:
Kapitalmarktbeanspruchung durch ausländische und inländische Kapitalnachfrager
1978-1996

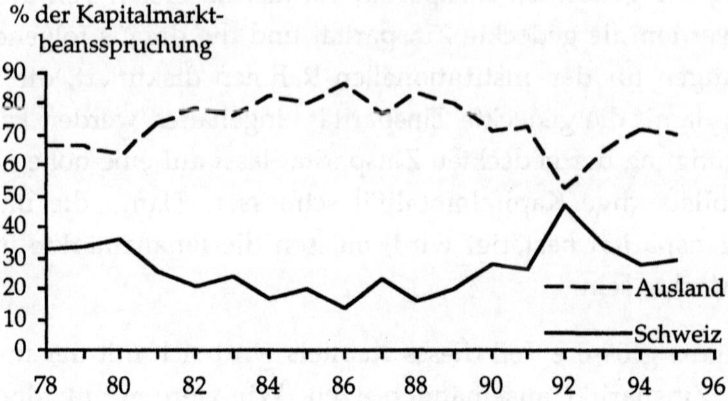

Quelle: SNB, Monatsberichte

Aufgrund der vorangehenden Überlegungen müssten die schweizerischen Geld- und Kapitalmärkte – kurz: Finanzmärkte – international integriert sein. Zeigen die Konzepte, die in der Literatur zur Überprüfung der Kapitalmobilität vorgeschlagen werden, in der Anwendung auf die Schweiz eine zunehmende, abnehmende oder unveränderte Integration der Finanzmärkte? Diese Frage soll mit der vorliegenden Arbeit beantwortet werden. Die Arbeit ist denn auch nach den genannten Ansätzen der gedeckten und ungedeckten Zinsparität, der Realzinsparität sowie nach dem Ansatz von Feldstein und Horioka gegliedert.

1.2.1 Die gedeckte und die ungedeckte Zinsparität

Die in Gleichung (1.5) verwendete ungedeckte Zinsparität ist sozusagen der Angelpunkt der Investitionsentscheidungen von Anlegern im In- oder Ausland.

Der Grad der Indifferenz gegenüber inländischen oder ausländischen Anlagen ist um so geringer, je unverzerrter die Anleger Erwartungen auf zukünftige Erträge bilden können, sofern die betrachteten Anlagen substituierbar sind. Dies setzt aber die Funktionsfähigkeit der Devisenmärkte und die damit verbundene Bestätigung der gedeckten Zinsparität voraus. Im ersten Teil dieser Arbeit werden die gedeckte Zinsparität und die daraus folgenden Bedingungen für den institutionellen Rahmen diskutiert, die nötig sind, damit die gedeckte Zinsparität eingehalten werden kann. Die Bestätigung der gedeckten Zinsparität lässt auf eine hohe oder sogar vollständige Kapitalmobilität schliessen. Damit die ungedeckte Zinsparität bestätigt wird, müssen die Finanzmärkte integrierte Märkte sein.

Der weitaus grössere Teil dieses Kapitels wird sich mit der ungedeckten Zinsparität auseinandersetzen. Wir werden ein Modell herleiten, das eine Erklärung des Spekulantenverhalten liefert und im Rahmen des μ, σ Ansatzes die Form der Spekulantengeraden begründet. Daraus leitet sich auch das Gleichgewicht am Terminmarkt ab, das bei der Formulierung der effizienten Markthypothese vorausgesetzt wird. Die empirische Überprüfung der ungedeckten Zinsparität war bis heute wenig erfolgreich. Bei empirischen Untersuchungen über die effiziente Markthypothese der Devisenmärkte gehört es heute zu den stilisierten Fakten, dass Resultate erzielt werden, die der Theorie diametral widersprechen. In erster Reaktion würde man aufgrund der ungünstigen Resultate auch auf ineffiziente Devisenmärkte schliessen, was konsequenterweise die Hypothese der internationalen Integration der Finanzmärkte widerlegen würde. Diese empirische Tatsache wird im ersten Abschnitt von Kapitel 2.4 anhand des Ansatzes von Fama (1984) diskutiert und dabei wird die Frage erörtert, ob man bei den Devisenmärkten von einer zeitlich variierenden Risikoprämie ausgehen kann. Eine Erweiterung im Rahmen der Diskussion um die Risikoprämie wurde mit dem Modell von Lucas 1982 erreicht. Dieses Zweiländermodell wird im Grunde genommen den meisten ökonometrischen Ansätzen, in welchen die Risikoprämie geschätzt wird, zugrunde gelegt. Wir werden dieses Modell diskutieren und darauf eine für die Messung der Risikoprämie in der Schweiz angemessene Spezifikation herleiten. Die Messung der Risikoprämie dient im Kontext der vorliegenden Arbeit primär dazu, um Aussagen zu machen, ob sich die Integration der schweizerischen Finanzmärkte in den vergangenen zwanzig Jahren verändert hat.

1.2.2 Die Realzinsparität

Eine weitere Strategie zur Messung der vollständigen Kapitalmobilität besteht in der Überprüfung der Realzinsparität. Dieser Ansatz basiert auf der Vorstellung, dass die internationalen Kapitalströme bei freier Kapitalmobilität an den Ort fliessen, an dem das Risiko-Ertrag-Verhältnis die Bedürfnisse der Investoren am besten deckt. Bei Integration der internationalen Finanzmärkte und symmetrischen Informationen der Investoren im In- und Ausland müssen die Realzinsen gleich sein. Das geschieht mit Hilfe von Nominalzinsanpassungen. Die Nominalzinsen ändern sich nämlich um den gleichen Betrag, um den sich die Inflationserwartungen für die verschiedenen Länder unterscheiden. Diese Bedingung – in der Literatur als Fisher-Relation bekannt – wird von keinem Industrieland in ihrer "strengen" Form erfüllt. Damit die Realzinsparität in ihrer strengen Form bestätigt werden kann, wird das Bestehen der ungedeckten Zinsparität vorausgesetzt. Die Realzinsparität wurde in den vergangenen fünfzehn Jahren unterschiedlichen Parametrisierungen unterzogen, doch wurden selten Resultate erzielt, welche die Theorie bestätigten. Da wir die Möglichkeit der risikofreien Arbitrage ausschliessen, müssen Erklärungen gefunden werden, weshalb für gleich behandelte Zinspapiere (in unserem Test, aber auch in den IWF-Statistiken) in bestimmten Ländern eine höhere reale Verzinsung erzielt wurde, als das für andere Länder der Fall war. Vermutlich liegt die Lösung darin, dass bei der Bildung der Zinsen, welche heute zur

Überprüfung der Realzinsparität verwendet werden, gewisse Informationen massgebend waren, die wir heute bei der Überprüfung nicht mehr wahrnehmen und bei unseren Tests vernachlässigen[7]. Auf der Suche nach weiteren Zusammenhängen zwischen den Realzinsen konnte festgestellt werden, dass die Realzinsen, die in der vorliegenden Arbeit zur Anwendung kamen, stationär sind, das heisst: Der Realzins weist weder einen stochastischen noch einen deterministischen Trend auf. Somit erübrigt sich auch die Frage, ob die Realzinsen der untersuchten Länder möglicherweise eine langfristige Beziehung aufweisen oder kointegriert sind. Das einzige Indiz, welches für eine verstärkte Integration der Finanzmärkte spricht, ist die Tatsache, dass die Nominal- und Realzinsänderungen zwischen in- und ausländischen Zinssätzen klar zusammenhängen und dass diese Abhängigkeit für bestimmte Währungen tendenziell zugenommen hat.

1.2.3 Der Ansatz von Feldstein und Horioka

Der von Feldstein und Horioka 1980 erschienene Aufsatz zur Messung der Kapitalmobilität (Feldstein und Horioka, 1980) verursachte einige Auseinandersetzungen. Die Autoren schlossen auf hohe Kapitalmobilität, wenn zwischen Spar- und Investitionsquote kein Zusammenhang besteht und umgekehrt. Entsteht nämlich in einer Volkswirtschaft ein Nachfrageüberhang nach finanziellen Mitteln für Investitionen, weil nicht im genügenden Masse Ersparnisse gebildet wurden, dann sind die Investoren gezwungen, nach den nötigen Mittel im Ausland zu fragen. Wenn also in einem Land mehr investiert als gespart wird, muss in *mindestens einem* anderen Land mehr gespart als investiert werden. Daraus folgt, dass es in keinem der beiden Ländern bei einem Vergleich zwischen der Spar- und Investitionsquote – bei

---

7 Diese Beobachtung ist in der Literatur auch als Peso-Problem bekannt.

vollständiger Kapitalmobilität – einen Zusammenhang geben kann. Der Zusammenhang zwischen Spar- und Investitionsquote lässt sich feststellen, indem die Korrelation zwischen den beiden berechnet wird. Ein Korrelationskoeffizient von Eins lässt auf eine grosse Abhängigkeit zwischen Spar- und Investitionsquote schliessen, woraus Feldstein und Horioka abgeleitet haben, dass das Kapital immobil ist. Entsprechend schlossen sie auf eine grosse Kapitalmobilität, wenn ein Koeffizient nahe Null berechnet wird.

Obwohl diesem Ansatz in seiner ursprünglichen Form Inkonsistenzen nachgewiesen wurden (Obstfeld, 1986), taucht er immer wieder in der Literatur als Mass zur Beurteilung der Integration internationaler Finanzmärkte auf (vgl. beispielsweise auch Taylor, 1996). Die empirischen Untersuchungen bis Mitte der neunziger Jahre fielen meist zu Ungunsten dieses Ansatzes aus. Sollte nämlich das von Feldstein und Horioka postulierte Mass die tatsächlichen Zusammenhänge nachbilden, so hätte man in den achtziger Jahren keine Integration der Finanzmärkte erlebt beziehungsweise die Kapitalmobilität wäre sehr niedrig gewesen (Frankel, 1993b). Weitere Untersuchungen stützten die Feststellungen von Frankel, wobei entweder der Ansatz oder die Schätzmethoden bezweifelt wurden. In diesem Kapitel werden die verschiedentlich verwendeten Schätzmethoden besprochen und schliesslich wird ein Fehlerkorrekturmodell, das den Ansatz von Feldstein und Horioka überprüft, auf die Schweiz angewendet. Der Vorteil des Fehlerkorrekturmodells besteht darin, dass langfristige und auch kurzfristige Änderungen berücksichtigt werden können.

1.3 Die Ansätze im Überblick

Die vier Ansätze, die zur Überprüfung der Kapitalmobilität dienen, sind somit die gedeckte Zinsparität, die ungedeckte Zinsparität, die Realzinsparität und der Ansatz von Feldstein und Horioka. Bis auf die gedeckte Zinsparität sind diese Masse aber nicht vollständig voneinander unabhängig. In Abbildung 1.5 ist die von Frankel (1992) vorgeschlagene Klassifizierung der verschiedenen Ansätze skizziert. Bei dieser Gelegenheit muss betont werden, dass Frankel (1992) die Ansätze in ihrer strengen Form betrachtet, insbesondere den Ansatz von Feldstein und Horioka. Die Feldstein-Horioka-Bedingung setzt in ihrer ursprünglichen Formulierung die Existenz der Realzinsparität voraus, welche wiederum die Bestätigung der ungedeckten Zinsparität voraussetzt. Die einzige Bedingung, welche unabhängig von weiteren Zusammenhängen besteht, ist, wie bereits erwähnt, die gedeckte Zinsparität.

Abbildung 1.5: Klassifikation der Ansätze nach Frankel

Quelle: Frankel 1992

In der vorliegenden Arbeit wird die Integration der Finanzmärkte nach dem in Abbildung 1.5 skizzierten Schema bearbeitet. In den einzelnen Kapiteln zeigen wir, dass gewisse Abweichungen von den hier gemachten relativ strengen Bedingungen möglich sind. Insbesondere wird die Abweichung von der gedeckten Zinsparität mit der Existenz einer Risikoprämie begründet[8]. Im zweiten und dritten Teil versuchen wir, durch eine Reparametrisierung der Realzinsparität und des Ansatzes von Feldstein und Horioka festzustellen, ob die schweizerischen Finanzmärkte integriert sind und wenn ja, ob sich die Integration in den vergangenen Jahrzehnten verstärkt hat. In einer abschliessenden Diskussion versuchen wir festzulegen, welches der besprochenen Masse den Bedürfnissen der schweizerischen Finanzmärkte am meisten entspricht.

Eine wichtige Frage, die in dieser Arbeit *nicht* beantwortet wird, ist die der Art und Weise, wie der Übergang von wenig oder kaum integrierten Finanzmärkten hin zu integrierten Finanzmärkten vollzogen wird. Hingegen werden zwei Situationen verglichen: Eine mit schwach und eine mit stark integrierten Finanzmärkten.

8 Weitere Begründungen für die Abweichung von der ungedeckten Zinsparität, die aber in dieser Arbeit nicht besprochen werden, wären die Bubbles, das Peso-Problem oder die heterogen verarbeiteten Informationen.

2 DIE ZINSPARITÄTEN

Die Formulierung der Zinsparität, wie sie heute bekannt ist, geht auf die Arbeiten von Keynes (1923) zurück. Auf den Zusammenhang zwischen Terminkursen und Zinssätzen machte zwar bereits Walter Lotz in seiner 1889 erschienenen Publikation aufmerksam, doch nahmen bis in die zwanziger Jahre nur vereinzelt Ökonomen Notiz davon (vgl. Einzig, 1970b, S. 214). In der Nachkriegszeit wurde unter dem Einfluss des Fixkurssystems wenig im Bereich der Devisenterminmärkte geforscht. Spraos, Tsiang und Sohmen erkannten die Bedeutung der Terminmärkte für die Analyse von Devisenmärkten im System flexibler Wechselkurse (vgl. Sohmen, 1969; Spraos, 1953; Tsiang, 1959). Sie unterschieden neben dem Aussenhändler und dem Arbitrageur neu auch den Spekulanten, der gewissermassen die Risiken trägt, welche die anderen beiden Teilnehmer nicht zu tragen bereit sind.

Die Zinsparität wird, wie bereits angedeutet, in verschiedenen Variationen – gedeckte, ungedeckte und reale Zinsparität – als Mass für die Integration der Finanzmärkte verwendet. Bei vollständiger Kapitalmobilität gleicht sich nämlich die Zinsdifferenz im In- und Ausland der Kassa-/Terminkurs-Differenz aufgrund der risikolosen Arbitrage an. Bei einem Zinsarbitragegeschäft werden Anlagen in ausländischer Währung getätigt, falls der ausländische Zinssatz höher ist als der inländische. Gleichzeitig wird aber die ausländische Währung auf Termin[9] gegen inländische getauscht, um keine Wechselkursrisiken einzugehen. Ist beispielsweise die prozentuale Zinsdifferenz grösser als die prozentuale Termin-/Kassakursdifferenz, wäre eine risikolose Arbitrage möglich. Dieser Zustand ist in einem Markt, an dem alle über die gleichen Informationen verfügen und der per definitionem sehr schnell reagiert, ausgeschlossen. Abweichungen von der gedeckten Zinsparität lassen auf Hindernisse wie Transaktionskosten, Devisenbewirtschaftung, Informationskosten, unterschiedliche steuerliche Behandlung von In- und Ausländern, erwartete zukünftige Kapitalkontrollen und schuldnerbezogene Risiken (default risk) schliessen (vgl. Chinn und Frankel, 1994, S. 19). Im folgenden Kapitel werden wir die gedeckte Zinsparität besprechen und die Gründe für allfällige Abweichungen anhand bestehender Studien untersuchen.

Ein weiteres Kriterium zur Überprüfung der internationalen Integration der Finanzmärkte erhält man mit der ungedeckten Zinsparität. Die ungedeckte Zinsparität ist erfüllt, wenn die Zinsdifferenz zwischen einer inländischen und einer ausländischen Zinsanlage der erwarteten Wechselkursänderung entspricht. Die zu vergleichenden Anlagen müssen aber substituierbar sein. Da der erwartete Wechselkurs nicht beobachtet werden kann, wird angenommen, der Anleger bilde rationale Erwartungen über die Wechselkursänderung. Werden Wechselkurserwartungen rational gebildet, lässt sich aus der ex post ungedeckten Zinsparität die ex ante ungedeckte Zinsparität für die kommende Periode schätzen. Die Bedingungen für die ungedeckte Zinsparität sind erfüllt, wenn die Teilnehmer rationale Erwartungen bilden, risikoneutral sind und vollständige Kapitalmobilität herrscht (Lemmen und Eijffinger, 1996). Beide Bedingungen – die gedeckte Zinsparität

---

9 Statt von einem Termingeschäft kann man auch von einem Optionsgeschäft ausgehen. Durch die besondere Beschaffenheit von Optionen wird aber eine symmetrische Verpflichtung ausgeschlossen. So wird beispielsweise eine Option, die "out of the money" ist, nicht eingelöst.

und die ungedeckte Zinsparität - sind Arbitragebedingungen, wobei die Abhängige bei der gedeckten Zinsparität der Terminkurs ist, der sich aus dem Kassakurs und den Zinsdifferenzen berechnet, während bei der ungedeckten Zinsparität der erwartete Wechselkurs die Abhängige ist. Man ist im Fall der ungedeckten Zinsparität demnach auf eine geeignete Erwartungsbildungshypothese angewiesen.

Am Devisenmarkt unterscheidet man drei grundsätzlich verschiedene Geschäftsmotive, die Import- und Exportgeschäfte - kurz: Handelsgeschäfte - die Zinsarbitrage und die Spekulation[10]. Alle Handelsgeschäfte werden kursgesichert durchgeführt[11], demnach werden die Aussenhändler Terminkontrakte nachfragen. Die Zinsarbitrage wird ebenfalls kursgesichert durchgeführt, da unterstellt wird, dass sie ausschliesslich von den Zinsdifferenzen abhängt. Schliesslich sind die Spekulanten zu erwähnen, welche sich auf ihre Erwartungen auf die künftige Wechselkursentwicklung abstützen und demnach nur offene Positionen eingehen. Diese Gruppe ermöglicht den Aussenhändlern und den Zinsarbitrageuren die Absicherung und übernimmt damit die Kursrisiken, welche weder die Aussenhändler noch die Zinsarbitrageure tragen möchten. Selbstverständlich ist am Devisenmarkt die Abgrenzung der Teilnehmer nicht so eindeutig vorzunehmen, wie hier dargestellt; Mischformen der drei erwähnten Geschäftstypen sind die Regel. Als Beispiel hierfür denke man an einen schweizerischen Exporteur von Kraftwerkteilen. Die schweizerische Unternehmung verpflichte sich zur Lieferung von Kraftwerkteilen ins Ausland. Nehmen wir an, zwischen der Bestellung und dem Liefertermin liege ein halbes Jahr. Bei Geschäften dieser Art ist es üblich, eine erste Tranche der Kaufsumme bei Vertragsabschluss (z.B. 20%), einen weiteren Teil bei Lieferung

10 Die systematische Unterteilung geht auf Tsiang (1959) zurück.

11 "Damit wir davon ausgehen dürfen, dass die Exporte und Importe nur von den komparativen Kostenvorteilen, nicht aber vom Wechselkursrisiko abhängen" (Schneider, 1992)

(z.B. 60%) und den Rest nach 90 Tagen zu bezahlen. Das Geschäft werde in US-Dollars abgewickelt. Bei der ersten Tranche können wir davon ausgehen, dass sie gleich am Kassamarkt in Schweizer Franken umgetauscht wird. Die Lieferung der Maschinenteile erfolge in drei Monaten. Gemäss Vertrag ist dann die zweite Tranche fällig. Nun kann die exportierende Unternehmung diesen erwarteten Betrag heute am Terminmarkt absichern, wie das in unserer theoretischen Abgrenzung an sich vorgesehen ist. Sichert sie aus irgendwelchen Gründen den Betrag jedoch nicht ab, vereinigt die Unternehmung zwei Funktionen - die eines Aussenhändlers und die eines Spekulaten - in einer (juristischen) Person.

Am besten lassen sich die beiden Funktionen illustrieren, indem man von zwei Abteilungen innerhalb der Exportunternehmung ausgeht: Eine Exportabteilung und eine Finanzabteilung. Die Exportabteilung möchte (immer) den erwarteten Zahlungseingang mit einem Termingeschäft absichern. Sie sucht nun eine Gegenpartei, die bereit ist, das Risiko zu übernehmen. Die Finanzabteilung, die bei grösseren Konzernen die Funktion einer Bank übernimmt, ist bereit, dieses Risiko zu tragen. Die Exportabteilung wird das Termingeschäft mit der Finanzabteilung abschliessen. Für die dritte Tranche schliesst die Exportabteilung ein Termingeschäft mit einer externen Bank ab und verhält sich in diesem Fall für Aussenstehende der theoretischen Abgrenzung entsprechend. De facto hat sich die Unternehmung in beiden Fällen der vorgeschlagenen Abgrenzung entsprechend verhalten. Für Aussenstehende waren das jedoch zwei unterschiedliche Geschäfte.

So lassen sich alle denkbaren Geschäfte auf die drei "reinen" Typen zurückführen. Im weiteren Verlauf dieser Arbeit werden die Aussenhändler ausgeschlossen, da wir uns mit der Integration von Finanzmärkten befassen und der Gütermarkt in dieser Betrachtung nur eine untergeordnete Rolle spielt (vgl. Abb. 1.1, S.2).

2.1 Die gedeckte Zinsparität

Will ein Investor Wertschriften in ausländischer Währung kaufen, aber kein Währungsrisiko eingehen, wird er ein Termingeschäft abschliessen[12]. Devisentermingeschäfte haben seit der Einführung flexibler Wechselkurse an Bedeutung gewonnen, da die Ungewissheit über den Wechselkursverlauf zugenommen hat und damit auch das Bedürfnis, sich gegen unerwartete Wechselkursänderungen abzusichern. Diese Entwicklung wurde auch durch die Liberalisierung der Kapitalmärkte begünstigt.

Aggregiert man das oben beschriebene Verhalten einzelner Teilnehmer, dann führt das zur Theorie der gedeckten Zinsparität, wie sie 1923 von Keynes ausgeführt wird:

> "If dollars one month forward are quoted cheaper than spot dollars to a London buyer in terms of sterling, this indicates a preference by the market, on balance, in favour of holding funds in New York during the month in question rather than in London."

Bei freier Kapitalmobilität muss die (prozentuale) Differenz zwischen Kassa- und Terminkursen der Zinssatzdifferenz zwischen New York und London entsprechen:

> "... forward quotations for the purchase of the currency of the dearer money market tend to be cheaper than spot quotations by a percentage per month equal to the excess of the interest which can be earned in an month in the dearer market over what can be earned in the cheaper."

Die gedeckte Zinsparität bindet somit die (Termin-/Kassa-)Kursdifferenzen an die Zinsdifferenzen. Falls die Kurs- und die Zins-

---

12 Termingeschäfte können für jeden beliebigen Zeitraum abgeschlossen werden. Mit der Einführung flexibler Wechselkurse haben sich jedoch standardisierte Geschäfte etabliert; so werden Futures täglich für 30, 60 und 180 Tage gehandelt.

differenzen gleich sind, sind sämtliche Arbitragemöglichkeiten ausgeschlossen. Gemäss der zu Beginn dieses Abschnitts besprochenen Aufteilung gehen Zinsarbitrageure diese exemplarischen Geschäfte ein.

2.1.1 Die Zinsarbitrage

Die Wahlmöglichkeit der Zinsarbitrageure besteht darin, das Vermögen zum inländischen oder ausländischen Zinssatz anzulegen. Wird das Vermögen zum ausländischen Zinssatz angelegt, so wird es am Kassamarkt getauscht und mittels Terminkontrakt per Ende der Laufzeit zurückgetauscht. Die gedeckte Zinsparität lautet formal:

$$(1+i_t)=\frac{W^T_{t,t+1}}{W^K_t}\left(1+i^*_t\right) \tag{2.1}$$

wobei i_t der Zinssatz im Zeitpunkt t, W_t^K der Kassakurs und $W^T_{t,t+1}$ der Terminkurs heute mit Verfall in $t+1$ ist. Die mit einem Stern bezeichneten Grössen beziehen sich auf ausländische Werte.

Nimmt man eine stetige, einjährige Verzinsung an[13], erhält man aus (2.1)

$$\frac{e^{i_t}}{e^{i^*_t}}=\frac{W^T_{t,\,t+1}}{W^K_t} \tag{2.2}$$

Logarithmiert man (2.2), so lässt sich die rechte Seite zu

$$f_{t,t+1}=\ln W^T_{t,\,t+1}-\ln W^K_t \tag{2.3}$$

---

13 Diese Annahme ist realistisch, wenn man beispielsweise von einem Zero-Bond ausgeht und somit das Problem der Reinvestition von Couponzahlungen ausschliesst.

zusammenfassen. Die Variable $f_{t,t+1}$ entspricht dem Swapsatz[14] und ist eine Prozentgrösse, die sich sofort mit den Zinssätzen vergleichen lässt. Man erhält für die gedeckte Zinsparität

$$i_t - i_t^* = w_{t,t+1}^T - w_t^K = f_{t,t+1} \tag{2.4}$$

Bis auf die Zinsen bezeichnen Kleinbuchstaben die natürlichen Logarithmen der betreffenden Variablen. Diese Äquivalenz ist bei freiem Kapitalverkehr und unter der Bedingung erfüllt, dass die Anlagen und die Terminkurse gleiche Laufzeiten aufweisen und Anlagen mit vergleichbaren Risiken in die Gleichung eingehen. Die gedeckte Zinsparität ist auf der Fähigkeit begründet, Geldvermögen über die Grenzen zu bewegen und wird auch "politische" Prämie genannt. Die Identität, die aus Gleichung (2.4) folgt, ist primär von landesspezifischen Faktoren abhängig, die Kapitalkontrollen, unterschiedliche Besteuerung, lokalspezifische Informationen und das Risiko potentieller zukünftiger Kapitalverkehrskontrollen[15] umfassen. Würden die Bedingungen für die gedeckte Zinsparität nicht erfüllt, wären risikofreie Arbitragegewinne möglich und der Devisenmarkt wäre nicht effizient[16]. Effizient ist ein

---

14 Im englischen wird von einem "forward premium" gesprochen, wenn der Swapsatz positiv, ist und von einem "forward discount", wenn er negativ ist.

15 Vgl. Aliber, 1973; Chinn und Frankel, 1994; Dooley und Isard, 1980; Frankel, 1993a; Frankel, 1993b; Sheperd, 1994

16 Fama (1970), (1976) und (1991) unterscheidet bekanntlich drei Arten der Markteffizienz (in Klammern die Interpretation von 1991):

1. Die schwache Form (Return Predictability): im verwendeten Informationsset ist nur der Verlauf der Preise und Erträge in der Vergangenheit enthalten. Kein Investor kann ausserordentliche Gewinne erwirtschaften, indem er bestimmte Regeln aufgrund dieser Informationen für seine Engagements am Devisenmarkt ausnützt,
2. Die halbstarke Form (Event Studies): sämtliche öffentlich zugänglichen Informationen sind im gegenwärtigen Kurs enthalten;
3. Die starke Form (Private Information): Kein Investor kann einen überdurchschnittlichen Gewinn erzielen, unabhängig davon, ob die ihm zur Verfügung stehenden Informationen öffentlich oder nur privat zugänglich sind.

Für die folgende Argumentation wird die schwache Form der Markteffizienz betrachtet. Fama (1991), S. 1601 erwähnt die Möglichkeit der Anwendung

Markt, auf dem die gegenwärtigen Preise die allgemein zugänglichen Informationen widerspiegeln. In der Regel kann man davon ausgehen, dass die gedeckte Zinsparität keine Arbitragegewinne zulässt[17] und nur aufgrund temporärer Marktineffizienzen verletzt wird. Die temporären Marktineffizienzen und ihre Ursachen werden in den beiden folgenden Abschnitten besprochen.

Der Devisenterminmarkt ist in Abbildung 2.1 für exogen gegebene Zinsen und Kassakurse dargestellt[18]. Den gleichgewichtigen Terminkurs erhält man durch die Auflösung der Gleichung (2.4) nach $w^T_{t,t+1}$, wobei wir zur Unterscheidung den Gleichgewichtsterminkurs mit $\overline{w}^T_{t,t+1}$ bezeichnen; sämtliche Abweichungen von diesem Gleichgewichtsterminkurs führen zur Kursarbitrage. Falls die Arbitragebedingung nicht erfüllt ist und beispielsweise $i_t < \hat{w}^T_{t,t+1} - w^K_t + i^*_t$ (oder $i_t > \hat{w}^T_{t,t+1} - w^K_t + i^*_t$) gilt, führt das bei vollständiger Kapitalmobilität zu Kapitalexporten (-importen) bis die Bedingung wieder erfüllt ist. Für den vom Gleichgewicht abweichenden Terminkurs gilt dann $\hat{w}^T_{t,t+1} > \overline{w}^T_{t,t+1}$ (beziehungsweise $\hat{w}^T_{t,t+1} > \overline{w}^T_{t,t+1}$). Geht man davon aus, dass der Bestand der Geldmenge im In- und im Ausland gleich bleibt, dann führt ein Terminkurs, der über (unter) dem Gleichgewichtsterminkurs liegt, zu Kapitalexporten (-importen) oder zu einem Überschussangebot (einer Überschussnachfrage) an (nach) Termindevisen. Durch den Kapitalexport (-import) steigt (sinkt) der Kassakurs w^K_t, bis der Gleichgewichtsterminkurs wieder erreicht ist. Die Zinsarbitragekurve ist der geometrische Ort aller Punkte, die bei Abweichungen vom Gleichgewichtskurs entsteht.

---

von Event Studies für die Überprüfung der Markteffizienz in der monetären Aussenwirtschaftstheorie, wobei er sich auf Modelle mit zeitlich variierenden Risikoprämien bezieht.

17 Überblicke über die empirische Literatur finden sich bei Sheperd (1994) und Taylor (1995) .

18 Die graphische Darstellung des Devisenmarktes geht auf die Arbeiten von Tsiang (1959), Reading (1960), Grubel (1966), Sohmen (1969) und Kesselman (1971) zurück .

Abbildung 2.1: Zinsarbitragekurve

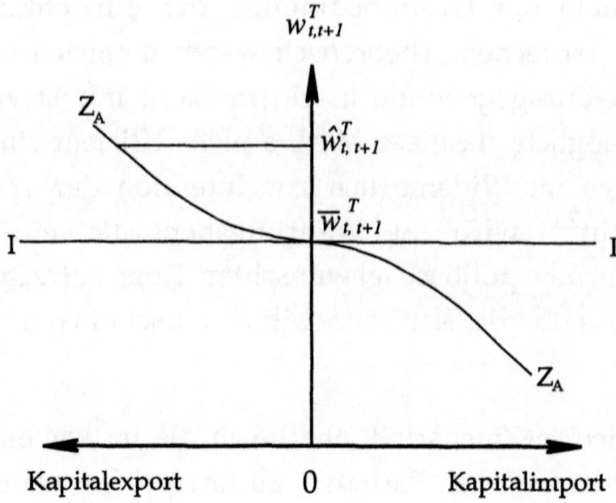

Die horizontale IP Kurve ist die Zinsparitätenachse. Diese Kurve schneidet die Ordinate in dem Punkt, in dem die Zinsparität erfüllt ist. Je grösser die Abweichung vom Gleichgewichtskurs, umso kleiner die Neigung der Arbitrageure[19], weitere Kontrakte einzugehen. Dieses Verhalten erklärt die Abnahme der Elastizität mit zunehmender Entfernung vom Gleichgewichtskurs[20].

2.1.2 Die Messung der Kapitalmobilität mit der gedeckten Zinsparität

Wie in der Abbildung 1.5 gezeigt wurde, ist die gedeckte Zinsparität ein grundlegender Baustein der Devisenmarkttheorie. Diese Parität muss bestätigt werden, um die folgenden Ansätze (die ungedeckte Zinsparität, die Realzinsparität und der Ansatz

---

19 Unter der Annahme, dass die Arbitrageure risikoavers sind.

20 Die grosse Elastizität rund um den Nullpunkt wird mit den Kosten eines Termingeschäftes begründet (Tsiang , 1959; Grubel, 1966; Branson, 1969).

von Feldstein und Horioka) überprüfen zu können. Bleibt die Parität hingegen unbestätigt, ist gewinnbringende Arbitrage möglich. Arbitragegewinne dieser Art wären risikolos, und dies würde deshalb der Grundbedingung der effizienten Devisenmärkte widersprechen. Theoretisch wären demnach ceteris paribus auch Arbitragegewinne in einem Land mit Devisenbewirtschaftung möglich, da diese Märkte nicht effizient sind. Da aber die Arbitrage im Widerspruch zur Intention der Währungsbehörden steht[21], wird die Währungsbehörde keine Kosten[22] scheuen, um den politisch gewünschten Kurs aufrecht zu erhalten und deshalb die Kapitalmobilität einschränken oder sogar verbieten.

Um die gedeckte Zinsparität, aber auch die im weiteren noch zu besprechenden weiteren Paritäten, zu überprüfen, werden wir die Interbankenzinssätze verwenden. Parallel zum inländischen Interbankenmarkt besteht ebenfalls die Möglichkeit am Euromarkt zu investieren. Der Euromarkt ist der Interbankenmarkt für die Kreditaufnahme und -gewährung mit Domizil im Ausland, allerdings für Geschäfte in nationaler Währung. Euromärkte sind demnach offshore-Märkte für kurzfristige Interbankanleihen und dadurch von den jeweiligen nationalen gesetzlichen Regulierungen abgekoppelt[23]. Da Euromärkte von den Einflüssen der in-

---

21 Weil sich aufgrund dieser Situation risikolose Gewinne erwirtschaften lassen, möchten alle Teilnehmer am Devisenmarkt davon profitieren und fragen deshalb zusätzliche Währungseinheiten nach, so dass der Wechselkurs mittel- bis langfristig vom behördlich festgelegten Kurs abweicht und schliesslich massgebend wird.

22 Kosten, die, abgesehen von den Transaktionskosten, dem Gewinn der Arbitrageure entsprechen.

23 Die Euromärkte entstanden während des kalten Krieges, da die Sowjetunion beträchtliche Summen an US-Dollars besass und befürchtete, die US-Behörde würde diese einfrieren. Um dies zu verhindern, wurden die sowjetischen Banken in Europa aufgefordert, ihre Dollarguthaben europäischen Banken auszuleihen. So entstand ein Handel mit amerikanischen Dollars in Europa, und bald darauf wurden auch andere Währungen neben dem US-Dollar am Euromarkt gehandelt.

ländischen Geldpolitik losgelöst sind, ist auf diesen Märkten auch das politische Risiko ausgeschaltet[24]. Betrachtet man beispielsweise die Drei-Monats-Geldmarktsätze, dann müssen, bei vollständiger Kapitalmobilität, die Schweizer Geldmarktsätze und die Eurofrankensätze in London gleich sein. Für den Interbankenzinssatz verwenden wir Geldmarktbuchforderungen der Schweizerischen Nationalbank. Die Geldmarktbuchforderungen (GMBF) sind Anlagen am Geldmarkt, die von erstklassigen Schuldnern emittiert werden (Bund, Kanton oder privatrechtliche Unternehmen). Die Laufzeit beträgt zwischen 14 und 364 Tagen und die Forderungen werden im Tenderverfahren[25] emittiert (vgl. auch Kilgus und Hirszowicz, 1991, S. 209ff.). Der Markt für Geldmarktbuchforderungen wird im wesentlichen von den inländischen Banken in Anspruch genommen, da dieser Markt sehr liquide ist und im Gegensatz zu den Giroguthaben bei der Nationalbank Zinseinnahmen ermöglicht. Die Geldmarktbuchforderungen werden seit 1979 am schweizerischen Geldmarkt angeboten. Ursprünglich waren die GMBF beliebte Anlagen, weil keine Stempelsteuer darauf erhoben wurde[26]. Sie wurden von der Nationalbank geschaffen, um den nichtexistenten nationalen Interbankengeldmarkt zu fördern. Heute werden die GMBF von der

---

24 Anlagen, die sich lediglich bezüglich der Währungen unterscheiden, sonst aber identisch sind, bergen zwei Risikoarten: Das landesspezifische oder politische Risiko und das währungsspezifische Risiko. Das politische Risiko ist direkt mit dem Legalsystem eines Landes verbunden, so könnte zum Beispiel eine Regierung die Eigentumsrechte auf das Kapital von ausländischen Investoren einschränken. Das währungsspezifische Risiko ist die Wahrscheinlichkeit einer Abwertung der Währung, in der das Vermögen angelegt wird (Aliber, 1973; Frankel und MacArthur, 1988).

25 Der Preis wird nach dem holländischen Verfahren festgelegt. Bei diesem Auktionsverfahren wird der Preis (in diesem Fall der Zinssatz) bestimmt, bei dem der Markt gerade geräumt ist: Dieser Zinssatz gilt für alle bietenden Parteien. Im Gegensatz dazu spricht man vom amerikanischen Verfahren, wenn die Marktteilnehmer den Zinssatz erhalten, den sie geboten haben (wobei damit die Zahlungsbereitschaft abgeschöpft wird).

26 Die Stempelsteuer konnte umgangen werden, weil die GMBF keine Wertschriften im physischen Sinn darstellen.

Nationalbank für die kurzfristige Liquiditätssteuerung eingesetzt[27] und scheinen zunehmend nachgefragt zu werden. Die GMBF stiegen zwischen 1992 und 1996 um jährlich durchschnittlich 27%. Die Lücke zwischen den gezeichneten und den effektiv zugeteilten GMBF nahm ebenfalls zu: Von den 23.8 Mrd. Franken gezeichneten GMBF konnten 1992 noch 15.6 Mrd. zugeteilt werden (65%), während 1996 von den 103.1 Mrd. gezeichneten GMBF 49.9 Mrd. zugeteilt wurden, was etwas weniger als 50% entspricht.

Die Interbankensätze und die Eurosätze für Anlagen in Schweizer Franken sind in Abbildung 2.2 dargestellt. In der untersten Zeitreihe ist die Differenz zwischen den Sätzen der Geldmarktbuchforderungen und den Eurosätzen abgetragen.

Abbildung 2.2: Geldmarktbuchforderungen und Eurozinsen für Schweizer Franken im Vergleich

1980-1995

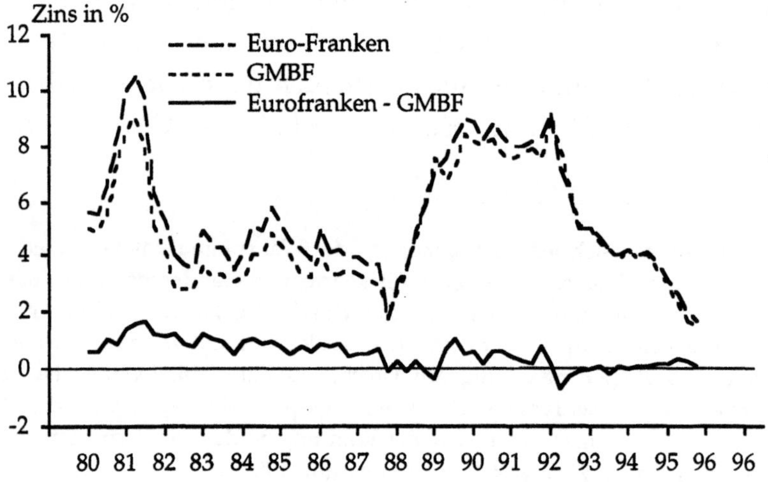

Quelle: SNB

27 Analog zu den Devisenswaps, die den längerfristigen Grundbedarf nach Liquidität abdecken, schliesst die Nationalbank Swaps mit GMBF ab.

Die unterste Graphik (Eurofranken-GBMF) in Abbildung 2.2 lässt sich in drei Phasen (Strukturbrüche) unterteilen. Die erste Phase zwischen 1980 und Ende 1987, die zweite zwischen 1988 und 1992 und die dritte Phase ab 1992. Die drei Phasen wurden in Anlehnung an die Währungsintegration der EU gewählt. Allgemein wird nämlich die Ratifizierung der Einheitlichen Europäischen Akte zur Lancierung des Binnenprogramms 1987 als Schritt in Richtung Währungsintegration gedeutet. Die dritte Phase beginnt 1992 mit der Unterzeichnung des Vertrages von Maastricht[28]. Die Differenz zwischen den Eurosätzen und den GMBF nahm im Zeitvergleich ab, wie aus der Tabelle 2.1 hervorgeht.

Tabelle 2.1: Differenz zwischen Euro-Franken-Sätzen und Inländischen Interbankensätzen im Vergleich

4. 80 - 5. 95

	gesamte Periode	**1. Phase 4.80-4.87**	**2. Phase 5.87-5.92**	**3. Phase 6.92-5.96**
Maximale Abweichung	204.17	204.17	103.85	36.97
Minimale Abweichung[a]	-66.47	21.58	-34.11	-66.47
Durchschnittliche Abweichung	52.81 (45.17)	90.64 (32.83)	36.39 (29.12)	6.67 (16.09)

Quelle: SNB

Angaben in Basispunkten (1 Basispunkt = 1/100%). GMBF: Rendite bei Auktion. Bei mehreren Auktionen pro Monat: Letzte des Monats. Werte in Klammern entsprechen der Standardabweichung.

a) Ein negatives Vorzeichen bedeutet, dass der Eurosatz grösser war als die GMBF und kann demnach auch als *maximale* Abweichung der Differenz zwischen Eurosatz und GMBF gedeutet werden.

Der durchschnittliche Euro-Franken-Satz lag immer etwas über dem Interbankensatz, wobei diese Differenz in der letzten Phase am geringsten war (vgl. Tabelle 2.1). In die dritte Phase fällt aber

---

28 Der Vertrag von Maastricht wurde am 7. Februar 1992 von den EG-Ländern unterzeichnet.

auch die maximale Differenz zwischen Eurosatz und GMBF (66.67 Basispunkte). Diese Abweichung wurde im September 1992 gemessen. In diesem Monat begann die SNB, die GMBF für die kurzfristige Geldmengensteuerung einzusetzen, und in diese Zeit fallen ebenfalls die verschärften Spannungen im Europäischen Währungssystem. Der Einsatz der GMBF für die Geldmengensteuerung bewirkte eine Erhöhung der Zinsen für Geldmarktpapiere in der Schweiz. Auf der anderen Seite führten die europäischen Währungsturbulenzen zu einer Zinssenkung, welche auch zu einer Senkung der Euro-Franken-Sätze führte. Damit erklären sich die relativ starken gegensätzlichen Bewegungen am nationalen Interbankenmarkt für GMBF und am Euromarkt in dieser Periode (September 1992 - Dezember 1992). In der Folge hat sich aber der Trend der Homogenisierung des inländischen und des ausländischen Interbankenmarktes fortgesetzt und damit auch die Integration der schweizerischen Finanzmärkte.

In anderen empirischen Studien (vgl. zum Beispiel Obstfeld, 1995) wurde häufig festgestellt, dass die Eurosätze wesentlich empfindlicher auf Finanzkrisen reagieren als die inländischen Interbankensätze. Diese Beobachtung trifft für die hier betrachteten Anlagen weniger zu. Vergleicht man nämlich die Volatilität[29] zwischen den GMBF und den Eurosätzen, so sieht man, dass für beide Sätze die Volatilitäten über die gesamte Zeitperiode ungefähr gleich gross waren. Selbst in der Periode zwischen September 1992 und Dezember 1992 ist die Volatilität der GMBF mit 0.047 über derjenigen von Eurofrankensätzen, welche 0.035 beträgt.

29 Unter Volatilitäten verstehen wir im folgenden die Standardabweichung der logarithmierten Zinsänderungsraten.

Tabelle 2.2: Volatilitäten der Geldmarktbuchforderungen und der Eurozinsen

4. 80-5. 95

	GMBF	Eurosätze
Gesamte Periode	0.0313	0.0329
1. Phase 4.80-4.87	0.0354	0.0408
2. Phase 5.87-5.92	0.0305	0.0279
3. Phase 6.92-5.96	0.0221	0.0195

Quelle: SNB, Monatsdaten, vgl. auch Tabelle 2.1

Beide Sätze streuten während den achtziger Jahren (1. Phase) bedeutend stärker als in der dritten Phase. Ab Mai 1987 war die Volatilität der Eurosätze kleiner als die der GMBF. Mit der dritten Phase lässt sich eine Homogenisierung zwischen den beiden Sätzen feststellen. Dies lässt sich einmal mit der bereits besprochenen Feststellung aus Tabelle 2.1 begründen, aber auch mit der Abnahme der Volatilität sowohl im Ausland als auch im Inland.

Obstfeld (1995) berechnete den Kursspread von 1982-93 auf lokalen Märkten und Euromärkten für die jeweils gleichen vier Währungen[30]. Das Resultat: In allen Währungen haben die Arbitragemöglichkeiten abgenommen. Zwischen 1982 und 1987 hat man für Frankreich und Italien bedeutend höhere inländische Zinssätze als am Euromarkt verzeichnet. Das lässt sich mit einer erhöhten Risikoprämie für eine mögliche zukünftige Verschärfung der Kapitalverkehrskontrollen erklären.

Die gedeckten Zinsparität kann auf zwei weitere – etwas bekanntere – Arten überprüft werden. Ein Ansatz besteht darin, dass die Signifikanz der Differenz zwischen den Zinssätzen und der

30 Die Währungen von Frankreich, Italien, Deutschland und Japan.

Terminkursprämie[31] gemessen wird. In einem zweiten Ansatz wird die gedeckte Zinsparität mittels Regressionsanalyse[32] überprüft. Es ist dabei darauf zu achten, dass die verglichenen Anlagen die gleichen Laufzeiten aufweisen und substituierbar sind. Die meisten Studien bestätigen die Gültigkeit der gedeckten Zinsparität auf den internationalen Finanzmärkten. Vor allem in neueren Untersuchungen wird jedoch darauf aufmerksam gemacht, dass das verwendete Datenmaterial ungenau sein könnte. Damit meint man die Frequenz der Erhebungen; wird die gedeckte Zinsparität beispielsweise mit Durchschnittswerten überprüft, erzielt man die ungenauesten Resultate[33]. Verwendet man zum Beispiel Monats*end*sdaten für die Zinsen und den Wechselkurs, wird die Zuverlässigkeit schon etwas grösser und mit Daten, die in noch kürzeren Zeitabschnitten erhoben werden, verbessert sich die Qualität der daraus gefolgerten Schlüsse nochmals. Die Überprüfung der gedeckten Zinsparität mit Hochfrequenzdaten sollte demnach die Genauigkeit der Resultate zusätzlich erhöhen. Ein weiterer Punkt ist die Konkurrenz am Geldmarkt. In der Schweiz wird der Zinssatz der GMBF, wie oben erwähnt wurde, im Tenderverfahren festgelegt. Da dieser praktisch ausschliesslich von den Banken frequentiert wird, besteht die Gefahr, dass der Zinssatz nicht dem Satz entspricht, der sich bei Markträumung in vollständiger Konkurrenz ergeben würde. Das könnte zu einer systematischen Abweichung des inländischen Interbankensatzes zum Euro-Franken-Satz führen. Angesichts der Diskrepanz zwischen gezeichneten und effektiv zugeteilten GMBF und der beobachteten Angleichung der Sätze scheint diese Gefahr aber nicht zu

---

31 $(i_t - i_t^*) - (w_{t,t+1}^T - w_t^K) = 0$, vgl. Aliber (1973), Chinn & Dooley (1995), Chinn & Frankel (1994), Dooley & Isard (1980), Frankel & MacArthur (1988), Frankel (1993a).

32 $w_{t,t+1} - w_t = \alpha + \beta(i_t - i_t^*) + \mu_t$, wobei α null und β eins sein sollten. Vgl. hierzu Branson (1969), Cosandier & Lang (1981), Fratianni & Wakeman (1982), Marston (1976).

33 Da die Durchschnittsbildung von Indexreihen zu Seriekorrelation führen kann (Working, 1960).

bestehen. Insgesamt kann für diesen ersten Test der internationalen Kapitalmobilität festgehalten werden, dass die gedeckte Zinsparität beim Vergleich der inländischen Interbankensätze mit den Euro-Sätzen gegeben ist und dass die Integration des inländischen Finanzmarktes zugenommen hat. Die Grundvoraussetzung für die weiteren Untersuchungen ist demnach für die Schweiz erfüllt.

2.2 Die ungedeckte Zinsparität

Bislang sind wir davon ausgegangen, dass die Devisenmarktteilnehmer sich gegen Wechselkursrisiken durch entsprechende Geschäfte am Terminmarkt absichern. Doch wer ist bereit, die Wechselkursrisiken zu tragen? Wer kauft und verkauft die Fremdwährung am Terminmarkt? Diejenigen, die bereit sind, offene Positionen einzunehmen, sind die Spekulanten. Spekulanten verpflichten sich, an einem bestimmten Termin Devisen zu kaufen oder zu verkaufen, ohne sich heute die entsprechenden Beträge zu beschaffen. Sie gehen davon aus, dass sich der Kurs zu ihren Gunsten ändern wird und dass der heutige Terminkurs vom von ihnen erwarteten Kassakurs abweicht. Während bei einem Zinsarbitragegeschäft gleichzeitig ein Termin- *und* ein Kassageschäft abgeschlossen wird, betreibt der Spekulant *entweder* Kassaspekulation *oder* Terminspekulation. Die Kassaspekulation wird nicht weiter besprochen, weil sie sich als Kombination zwischen Zinsarbitrage und Terminspekulation darstellen lässt (vgl. Tsiang, 1959, S. 92). Die Rolle der Spekulation ist in der Literatur umstritten. Kritiker der flexiblen Wechselkurse sehen in ihr vor allem einen destabilisierenden Faktor (Nurske, 1944); dieses Argument war für die Einführung fester Wechselkurse im System von Bretton Woods entscheidend[34] (Bordo, 1993; Einzig, 1970a). Diese These wurde in einer auch heute noch häufig zitierten Arbeit von Friedman widerlegt (Friedman, 1953). In der Empirie werden im allgemeinen die "bandwagon"-Effekte untersucht. Eine Affirmation der Hypothesen würde auf destabilisierende Spekulation schliessen lassen; jedoch konnte bisher in keiner Studie belegt werden, dass es zu destabilisierender Spekulation gekommen ist

34 Neben kompetitiven "beggar thy neighbour" Abwertungen gelten eben auch "band wagon effects" als eine ernst zu nehmende Gefahr für die Stabilität des Wechselkurses.

(vgl. Bilson, 1981; Frankel und Froot, 1987; MacDonald und Taylor, 1992).

Die ungedeckte Zinsparität besagt, dass der Renditeunterschied von zwei substituierbaren in- und ausländischen Zinsanlagen nur mit der erwarteten Änderung des Wechselkurses begründet werden kann. Das heisst: Wird eine Aufwertung des Dollars erwartet, dann wird man einen niedrigeren Zinssatz auf amerikanischen Papieren in Kauf nehmen[35]. Die Arbitrageentscheidung wird analog zu Gleichung (2.1) formuliert, wobei im Unterschied zu (2.1) der erwartete Kassakurs in die Gleichung eingeht:

$$(1+i_t)=\frac{E(W_{t+1}^K)}{W_t}(1+i_t^*) \tag{2.5}$$

Der Erwartungsoperator $E(\cdot)$ bezeichnet den heute für t+1 erwarteten Wechselkurs, bezogen auf die heute verfügbaren Informationen Ω_t; $E(W_{t+1}^K)=E\left(W_{t+1}^K \mid \Omega_t\right)$. Die weiteren Notationen bleiben im wesentlichen gleich wie bei der gedeckten Zinsparität. Bei einer Zunahme des ausländischen Zinssatzes bei gegebenem inländischen Zins werden die Spekulanten bei gegebenem Kassakurs einen tieferen zukünftigen Kassakurs erwarten. Da sich der Terminkurs aufgrund der gedeckten Zinsparität ebenfalls anpasst, bleibt das Gleichgewicht zwischen Terminkurs und erwartetem Kassakurs bestehen. Weicht aber der erwartete Wechselkurs vom Terminkurs ab, so kommt es zu einem Angebot oder einer Nachfrage nach Terminwährung. Die Abweichung des erwarteten Wechselkurses vom Terminkurs kommt dann zustande, wenn der Einfluss des Terminkurses auf die Erwartungsbildung eingeschränkt wird.

---

35 Die Betrachtung kann auch vom "reinen" Kursspekulanten ausgehen. Dieser wird, seinen Erwartungen entsprechend, in diesem Fall Dollars kaufen. Die Dollars investiert er, bis zum Zeitpunkt, an dem er den Betrag zurücktauscht, in möglichst risikofreie Dollar-Anlagen.

2.2.1 Die Terminspekulation im Rahmen des μ/σ Ansatzes

Die Spekulation wird im Gegensatz zum alltäglichen Sprachverständnis in der Theorie wertneutral verwendet. In der Folge werden wir für die Spekulation die Definition von Kaldor (1939) verwenden. Demzufolge liegt Spekulation vor, wenn Güter, Devisen oder andere Objekte in der Absicht gekauft (verkauft) werden, sie zu einem späteren Zeitpunkt wieder zu verkaufen (kaufen) und die Transaktion nur vorgenommen wird, weil man eine Preisänderung erwartet, und nicht, weil man aus dem Besitz der Objekte einen Nutzen ziehen, sie bearbeiten oder damit Handel treiben will[36].

In der Folge werden wir ein Modell für das Spekulantenverhalten entwickeln, welches auf dem Mittelwert/Varianz-Ansatz aufbaut und die Grundlage zur Herleitung der Spekulationskurve bildet. Wobei betont werden muss, dass es sich beim beschriebenen Terminmarkt um einen stark idealisierten Markt handelt, bei dem die Termingeschäfte nur zu festen Stichtagen abgewickelt und an diesen Stichtagen die Termin- und Kassakurse gebildet werden.

Der Gewinn aus der Spekulation in einer Währung berechnet sich aus der Differenz zwischen dem in t für $t+1$ erwarteten Kassakurs und dem in t vereinbarten Terminkurs $\left[E\left(W_{t+1}^{K}\right)-W_{t,t+1}^{T}\right]$. Das heisst, ein Spekulant vereinbart "heute" mit der Gegenpartei, dass er "morgen" h-Dollars zum "heute" festgelegten Wechselkurs kauft. Der Spekulant geht diese Long-Position ein, weil er damit rechnet "morgen" die h-Dollars zu einem Wechselkurs veräussern zu können, der höher liegt als der "heute" vereinbarte Terminkurs. Den gesamten Periodengewinn erhält man schliess-

36 "Speculation, for the purpose of this article, may be defined as the purchase (or sale) of goods with a view to re-sale (re-purchase) at a later date, where the motive behind such action is the expectation of a change in the relevant prices relatively to the ruling price and not a gain accruing through their use, or any kind of transformation effected in them or their transfer between different markets." (Kaldor, 1939, S. 1)

lich aus der Multiplikation der erwarteten Kursdifferenz mit dem eingesetzten Betrag h:

$$h\left[E\left(W_{t+1}^{K}\right)-W_{t,t+1}^{T}\right]=h\,\mu \tag{2.6}$$

Geht der Spekulant eine Short-Position ein, dann verpflichtet er sich bekanntlich, einen Betrag in Franken, zu einem im voraus vereinbarten Kurs, zu verkaufen. Der Spekulant vereinbart also "heute" mit der Gegenpartei, dass er ihr "morgen" h-Dollars zum "heute" festgelegten Wechselkurs verkauft. Der Spekulant geht diese Short-Position ein, weil er damit rechnet, "morgen" die h-Dollars zu einem Wechselkurs erwerben zu können, der unter dem "heute" vereinbarten Terminkurs liegt. Der erwartete Ertrag entspricht dann der Differenz zwischen dem Terminkurs und dem erwarteten Kassakurs $h\left[W_{t,t+1}^{T}-E\left(W_{t+1}^{K}\right)\right]$. Die einzige Diversifikation des Portfolios des Devisenspekulanten bestehe annahmebedingt darin, dass er in verschiedenen Währungen spekuliert – er betrachtet diese als seine "Wertschriften"[37]. Die Diversifikation des Portfolios erfolgt somit lediglich, indem Termingeschäfte in verschiedenen Währungen getätigt werden[38]. Da aber von Seiten der Banken Sicherheiten gefordert werden, wird der Devisenspekulant einen gewissen Betrag zu einer risikolosen Rendite anlegen müssen. Der Spekulant wird einen Teil h_0-Franken zum risikolosen Zinssatz i_0 anlegen[39] und die restlichen Beträge h_i für

---

37 Im Mittel/Varianz-Ansatz geht man meistens davon aus, dass die Anlage in risikobehaftete *Wertschriften* erfolgt. Für den Devisenspekulant sei der Kauf einer Währung mit der Anlage in eine risikobehaftete Wertschrift gleichbedeutend. Es versteht sich von selbst, dass die Spekulanten – zumal es sich meistens um professionelle Anleger handelt – die erworbenen Fremdwährungen beispielsweise in zinstragende Papiere anlegen.

38 Diese Annahme kann problemlos aufgehoben werden, falls zusätzliche alternative Anlagen (zum Beispiel Aktien oder Obligationen) betrachtet werden sollten. Für die Erklärung des Spekulantenverhaltens würde diese Lockerung aber keine zusätzliche Informationen liefern.

39 Üblicherweise erfolgt die Herleitung des Mittelwert/Varianz-Ansatzes, indem zuerst ohne risikofreie Anlage argumentiert wird. In einem zweiten Schritt führt man dann die risikofreie Anlage ein. Wir werden hier auf den

risikobehaftete Anlagen in fremden Währungen $i=1\dots n$ verwenden. Sein Vermögen V verteilt der Spekulant somit folgendermassen:

$$V = h_0\left(1+i_0\right)+\sum_{i=1}^{n} h_i\left[E\left(W_{t+1}^{K,i}\right)-W_{t,t+1}^{T,i}\right] \tag{2.7}$$

Für den erwarteten Portfolioertrag aus den vorliegenden Investitionen für die Anteile $k_0 = h_0/V$ und $k_i = h_i\, W_t^{K,i}/V$ erhält man folglich:

$$\mu_S = k_0\, q_o + \sum_{i=1}^{n} k_i\, \mu_i \tag{2.8}$$

Dabei ist $q_0 = ln\left(1+i_0\right)\approx i_0$, $\mu_i = \left[E\left(w_{t+1}^{K,i}\right)-w_{t,t+1}^{T,i}\right]$, falls der Spekulant eine Long-Position eingeht und $\mu_i = \left[w_{t,t+1}^{T,i} - E\left(w_{t+1}^{K,i}\right)\right]$ bei einer Short-Position. Da es sich in der Beziehung (2.8) um eine Rendite handelt, wird für den erwarteten Wechselkursertrag der Swapsatz verwendet (weshalb wir fortan wiederum logarithmierte Werte für die Wechselkurse verwenden). Die Gleichung (2.8) lässt sich auch folgendermassen schreiben:

$$\mu_S = k_0\, q_o + \mathbf{k}'\,\boldsymbol{\mu} \tag{2.9}$$

Der Spekulant erwartet aus seinem Portfolio S einen mittleren Ertrag μ_S; wobei $\mathbf{k}$ ein n-dimensionaler Spaltenvektor ist, dessen Skalare die Gewichte der risikobehafteten Devisenspekulationen in verschiedenen Währungen bezeichnet. Mit $\boldsymbol{\mu}$ werde der Vektor der risikobehafteten Erwartungsrenditen aus der Devisenspekulation bezeichnet. Zur Vereinfachung nehmen wir an, dass sich das gesamte Einkommen des Spekulanten aus der in Gleichung (2.9) formulierten Beziehung zusammensetze.

---

ersten Schritt verzichten und gleich die Existenz einer risikofreien Anlage annehmen. Eine ausführliche Besprechung des μ/σ-Ansatzes ohne risikofreie Anlage findet sich zum Beispiel in Campbell et. al. (1997), Leupold (1996), Roll (1977).

Die Varianz des Portfolios, die unter Verwendung der Nebenbedingungen minimiert werden soll, beträgt:

$$\sigma_S^2 = \mathbf{k}' \, \Gamma \, \mathbf{k} \tag{2.10}$$

Die Kovarianz-Matrix Γ sei strikt positiv definit, so dass Γ^{-1} existiert. Die risikolose Anlage weist keine Varianz auf $\left(\sigma_0^2 = 0\right)$. Damit erhält man für das Portfolio des Devisenspekulanten das Optimierungsprogramm, dessen Lösung das Minimum-Varianz-Portfolio aller Portfolios mit dem mittleren Ertrag μ_S ist und wie folgt lautet:

$$\underset{\mathbf{k}}{\text{Minimiere}} \; \mathbf{k}' \, \Gamma \, \mathbf{k} \tag{2.11}$$

unter $\quad \mathbf{k}' \, \boldsymbol{\mu} + (1 - \mathbf{k}' \, \mathbf{I}) \, q_o = \mu_S$ [40]

Mit **I** werde ein n-dimensionaler Einheitsvektor bezeichnet. Die Lösung dieses Problems erfolgt mit der Lagrange-Methode, zuerst bildet man die Lagrange-Funktion:

$$L(k, \lambda) = \mathbf{k}' \, \Gamma \, \mathbf{k} + \lambda \left(\mu_S - \mathbf{k}' \, \boldsymbol{\mu} - (1 - \mathbf{k}' \, \mathbf{I}) \, q_o \right) \tag{2.12}$$

Die Lagrange-Funktion wird nun partiell nach **k** und λ abgeleitet. Die Bedingungen erster Ordnung lauten dann:

$$2 \, \Gamma \, \mathbf{k} - \lambda \left(\boldsymbol{\mu} - q_o \, \mathbf{I} \right) = 0 \tag{2.13}$$

$$\mu_S - \mathbf{k}' \, \boldsymbol{\mu} - (1 - \mathbf{k}' \, \mathbf{I}) \, q_o = 0 \tag{2.14}$$

Durch Umformen von (2.13) erhält man den Allokationsvektor:

$$\mathbf{k} = \frac{1}{2} \lambda \, \Gamma^{-1} \left(\boldsymbol{\mu} - \mathbf{I} \, q_o \right) \tag{2.15}$$

und durch Einsetzen von (2.14) in (2.15) den Multiplikator λ:

---

40 Die Restriktion geht aus $\mathbf{k}' \, \boldsymbol{\mu} + k_0 \, q_o = \mu_S$ und der Budgetrestriktion $\mathbf{k}' \, \mathbf{I} + k_0 = 1$ hervor, indem wir den Anteil k_0 der risikolosen Anlagen durch Einsetzen eliminieren.

$$\lambda = \frac{2(\mu_S - q_o)}{(\boldsymbol{\mu} - \mathbf{I}\,q_o)'\,\Gamma^{-1}(\boldsymbol{\mu} - \mathbf{I}\,q_o)} = \frac{2(\mu_S - q_o)}{\boldsymbol{\mu}'\,\Gamma^{-1}\,\boldsymbol{\mu} - 2\,\mathbf{I}'\,\Gamma^{-1}\,\boldsymbol{\mu}\,q_o + \mathbf{I}'\,\Gamma^{-1}\mathbf{I}\,q_0^2} \tag{2.16}$$

Zur Vereinfachung ersetzen wir folgende Skalare im Nenner von (2.16) durch:

$$\alpha = \boldsymbol{\mu}'\,\Gamma^{-1}\,\boldsymbol{\mu}, \quad \beta = \mathbf{I}'\,\Gamma^{-1}\,\boldsymbol{\mu} = \mathbf{I}\,\Gamma^{-1}\,\boldsymbol{\mu}' \quad \text{und} \quad \gamma = \mathbf{I}'\,\Gamma^{-1}\mathbf{I}$$

Setzt man die Gleichung (2.16) in (2.15) ein, erhält man, unter Berücksichtigung der vorstehenden Vereinfachungen, den Allokationsvektor des Portfolios mit der minimalen Varianz:

$$\mathbf{k} = \frac{(\mu_S - q_o)}{\alpha - 2\,\beta\,q_o + \gamma\,q_0^2}\,\Gamma^{-1}(\boldsymbol{\mu} - \mathbf{I}\,q_o) \tag{2.17}$$

Entsprechend ergibt sich durch Einsetzen von (2.17) in (2.10) die Varianz des Portfolios:

$$\sigma_S^2 = \mathbf{k}'\,\Gamma\,\mathbf{k} = \frac{(\mu_S - q_o)^2}{\alpha - 2\,\beta\,q_o + \gamma\,q_0^2} \tag{2.18}$$

Diese Gleichung enthält nur exogene Grössen, ist immer nichtnegativ und ist eine streng konvexe Funktion[41]. Für die Darstellung im μ/σ Raum lösen wir Gleichung (2.18) nach μ_S auf und erhalten die Effizienzlinie. Auf der Effizienzlinie liegen alle effizienten Portfolios und sind bis auf die risikofreie Anlage untereinander perfekt korreliert.

$$\mu_S = q_o \pm \sigma_S\left(\alpha - 2\,\beta\,q_o + \gamma\,q_0^2\right)^{1/2} \tag{2.19}$$

Die graphische Darstellung leitet sich aus Gleichung (2.19) ab. Die negative Steigung der Effizienzgrenze ergibt den ineffizienten Bereich, den wir in der Folge deswegen vernachlässigen werden. Das Set der Minimum-Varianz-Portfolios befindet sich auf der

---

41 Zu den Konvexitätsbeweisen vgl. Leupold (1996), S. 58.

Geraden, die sich aus der Verbindung der risikolosen Anlage in q_o und dem Punkt p in Abbildung 2.3 ergibt. Die Effizienzlinie nähert sich somit asymptotisch der Grenze aller Minimum-Varianz-Portfolios, die sich aus der Herleitung ohne risikofreie Anlagen ergeben. Ein Engagement, das nordöstlich von p liegt, setzt bekanntlich eine zusätzliche Verschuldung zum risikokolosen Zinssatz voraus und entspricht in der Abbildung 2.3 der gestrichelten Fortsetzung des Strahls $\overline{q_o\, p}$. Da die Banken Sicherheitsmargen von der Seite der Spekulanten fordern, ist in diesem Fall dieser Bereich der Effizienzlinie jedoch nicht weiter interessant, da er somit nicht realisiert wird.

Abbildung 2.3: Minimum-Varianz Portfolio mit einer risikolosen Anlage

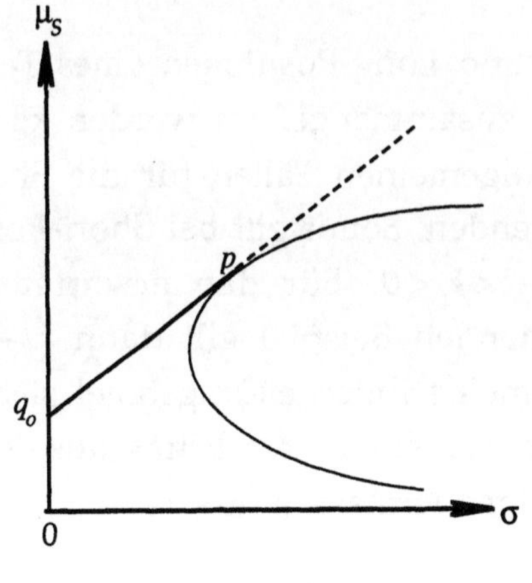

Da der Spekulant sein Portfolio ausschliesslich mit Termingeschäften in verschiedenen Währungen diversifiziert, wird die Lage des effizienten Portfolios durch den Anteil erworbener Termindevisen bestimmt. Nehmen wir an, der Spekulant würde sich zu einem Termingeschäft in nur einer Währung verpflichten, dann würde für den erwarteten Portfolioertrag, wie bereits in (2.8) gezeigt wurde, $k_0\, q_o + k_1\, E(\mu_1) = (1-k_1)\, q_o + k_1 \left[E\left(w^K_{t+1}\right) - w^T_{t,t+1}\right]$ gelten.

Es sei an dieser Stelle daran erinnert, dass für k_1 die Einschränkung $0 < k_1 < 1$ gilt. Die Variation von k_1 führt bekanntlich zu einer Verschiebung der Lage des betrachteten Spekulantenportfolios in Abbildung 2.3 zwischen den beiden Punkten q_0 und p. Je grösser der Anteil der Termingeschäfte am gesamten Portfolio ist, desto weiter nach rechts auf der Effizienzlinie wird das Portfolio des Spekulanten liegen. Je mehr Long-Positionen der Spekulant somit eingeht, umso weiter wird sein Portfolio in Richtung p alloziert sein. Diese Tatsache lässt sich übrigens auch aus der Gleichung (2.17) und aus der Gleichung der Effizienzlinie (2.19) ablesen. Eine Short-Position wird gleich aussehen, jedoch mit entgegengesetzten Vorzeichen. Geht der Spekulant nämlich eine Short-Position ein, dann erwartet er zum besagten Termin einen tieferen Kassakurs. Sein erwarteter Portfolioertrag folgt dann aus: $(1-k_1)\,q_o + k_1\left[w^T_{t,t+1} - E\left(w^K_{t+1}\right)\right]$. Auch in diesem Fall liegt das Portfolio in Abbildung 2.3 zwischen q_0 und p.

Damit die Short- und Long-Positionen eines Termingeschäftes in einem Diagramm zusammengefasst werden können, werden wir in der Folge in allgemeinen Fällen für die Short-Positionen ein negatives k_i verwenden. Somit gilt bei Short-Positionen für k_i die Einschränkung $-1 < k_i < 0$. Für den erwarteten Portfolioertrag ausdem vorangehenden Beispiel gilt dann $(1-k_1)\,q_o - k_1\left[E\left(W^K_{t+1}\right)\right.$ $\left.-W^T_{t,t+1}\right]$. Die allgemeine Entscheidungsregel sieht bei den beiden Geschäftstypen für den erwarteten Ertrag aus der Spekulation mit Termindevisen folgendermassen aus:

$$k_0\, q_0 + \sum_{i=1}^{n} k_i \left[E\left(w^{K,i}_{t+1}\right) - w^{T,i}_{t,t+1}\right] \text{ wobei folgende Regel gilt:}$$

$$\begin{cases} k_i > 0 \text{ für Long-Position} \\ k_i < 0 \text{ für Short-Position} \end{cases} \qquad (2.20)$$

Das Resultat aus der Entscheidungsregel in (2.20) ist immer positiv[42]. Für das Portfolio des Spekulanten resultiert somit immer ein positives μ_s. Bei einer Graphik, die die Art der eingegangenen Verpflichtung (Long- oder Short-Position: Also ein positives respektive negatives k_i) und auch das μ/σ Umfeld berücksichtigt, erhält man den Anteil der Long-Positionen im Portfolio des Spekulanten (also die positiven k_i) entlang der Abszisse, auf der auch σ abgetragen wird; während sich der Anteil der Short-Positionen am Portfolio des Spekulanten (die negativen k_i-Anteile) mittels einer Spiegelung der Effizienzlinie an der Ordinate ablesen lässt. In den beiden Graphiken der Abbildung 2.4 ist der Zusammenhang zwischen k_i und σ sowohl bei Long- als auch bei Short-Positionen berücksichtigt.

Abbildung 2.4: Bestimmung von k bei unterschiedlicher Verpflichtung

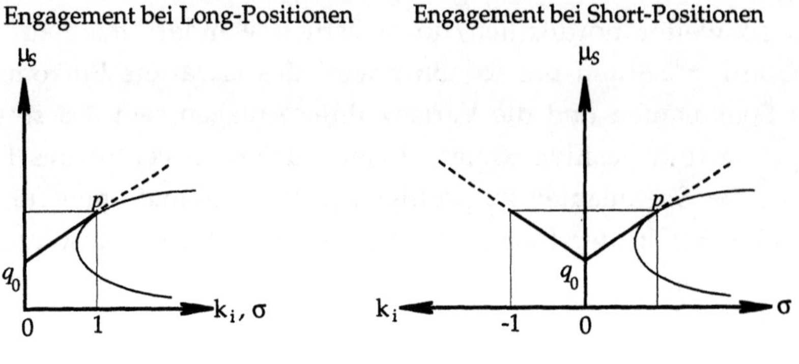

In beiden Graphiken sind μ_s und σ immer positiv, egal welchen Geschäftstyp der Spekulant eingeht. Betrachten wir aber die möglichen Engagements, dann liegt die Spannweite von k_i zwischen

42 Zumal nicht anzunehmen ist, dass der Spekulant ein Geschäft abschliessen wird, bei welchem er einen Verlust erwartet.

–1 und *1*. Diese Situation lässt sich zu einem Diagramm in Abbildung 2.5 zusammenfassen.

Abbildung 2.5: Engagementtyp und Vorzeichen des Allokationsvektors

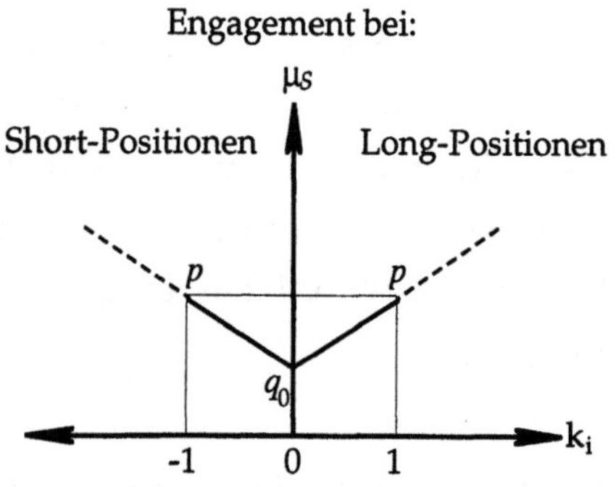

Je grösser der Anteil nachgefragter/angebotener Termindevisen, um so weiter nordöstlich/nordwestlich wandert man auf der Abbildung 2.5 und um so höher wird das erwartete Einkommen der Spekulanten und die Varianz ihrer Anlagen sein. Da sowohl negative und positive Skalare k_i im Allokationsvektor des Portfolios der Spekulanten zu positiven μ/σ Kombinationen führen, werden wir in der folgenden Diskussion mit dem Absolutglied $|k_i|$ arbeiten.

2.2.2 Das Gleichgewicht zwischen Zinsarbitrage und Spekulation

Um das individuelle Optimum des Spekulanten zu finden, muss im oben eingeführten μ/σ-Ansatz bestimmt werden, welcher Punkt auf der Effizienzlinie vom Spekulanten bevorzugt wird. Mit anderen Worten: Der Anteil, der in $|k_i|$ in Termingeschäften eingegangenen Engagements, muss festgestellt werden. Dazu verwendet man die aus der Nutzenfunktion des Spekulanten abgeleiteten Indifferenzkurven, welche die Effizienzlinie (2.19) tangieren. Der μ/σ-Ansatz reduziert die Betrachtungsweise der Nutzen auf die ersten zwei Momente. Das mag zwar aus statistischer Sicht praktisch sein, die Frage stellt sich aber, ob es genügt, diese beiden Ausprägungen zu betrachten oder ob weitere Momente, zum Beispiel die Schiefe oder die Kurtosis, ebenfalls in Erwägung gezogen werden müssten, um möglichst viele Informationen zu verarbeiten. Mit einer Taylor-Reihe n-ten Grades approximiert man die "wahre" Erwartungsnutzenfunktion des Spekulanten[43]. So werden beliebig viele Momente in der Entscheidung des Spekulanten berücksichtigt.

$$U = U(\mu_S) + \frac{U'(\mu_S)}{1!} E(\tilde{\alpha} - \mu_S) + \frac{U''(\mu_S)}{2!} E(\tilde{\alpha} - \mu_S)^2 + \frac{U'''(\mu_S)}{3!} E(\tilde{\alpha} - \mu_S)^3 + \ldots \qquad (2.21)$$

Der Erwartungsnutzen des Spekulanten setzt sich somit aus der Addition der von ihm bevorzugten Ausprägung einzelner Momente im Taylor-Polynom zusammen. In dieser Gleichung wird also beispielsweise mit $U(\mu_S)$ berücksichtigt, dass der Spekulant einen erwarteten hohen Ertrag einem tiefen vorzieht. Jedes Moment wird als untergeordnete Nutzenfunktion interpretiert, die als Summe den Erwartungsnutzen approximiert. Die effektiv erwirtschaftete Portfoliorendite $\tilde{\alpha}$ sei eine Zufallsvariable, wobei wir deren erwarteten Wert per definitionem mit $E\tilde{\alpha} = \mu_S$ angesetzt haben (aus diesem Grund gilt nun $E(\tilde{\alpha} - \mu_S) = 0$). Unter der genannten Bedingung erhält man aus (2.21) folgendes Taylor-Polynom n-ten Grades:

$$U = U(\mu_S) + \frac{U''(\mu_S)}{2!} \sigma_S^2 + \frac{U'''(\mu_S)}{3!} E(\tilde{\alpha} - \mu_S)^3 + \ldots \qquad (2.22)$$

Der Erwartungsnutzen geht somit aus der Addition der Momente $\mu_S, \sigma_S^2, \; E(\tilde{\alpha} - \mu_S)^3, \ldots$ hervor. Geht man vom zentralen Grenz-

---

43 Was voraussetzt, dass die betrachtete Nutzenfunktion n-mal differenzierbar ist und alle Ableitungen stetig sind.

wertsatz aus, was für die Portfoliorendite als angemessene Annahme betrachtet werden kann – zumal sich die Portfoliorendite aus einer grossen Anzahl von Zufallsvariablen zusammensetzt – dann kann auch davon ausgegangen werden, dass $\tilde{\alpha}$ normalverteilt ist. Demnach betragen die dritten, vierten und folgenden Momente – also diejenigen, die höher als die Varianz sind – Null. Für die Nutzenfunktion folgt aufgrund dieser Überlegungen eine quadratische Form (vgl. Anhang A 2). Aus (2.22) erhält man somit die Nutzenfunktion:

$$U = a + b\,\mu_S - \frac{1}{2}c\left(\mu_S^2 + \sigma_S^2\right) \tag{2.23}$$

Die Indifferenzkurven sind konzentrische Kreise mit dem Mittelpunkt $\mu_S = b/c$ und $\sigma_S = 0$. Die quadratische Gleichung (2.23), welche die Nutzenfunktion beschreibt, enthält ebenfalls einen Bereich, in welchem der Nutzen mit zunehmendem Einkommen abnimmt. Dieser Bereich fällt aus der Betrachtung, da in diesem Abschnitt der Grenznutzen negativ wird. In Abbildung 2.3 sind drei konzentrische Indifferenzkurven (I_1 bis I_3) abgetragen, die an der Ordinate eine Steigung von Null haben und konvex sind. Analog zur Abbildung 2.5 tragen wir in Abbildung 2.6 rechts die Long-Positionen und links davon die Short-Positionen ab.

Abbildung 2.6: Verhalten des Spekulanten

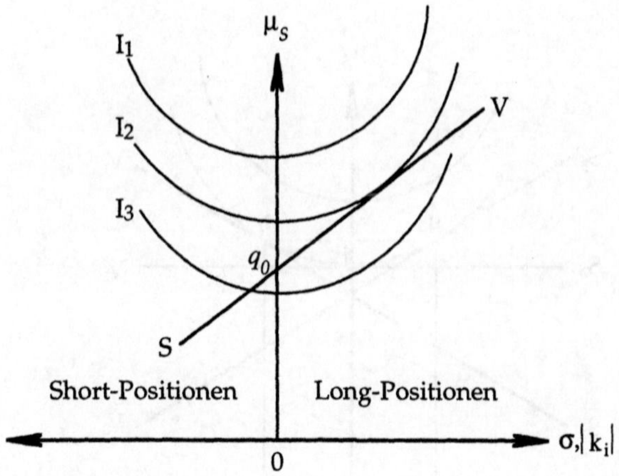

Die Effizienzgerade wird nun, um den Zusammenhang zum Spekulanten prägnanter zu charakterisieren, Spekulationsgerade genannt und mit SV abgekürzt (vgl. auch Sinn, 1980, S. 296). Das vom Spekulanten vorgezogene Engagement resultiert aus der Projektion des Tangentialpunktes zwischen der Indifferenzkurve und der Spekulationsgerade auf die Abszisse. Auf ihr ist die Varianz, aber auch die Höhe des Engagements des Spekulanten abgebildet. Bei einer Nachfrage nach Termindevisen wird, wie bereits oben gezeigt wurde, der Tangentialpunkt rechts von der Ordinate liegen, während dieser links von der Ordinate liegt, wenn der Spekulant Termindevisen anbietet. Drei der möglichen unterschiedlichen Positionen, die der Spekulant durch die Art Geschäfte einnimmt, sind in Abbildung 2.7 skizziert.

Abbildung 2.7: Kurven des Spekulantenverhaltens bei unterschiedlichen Erwartungen

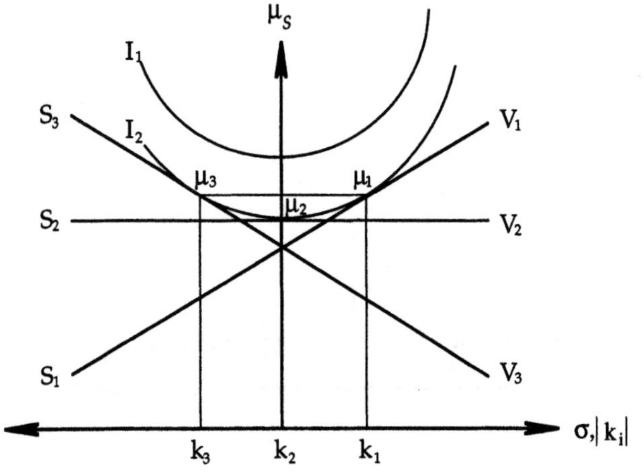

Erwartet der Spekulant in der folgenden Periode einen Kassakurs, der vom heutigen Terminkurs abweicht, dann wird sich auch die Steigung der Spekulationsgeraden ändern. Die Steigung der Spekulationsgeraden entspricht der Steigung von Gleichung (2.19). In Abbildung 2.7 sind drei unterschiedliche Situationen für den erwarteten Kassakurs eingetragen: Im ersten Fall ist die Steigung der Spekulationsgeraden $\overline{S_1 V_1}$ positiv, da der Spekulant eine Long-Position eingegangen ist und demnach k_1 auf der rechten Seite der Skizze projiziert wird. Bei $k_2 = 0$ wird der Ertrag ausschliesslich mit der risikofreien Anlage $\mu = k_0\, q_0$ erwirtschaftet und die Steigung der Spekulationsgeraden $\overline{S_2 V_2}$ beträgt demnach Null. Analog verhält es sich mit dem erwarteten Ertrag aus der Spekulation in Short-Positionen: Der Spekulant wird in diesem Fall nicht mehr Termindevisen nachfragen, sondern Devisen auf Termin anbieten, da er davon ausgeht, dass der Kassakurs in der nächsten Periode tiefer liegen wird als der heutige Terminkurs. Deshalb gilt für $\left[E\left(w_{t+1}^{K}\right) - w_{t,t+1}^{T}\right] < 0$ und $|k_3|$ befindet sich links von der

Ordinate. Die Spekulationsgerade $\overline{S_3 V_3}$ weist dann eine *negative* Steigung auf.

Nehmen wir wieder zur Vereinfachung an, das Portfolio eines Spekulanten setze sich aus einer risikofreien Anlage und einem Termingeschäft zusammen. Die Lage und die Steigung der Spekulationsgeraden ergeben sich aus der für die Effizienzlinie in (2.19) hergeleiteten Funktion $\mu_S = q_o + \sigma_S \cdot (\ldots)^{1/2}$. Setzt man die Funktion (2.19) mit der Beziehung (2.8) gleich und berücksichtigt dabei, dass der Spekulant lediglich ein einzelnes Termingeschäft und eine risikolose Anlage im Portfolio alloziert hat, erhält man:

$$k_0\, q_o + k_1\, \mu_1 = q_o + \sigma_S \cdot \left(\alpha - 2\,\beta\, q_o + \gamma\, q_0^2\right)^{1/2} \tag{2.23}$$

Unter Verwendung von $\mu_1 = \left[E\left(w_{t+1}^{K,1}\right) - w_{t,t+1}^{T,1}\right]$ lässt sich daraus der erwartete Kassakurs

$$E\left(w_{t+1}^{K,1}\right) = q_o + w_{t,t+1}^{T,1} + \frac{1}{k_1}\sigma_S \cdot \left(\alpha - 2\,\beta\, q_o + \gamma\, q_0^2\right)^{1/2} \tag{2.24}$$

herleiten. Die ersten beiden Parameter der rechten Seite von Gleichung (2.24) $q_o + w_{t,t+1}^{T,1}$ bilden einen konstanten Term, wenn der Terminkurs gegeben ist und der Spekulant diesen in seiner Erwartungsbildung für den Kassakurs $t+1$ berücksichtigt. Die Steigung der Geraden ist positiv und monoton steigend, da für $0 \le k_1 < 1$ gilt. Der Term $\sigma_S \cdot (\ldots)^{1/2}$ kann auch als Risikoprämie interpretiert werden, wie in der Folge noch zu zeigen sein wird. Als Zwischenresultat können wir festhalten, dass mit der μ/σ Darstellung des Spekulantenverhaltens der erwartete Wechselkurs eine Funktion des Terminkurses und der Risikoprämie ist.

Den skizzierten Verlauf der Gleichung (2.24) erhält man aus der Projektion der in Abbildung 2.7 hergeleiteten Kurve des Spekulantenverhaltens nach Abbildung 2.8b. Zur Vereinfachung wurde Abbildung 2.7 mit einer Indifferenzkurve und zwei Kurven des Spekulantenverhaltens in Abbildung 2.8a reproduziert. Die resultierende Kurve des Spekulantenverhaltens (Z_S) in Abbildung 2.8b ist monoton steigend und die Verbindung aller möglichen Kombinationen, die sich für $|k_i|$ aus der μ/σ Optimierung ergeben. Wie weiter oben gezeigt wurde, hängt die Lage von $|k_i|$ vom Tangentialpunkt der Indifferenzkurve auf der Kurve des Spekulantenverhaltens ab. Je flacher die Indifferenzkurve, um so kleiner wird die Steigung von Z_S sein und um so kleiner wird das Engagement in Termindevisen des Spekulanten ausfallen. An den Enden wird die Z_S-Kurve steiler: Diese Zunahme der Erwartungselastizität ist plausibel, da mit zunehmenden Verpflichtungen $|k_i|$, die der Spekulant bereits eingegangen ist, seine marginale Verpflichtungsbereitschaft abnimmt. Fragt (bietet) der Spekulant beispielsweise $k_{\$,1}$ $(k_{\$,2})$ i=Termindollars nach (an), dann heisst das, dass er einen höheren (tieferen) Wechselkurs $E({}_1w_{t+1}^{K,\$})$ $\left(E({}_2w_{t+1}^{K,\$})\right)$ erwartet.

Abbildungen 2.8 a und b:
Kurve des Spekulantenverhaltens und erwarteter Kassakurs

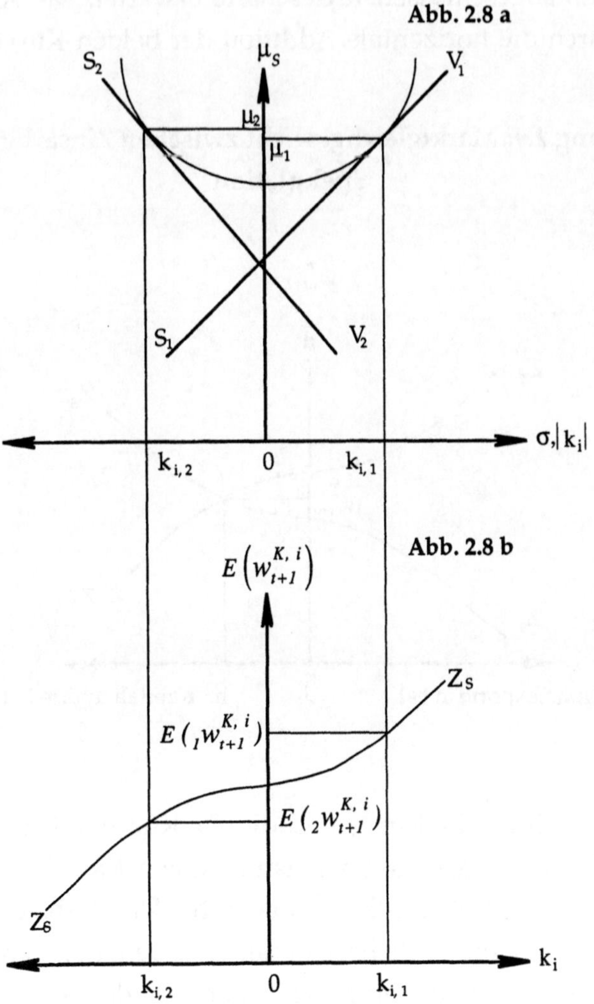

Zur Beschreibung des Marktgleichgewichts fehlt noch die Zinsabitrage, wie sie in Abbildung 2.1 eingeführt wurde. In Abbildung 2.9 ist auf der Ordinate der Terminkurs $w_{t,t+1}^{T}$ und auf der Abszisse die Kapitalbewegungen wie bereits in Abbildung 2.1 eingetragen.

Die Angebotskurve der Spekulanten schneidet die Nachfragekurve der Zinsarbitrageure am Gleichgewichtspunkt $\left(\overline{w}^T_{t,t+1}\right)$. Somit werden bei Fälligkeit der Terminkontrakte zum Terminkurs $\left(\overline{w}^T_{t,t+1}\right)$ Kapitalimporte im Umfang h-mal die zum heutigen Terminkurs abgeschlossenen Geschäfte erwartet. Die Aggregation erfolgt durch die horizontale Addition der beiden Kurven.

Abbildung 2.9: Marktgleichgewicht zwischen Zinsarbitrage und Spekulation

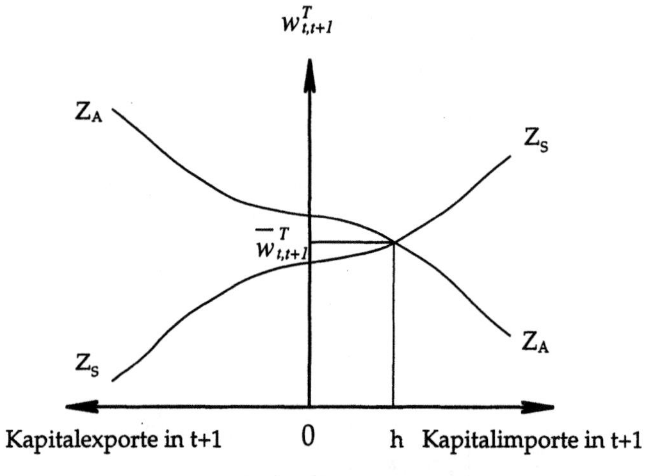

Schneiden sich die Z_S-Kurve und die Z_A-Kurve auf der Ordinate, so bedeutet dies, dass die Spekulanten einen Kassakurs erwarten, der dem heutigen Terminkurs entspricht. Die Z_S-Kurve ist dann im betrachteten Intervall horizontal. Das bedeutet: Entweder ist der Terminkurs ein unverzerrter Schätzer, oder die Spekulanten kommen aufgrund ihrer individuellen Erwartungsbildungshypothese zum gleichen Resultat. Inwiefern stellt der Terminkurs einen unverzerrten Schätzer für den erwarteten Wechselkurs dar? Der Frage werden wir im folgenden Abschnitt nachgehen. Die Frage nach der individuellen Erwartungsbildung wird in der Regel mit der Befragung von Devisenhändlern untersucht. Die individuelle Erwartungsbildung wird in dieser Arbeit jedoch nicht weiter verfolgt: Zu Umfragen zur Erwartungsbildung am Devisenmarkt sind die Arbeiten von Frankel und Froot (1987, 1990a, 1990b), von MacDonald und Torrance (1990) und Menkhoff (1995) zu erwähnen.

2.2.3 Die Schätzgleichung der ungedeckten Zinsparität

Anhand des vorangehenden Modells wurde gezeigt, dass sich die Terminspekulation wie alle übrigen Anlageentscheidungen auf der Grundlage eines Optimierungsprogramms im μ/σ Raum herleiten lässt. Da wir unter dem Aspekt des Gleichgewichts auf dem Terminmarkt argumentieren, stellt sich die Frage, ob der Terminkurs ein unverzerrter Schätzer des erwarteten Kassakurses darstellt. Nur wenn die Frage bejaht werden kann, ist die ungedeckte Zinsparität auch überprüfbar, und nur dann lässt sie sich als ein weiteres Kriterium für die Integration der Kapitalmärkte verwenden.

Die Herleitung ist nicht sehr schwer und an sich bekannt. Aus (2.5) erhält man analog zur Herleitung von Gleichung (2.4) die logarithmierte Form der ungedeckten Zinsparität:

$$i_t - i_t^* = E\left(w_{t+1}^K \right) - w_t^K = dw^e \tag{2.25}$$

Die erwartete Wechselkursänderung dw^e ist demnach gleich der Nominalzinsdifferenz zwischen In- und Ausland. Diese Beziehung, auch "offene Fisher-Beziehung" (Aliber, 1976; Cumby und Obstfeld, 1981) genannt, setzt eine Reihe von Annahmen voraus:

- Substituierbarkeit in- und ausländischer Zinsanlagen[44]

---

44 Als Vergleichsbasis bieten sich wieder die Eurozinssätze an, denn nur diese erlauben einen möglichst grossen Ausschluss landesspezifischer politischer Risiken. Die Risiken sind in diesem Fall schuldnerbezogen (default risk) und daher international vergleichbar (Cumby und Obstfeld, 1984; Mishkin, 1984). Neben der Substituierbarkeit wird vorausgesetzt, dass die zu vergleichenden Anlagen eine identische Laufzeit aufweisen.

- die Gültigkeit der Kaufkraftparität und Neutralität des Geldes beziehungsweise gleiche Realzinsen im In- und Ausland (dazu mehr in Kapitel 3)
- keine Transaktionskosten

Nun handelt es sich bei Gleichung (2.25) um eine Gleichgewichtsbedingung, die eine Erwartungsgrösse beinhaltet, deshalb muss ihr ein Störterm angefügt werden. Ein brauchbares Modell stellt lediglich die Vereinfachung der Realität dar, dabei soll der Störterm die Abweichungen einfangen. Ein Störterm verschieden von Null bedeutet nicht, dass die ungedeckte Zinsparität unbestätigt bleibt. Weichen nämlich die oben gemachten Annahmen von der Realität ab, so hat das für die ungedeckte Zinsparität respektive deren Störterm direkte Folgen. Das Konzept der ungedeckten Zinsparität bleibt aber unverändert. Die Gleichung lautet:

$$i_t - i_t^* = E\left(w_{t+1}^K \right) - w_t^K + \xi_t \qquad (2.26)$$

Der Störterm ξ_t wird von den meisten Autoren als Risikoprämie (konstant oder zeitlich variierend) interpretiert. Aus methodologischer Sicht ist zu sagen, dass der Störterm mit den anderen Variablen in der Gleichung (2.26) unkorreliert ist und einen Erwartungswert von Null hat. Werden die Erwartungen aufgrund des Terminkurses gebildet, so setzt man für die Zinsdifferenz die rechte Seite von Gleichung (2.4) in (2.26) ein, woraus

$$E\left(w_{t+1}^K \right) - w_t^K = w_{t,t+1}^T - w_t^K - \xi_t \qquad (2.27)$$

resultiert. Das heisst, dass sich die von den Spekulanten erwartete Wechselkursänderung aufgrund des Swapsatzes $w_{t,t+1}^T - w_t^K$ prognostizieren lässt. Dies aber nur unter der Annahme, dass der Terminkurs ein unverzerrter Schätzer des erwarteten Wechselkurses ist[45]. Die aus dieser Überlegung folgende Schätzgleichung in $t+1$[46] lautet dann:

---

45 Wir werden gleich in Abschnitt 2.3 dieses Problem in den Einzelheiten besprechen. Für die Gleichung (2.27) sei vorweggenommen, dass für die empi-

$$w_{t+1}^K - w_t^K = \alpha + \beta\left(w_{t,t+1}^T - w_t^K\right) + \varepsilon_{t+1} \tag{2.28}$$

Die Nullhypothese der Gleichung (2.28) lautet $\alpha = 0,\ \beta = 1$ und den Störterm ξ_t ersetzen wir durch $-\varepsilon_{t+1}$. Die Gleichung (2.28) kann nun mit der Methode der kleinsten Quadrate (OLS)[47] geschätzt werden, wobei ε_{t+1} unabhängig und normalverteilt ist. Die Interpretation allfälliger Abweichungen vom erwarteten Wert dieser Variablen ist Gegenstand des folgenden Kapitels.

---

rische Schätzung $w_{t,t+1}^T = E\left(w_{t+1}^K \mid \Omega_t\right)$ gelte, wobei mit Ω_t die heute verfügbaren Informationen sind.

46 Da die Schätzung mit ex post Werten vorgenommen wird, wird an dieser Stelle dieser gedankliche Periodensprung notwendig. Ansonsten würden die Gegenwartswerte mit t statt mit $t+1$ indexiert und dementsprechend müssten die Vergangenheitswerte mit $t-1$ bezeichnet werden.

47 Für die Kleinstquadratmethode verwenden wir die in der ökonomischen Literatur meistens benutzte und aus dem Englischen stammende Abkürzung "OLS" für "Ordinary Least Squares".

2.3 Effiziente Märkte, rationale Erwartungen und die Risikoprämie

Die Zahl empirischer Untersuchungen zur Überprüfung der ungedeckten Zinsparität hat im vergangenen Jahrzehnt stark zugenommen. Erst mit dem Übergang zu flexiblen Wechselkursen im März 1973[48] konnten Theorien wie die gedeckte oder die ungedeckte Zinsparität anhand von aktuellem Datenmaterial überprüft werden. Die Bedingungen der gedeckten Zinsparität ist, wie wir gesehen haben, bei flexiblen Wechselkursen und unter vollständiger Kapitalmobilität erfüllt. Der Übergang von fixen zu flexiblen Wechselkursen bedeutete aber nicht die automatische Aufhebung der Kapitalverkehrskontrollen. Diese wurden, je nach Staat, noch während mehreren Jahren aufrecht erhalten[49]. Seit Beginn der achtziger Jahre wurden aber in den meisten Industrieländern die Kapitalverkehrskontrollen aufgehoben oder zumindest so gelockert, dass ihr Einfluss auf die Kapitalströme unbedeutend wurde. Damit war eine weitere Bedingung zur globalen Angleichung der Zinssätze geschaffen und die Zuverlässigkeit empirischer Überprüfungen wurde erhöht. Ein weiterer Grund für die

---

48 Der Zusammenbruch des Systems von Bretton Woods war bereits in den sechziger Jahren prognostiziert worden. Zum ersten Floaten innerhalb der wichtigsten G10-Währungen kam es im August 1971, als die USA die Konvertibilität zwischen Dollar und Gold aufhoben. Im Dezember 1971 einigte man sich wieder auf fixe Wechselkurse. Diese Vereinbarung dauerte bis im März 1973, danach wurden die flexiblen Wechselkursen wieder eingeführt (Garber, 1993).

49 In der Schweiz wurde ab 1973 der freie Kapitalverkehr zugelassen mit gewissen Einschränkungen gegen Ende der siebziger Jahre, wie im ersten Kapitel besprochen wurde. Die USA und Deutschland hoben die Kapitalverkehrskontrollen 1974 auf. Wobei Deutschland unter dem System von Bretton-Woods vor allem mit dem Kapital*zufluss* zu kämpfen gehabt hatte (Marston, 1993, S. 524). In Grossbritannien führte man die Liberalisierung 1979 ein, in Japan ging man 1984 zur endgültigen $/Yen Kapitalverkehrsfreiheit über, Australien und Neuseeland folgten in den achtziger Jahren, am Ende der achtziger Jahre Frankreich und anfangs der neunziger Jahre Italien (Dooley und Mathieson, 1994; Frankel, 1993a)

Zunahme empirischer Untersuchungen liegt in der explosiven Vermehrung des Datenmaterials (vgl. Frankel und Rose, 1995 S. 1711). Dank der verbesserten Kommunikation zwischen den Finanzmärkten[50] sind die erhobenen Daten homogener geworden und damit im Vergleich aussagekräftiger. Dieser Umstand führt direkt zur Frage, welche Daten eine geeignete Approximation für das Testen der ungedeckten Zinsparität bilden.

2.3.1 Erfahrungen aus der empirischen Überprüfung der EMH

Die Wahl der geeigneten Approximation für den erwarteten Wechselkurs ist unmittelbar mit der Formulierung der "efficient markets hypothesis" (EMH) verknüpft. Die Hypothese der effizienten Devisenmärkte wird bestätigt, wenn die Marktteilnehmer ihre Erwartungen rational bilden, risikoneutral sind und wenn keine Transaktionskosten entstehen und hinreichende Konkurrenz besteht. Bei der EMH handelt es sich daher um eine *zusammengesetzte* Hypothese: Einerseits wird angenommen, die Marktteilnehmer würden – aufgrund der frei verfügbaren Informationen und der niedrigen Transaktionskosten – die Kurse bestimmen, die zur Markträumung führen, *und* andererseits wird davon ausgegangen, die Erwartungen würden in t rational gebildet. Sobald die Annahmen, die für die Existenz effizienter Märkte vorausgesetzt werden, erfüllt sind, ist der Terminkurs eine geeignete Approximation für den erwarteten Kassakurs. Die Hypothese für effiziente Märkte lautet somit: $w_{t,t+1}^{T} = E\left(w_{t+1}^{K} \middle| \Omega_t\right)$, wobei $E\left(\cdot \middle| \Omega_t\right)$ die mathematische Erwartung unter Vorgabe von Ω_t Informationen, die allen Spekulanten zugänglich sind[51],

---

50 Ein Überblick über die Innovationstätigkeit internationaler Finanzmärkte geben Goldstein und Folkerts-Landau (1994).

51 An dieser Stelle zeigt sich der Vorteil der Formulierung in logarithmierten Werten, denn neben dem Vorteil, dass relative Änderungen mit dem Logarithmus additiv verknüpft sind, umgeht man mit dieser Formulierung das Siegel-Paradoxon, das aus Jensens Ungleichung hervorgeht. Die angewandte Form der Jensenschen Ungleichung besagt, dass man nicht gleich-

bezeichnet. Wird die Hypothese hingegen verworfen, kann nicht beurteilt werden, ob sie aufgrund der fehlerhaften Spezifikation oder aufgrund von irrationalem Verhalten der Marktteilnehmer verworfen wurde. Dieses Problem wird im folgenden Abschnitt betrachtet. Formal lautet die EMH:

$$w_{t,t+1}^{T} = {}^{e}w_{t+1}^{K} + \xi_t \tag{2.29}$$

wobei ${}^{e}w_{t+1}^{K}$ den erwarteten Kassakurs in $t+1$ und ξ_t die Risikoprämie bezeichnen. In älteren Untersuchungen (vgl. Frankel, 1980, Frenkel 1976, 1981) wird für die Schätzung von Gleichung (2.29) folgende Spezifikation in Niveaugrössen formuliert:

$$w_{t+1}^{K} = \alpha + \beta\left(w_{t,t+1}^{T}\right) + \vartheta_{t+1} \tag{2.30}$$

Die Nullhypothese für diese Gleichung lautet $\alpha = 0$, $\beta = 1$ und ϑ_{t+1} ist normalverteilt mit konstanter Varianz. Die Werte für β variieren in den meisten Studien um Eins und für α um Null herum. Die EMH galt Mitte der siebziger Jahre als bestätigt oder zumindest als nicht verworfen[52]. Diese Formulierung setzt aber voraus, dass der Zinssatz, der Termin- wie auch der Kassakurs, die dieser Beziehung zugrundeliegen, normalverteilt sind. Wird in Niveaugrössen geschätzt, so führt die OLS Schätzung zur Annahme der Nullhypothese[53], da weder w_{t+1}^{K} noch $w_{t,t+1}^{T}$ stationär[54]

---

zeitig unverzerrte Erwartungen bezüglich des Franken-Dollar- und Dollar-Franken- Kurses mit dem Terminkurs $W_{t,t+1}^{T}$ bilden kann. Für nicht logarithmierte Werte heisst das: $1/E(W_t^K) \neq E(1/W_t^K)$. Logarithmiert man jedoch die Werte, erhält man $E(-w_t^K) = -E(w_t^K)$.

52 R.Z. Aliber schwächt die Aussage dahingehend ab, als das er von "nicht ineffizienten" Märkten spricht (unveröffentlichtes Papier eines Vortrages über die Effizienz von Devisenmärkten an der SNB vom 4. Dezember 1996).

53 Die meisten empirischen Tests ergeben ein β in der Nähe von eins (MacCallum, 1994; Taylor, 1995).

54 Eine Zeitreihe ist stationär, wenn der Erwartungswert, die Varianz und die Autokovarianz unabhängig von der Zeit sind (Enders, 1995; Holden und Perman, 1994). Üblicherweise geht man davon aus, dass folgende Beziehungen gelten:

sind und die Residuen Seriekorrelation aufweisen. Allerdings kann OLS auch mit nichtstationären Daten geschätzt werden, vorausgesetzt, die Regressoren sind strikt exogen (vgl. Hodrick, 1987; Meese und Singleton, 1982) [55].

Da w_{t+1}^K und $w_{t,t+1}^T$ Einheitswurzeln aufweisen, schlagen Meese und Singleton (1982) vor, die Datenreihen zu transformieren: Indem der Kassakurs w_t^K in Gleichung (2.30) subtrahiert wird, ergeben sich stationäre Wechselkursreihen. Die resultierende Bedingung gleicht der in der Gleichung (2.28) hergeleiteten:

$$w_{t+1}^K - w_t^K = \alpha + \beta \left(w_{t,t+1}^T - w_t^K \right) + \varepsilon_{t+1} \tag{2.31}$$

Die Nullhypothese lautet auch hier: $\alpha = 0$, $\beta = 1$, und ε_{t+1} ist ein Störterm mit $E\left(\varepsilon_{t+1}\right) = 0$, $E\left(\varepsilon_{t+1}^2\right) = \sigma^2$ und $E\left(\varepsilon_t\, \varepsilon_{t-s}\right) = 0$. Die empirischen Resultate sind in der Regel ziemlich enttäuschend, da β meistens negativ ist. Dieses Resultat widerspricht der Nullhypothese. Die Werte für α entsprechen hingegen der Nullhypothese und werden jeweils etwa Null geschätzt, doch ist dieses Resultat verhältnismässig weniger wichtig als der Wert von β. Es hat in der Folge eine Flut von empirischen Arbeiten provoziert, die aber im wesentlichen nur in der Schätztechnik oder in den Daten-

---

$E\left(Y_t\right) = \mu$ für alle t

$E\left[(Y_t - \mu)^2\right] = E\left[(Y_{t-k} - \mu)^2\right] = \sigma^2$ oder $Var\left(Y_t\right) = Var\left(Y_{t-k}\right) = \sigma^2$ für alle t

$E\left[(Y_t - \mu)(Y_{t-k} - \mu)\right] = E\left[(Y_{t-s} - \mu)(Y_{t-s-k} - \mu)\right] = \gamma$ oder

$Var\left(Y_t, Y_{t-k}\right) = Var\left(Y_{t-s}, Y_{t-s-k}\right)$ für alle t

55 Betrachtet man folgende Regression: $Y_t = \beta\, \mathbf{g}_t' + \varepsilon_t$

- ε_t ist unabhängig und mit einer Varianz $\sigma^2 < +\infty$ verteilt
- für den $(T \times 1)$ Vektor $\mathbf{g}_t$ gilt $cov(g_{t-k}, \varepsilon_t) = 0 \;\; k \geq 0$

Es sei: $A_T = \sum_{t=1}^{T} g_t g_t'$, wobei a_{ii}^T das $i$te Diagonalelement von A_T ist. Falls $a_{ii}^T \rightarrow \infty$ wenn $T \rightarrow \infty$, ist der OLS Schätzer β konsistent. Diese Bedingung ist fast sicher erfüllt, wenn $\mathbf{g}_t$ eine bestimmte autoregressive Darstellung mit Einheitswurzeln innerhalb, auf oder ausserhalb des Einheitskreises besitzt.

reihen variieren. So konnten Froot und Thaler (1990) aufgrund 75 bestehender Studien ein durchschnittliches β mit einem Wert von -0.88 berechnen. Für die Schweiz erhielten Gaab et. al. (1986) für Dollars, Deutsche Mark, Englische Pfund und Französische Francs zum Schweizer Franken ein negatives Vorzeichen. Garbers (1987) schätzte ein β=-3 (*t-Wert:* -2.8) und verwarf mit der Schätzung in Spektren die Gleichung (2.31). Neuere Untersuchungen bestätigten die negativen Vorzeichen für β; Goodhart et. al. (1992) schätzten die Gleichung (2.30) mit Monats- und Wochenkursen von 1975 bis 1987 für Kanadische Dollars, Französische Francs, Deutsche Mark, Englische Pfund, Schweizer Franken und Yen zum Dollars. In allen Tests erhalten sie signifikant negative β. Nach diesen Tests wurden die Daten in Subperioden unterteilt, wobei als Kriterium der Unterteilung Zeitpunkte gewählt wurden, in welchen strukturelle Brüche festgestellt worden waren (1980 und 1985)[56]. Bei der Schätzung unter Berücksichtigung der Strukturbrüche konnte kein signifikant von Null abweichendes β festgestellt werden. Goodhart et. al. (1992) kamen schliesslich wie Garbers zum Resultat, "... that the forward premium has no information at all about the future change in the spot exchange rate." MacCallum (1994) erhielt ein β zwischen -3 und -4 für Yen, Deutsche Mark und Pfund zum Dollars zwischen Januar 1978 und Juli 1990, wobei die R^2 zwischen 0.04 und 0.1 variierten[57]. Bei der Zerlegung der Risikoprämie in einen zeitlich variierenden und

---

56 1980 begann eine Phase der Dollaraufwertung gegenüber den anderen Währungen.
Beim Plaza Agreement 1985 einigten sich die G7 auf eine weitere Abwertung des Dollars bzw. Aufwertung der Nicht-Dollarwährungen, vgl. dazu auch Goldstein (1994), S. 319.

57 Interessanterweise werden die Resultate mit der Theorie kompatibler, wenn $w_t^K - w_{t-2}^K$ auf $w_{t-1,t}^T - w_{t-2}^K$ bzw. $w_t^K - w_{t-3}^K$ auf $w_{t-1,t}^T - w_{t-3}^K$ regressiert wird. Die geschätzten β sind positiv um eins, und mit grösseren Lags nehmen auch die R^2 zu.

einen währungsspezifischen Teil[58] stellten Mayfield und Murphy (1992) fest, dass β in die Nähe von eins kommt.

Diese Resultate implizieren, dass die Änderungen der Wechselkurserwartungen zwar elastisch bezüglich der Zinsänderungen sind, aber sie widersprechen den in der Theorie postulierten Vorzeichen. Eine Zinserhöhung im Inland muss gemäss diesen Resultaten (bei gegebenen Bedingungen im Ausland) zu einer Abwertung der inländischen Währung führen. Die Regelmässigkeit, mit der β kleiner Null geschätzt wird, stellt also einerseits die ungedeckte Zinsparität und/oder die daraus folgende Schätzgleichung (2.30) in Frage[59]. Die Ablehnung der Nullhypothese kann aber auch als Indiz für nicht effiziente Märkte interpretiert werden. Im Sinne der zusammengesetzten EMH bedeutet das, dass entweder die Erwartungen nicht rational gebildet oder die Information fehlerhaft verarbeitet werden. Das führt dazu, dass nach Erklärungsansätzen gesucht wird, welche die Gleichung (2.31) und die damit verbundene gewöhnliche Formulierung der ungedeckten Zinsparität trotzdem rechtfertigen. Folgende Begründungen werden für die Abweichung gegeben:

1. Es liegt eine *Risikoprämie* vor, weil die Marktteilnehmer, im Gegensatz zu den für die ungedeckte Zinsparität getroffenen Annahmen, risikoavers sind – die Risikoprämie kann auch zeitlich variieren.
2. Die Erwartungsbildung wird durch rationale Bubbles (Evans, 1986), das Peso-Problem (Krasker, 1980), Lerneffekte oder systematisch ineffiziente Auswertung der Informationen verzerrt.
3. Schliesslich kann es auch daran liegen, dass der Terminkurs aus ungeklärten Gründen kein unverzerrter Schät-

---

58 Die Zerlegung der Risikoprämie wird im folgenden Teil noch eingehend besprochen.

59 Für weitere Untersuchungen vgl. Baille, Lippens, und McMahon, 1983; Cavaglia, Verschoor und Wolfe, 1993; Frankel, 1979; Frankel, 1982; Frankel und Froot, 1987; Frankel und Froot, 1989; Froot, 1990; Garbers, 1987; Geweke und Feige, 1979; Granziol, 1980; MacDonald und Taylor, 1992 .

zer ist und dass man auf Umfragen angewiesen ist (vgl. Frankel und Froot, 1987; 1989).

In der Folge werden wir die Begründung unter Ziffer 1 untersuchen. Die Punkte 2 und 3 werden in der Literatur als separate Erklärungsansätze betrachtet und würden hier von der allgemeinen Fragestellung nach einem Mass für die Integration der Finanzmärkte ablenken.

2.3.2 Die Bestandteile der Risikoprämie

Da als Begründung für die Abweichung der empirischen von den theoretischen Resultaten bei der Schätzung von Gleichung (2.31) die mögliche Existenz einer Risikoprämie am Devisenterminmarkt dienen soll, muss diese etwas genauer untersucht werden. Bei der Diskussion um die Bestandteile der Risikoprämie geht es in der Theorie der Devisenmärkte meistens um die Frage, ob eine zeitliche Komponente des Risikos berücksichtigt werden soll und ob sich diese überhaupt nachweisen lässt. In diesem Abschnitt wird die Grundlage geschaffen, worauf wir in der Folge die Diskussion um die zeitlich variierende Risikoprämie aufbauen. In den beiden folgenden Kapiteln werden zwei Ansätze diskutiert, welche im Rahmen zeitlich variierender Risikoprämien oft verwendet werden. In einem weiteren Schritt werden wir dann die Risikoprämie anhand einer eigenen Spezifikation für den Devisenmarkt in der Schweiz bestimmen. Die bereits in (2.26) eingeführte und in (2.29) verwendete Risikoprämie ξ_t wird in zwei Komponenten aufgeteilt[60]:

$$\xi_t = \delta + \eta_t \tag{2.32}$$

Die konstante Komponente der Risikoprämie wird mit δ abgekürzt und η_t bezeichnet die zeitlich variierende Komponente der Risikoprämie. Bei Risikoneutralität ist ξ_t gleich Null, bei konstan-

60 Vgl. auch Engel, 1996; Hallwood und Mac Donald, 1995; Hodrick, 1987.

ter Risikoaversion ist δ verschieden von Null und bei zeitlich variierender Risikoaversion ist auch η_t verschieden Null. Aus den bereits erwähnten (Daten-)Gründen erscheint es vorteilhaft, die EMH in Änderungsraten zu formulieren, die nun

$$f_t^d = \Delta^e w_{t+1}^K + \xi_t \tag{2.33}$$

lautet. Für die Differenz zwischen Termin- und Kassakurs $w_{t,t+1}^T - w_t^K$ wird der Logarithmus des Swapsatzes f_t^d verwendet, und analog dazu gilt für die Differenz zwischen dem heutigen Kassakurs und dem Kassakurs in der folgenden Periode ${}^e w_{t+1}^K - w_t^K = \Delta^e w_{t+1}^K$. Die Marktteilnehmer werden die (risikofreien) Arbitragemöglichkeiten so lange ausnützen, bis sich der Swapsatz der erwarteten Wechselkursänderung angleicht oder, mit anderen Worten, bis das Gleichgewicht am Terminmarkt, wie in Abbildung 2.9 gezeigt wurde, erreicht ist. Dieses Verhalten kann sowohl im Kontext der Risikoneutralität als auch der Risikoaversion betrachtet werden. Argumentiert man aus der Perspektive risikoaverser Marktteilnehmer, dann werden ihre Kursänderungserwartungen zusätzlich durch die Risikoprämie ξ_t korrigiert. Die Gleichung (2.33) erfüllt die erste der beiden Annahmen der zusammengesetzten Hypothese.

Bei der Formulierung der zweiten Annahme geht man davon aus, die Marktteilnehmer würden rationale Erwartungen bilden, und es stehe ihnen die Menge Ω_t an Informationen für die Bildung der Kursänderungserwartungen zur Verfügung. Für die aktuelle Kursänderung gilt dann:

$$\Delta w_{t+1}^K = \Delta^e w_{t+1}^K + \delta_{t+1} \quad \text{mit: } \Delta^e w_{t+1}^K = E\left(\Delta w_{t+1}^K \,\middle|\, \Omega_t\right) \tag{2.34}$$

Die effektive Kursänderung $w_{t+1}^K - w_t^K$ entspricht Δw_{t+1}^K, E ist der mathematische Erwartungsoperator, und der Störterm δ_{t+1} ist orthogonal zur erwarteten Kursänderung . Die zusammengesetzte Hypothese unter Verwendung von (2.33) und (2.34) lautet somit:

$$f_t^d = \Delta w_{t+1}^K + \xi_t + \varepsilon_{t+1} \tag{2.35}$$

Der Swapsatz setzt sich also aus der Kursänderungsrate, der Risikoprämie und einem Schätzfehler $\varepsilon_{t+1} = -\delta_{t+1}$ mit $\varepsilon_{t+1} \sim N\left(0, \sigma^2\right)$ zusammen. Wenn die Risikoprämie gleich Null ist, spricht man von effizienten Märkten. Ist die Risikoprämie aber verschieden von Null, dann erklärt sie einen Teil der Abweichung von der Nullhypothese $H_0 : \beta = 1$ in (2.31). Mit anderen Worten: β enthält Informationen über die Risikoprämie, die durch die Zerlegung dieses Parameters zum Vorschein kommen sollten. Die Zerlegung geht auf Fama (1984) zurück und wird als Referenzgrösse in den meisten Modellen verwendet, die sich mit der Risikoprämie auf Devisenmärkten auseinandersetzen (Lewis, 1995). Die Zerlegung des Parameters β in verschieden Risikokomponenten wird im folgenden Abschnitt dargestellt.

2.3.3 Die Risikoprämie im Vergleich mit der erwarteten Wechselkursänderung

Als Alternative zur Gleichung (2.31) wollen wir vorerst eine Formulierung der EMH betrachten, die ebenfalls zur Überprüfung der Effizienz von Devisenmärkten verwendet werden kann und diese in einem weiteren Schritt mit der Schätzgleichung (2.31) in Beziehung bringen. Der nun angewendete Ansatz basiert auf der Annahme, dass es keine systematischen Gewinne am Devisenmarkt gibt. Es ist somit unmöglich, aufgrund vergangener Veränderungen der Devisenkurse auf zukünftige zu schliessen und damit impliziert man automatisch auch die Gültigkeit der schwachen Markteffizienz nach Fama. Diese Orthogonalitätsbedingung gilt als erfüllt, wenn die Nullhypothese $H_0 : b = a = 0$ für

$$w_{t,t+1}^T - w_{t+1}^K = a + b\left(w_{t,t+1}^T - w_t^K\right) + \mu_{t+1} \tag{2.36}$$

in $t+1$ zutrifft, wobei $\mu_{t+1} \sim N\left(0, \sigma^2\right)$ ist. Dieser an sich bereits intuitiv einsichtige Ansatz lässt sich ohne grosse Umformungen in die Gleichung (2.31) überführen. Dazu wird b durch $1-\beta$ ersetzt oder: $\beta + b = 1$. Wenn also β gegen Null strebt, muss b gegen Eins gehen, respektive wenn β negativ ist, muss $b>1$ sein. Die Nullhypothese, welche die Existenz effizienter Devisenmärkte bestätigen würde, lautet konsequenterweise $a=b=0$ und bildet eine Alternative zu den bisher besprochenen Untersuchungen der EMH. Aufgrund der Ähnlichkeit der Hypothese in Gleichung (2.36) mit der Nullhypothese in Gleichung (2.31) ist es nicht erstaunlich, dass auch diese Form zu einer Reihe unbefriedigender Resultate führen musste. Eine Auswahl empirischer Resultate bezüglich EMH und der Existenz einer Risikoprämie ist am Ende von Kapitel 2.3.7 in Tabelle 2.5 mit weiteren Resultaten aus den folgenden Abschnitten zusammengefasst.

Mit einer einfachen Zerlegung der Schätzer in Gleichung (2.31) und Gleichung (2.36) gelang es Fama (1984), eine Relation zwischen der Risikoprämie und der erwarteten Wechselkursänderung aufzuzeigen. Fama hat gezeigt, dass die Varianz der Risikoprämie bei einem negativen β grösser sein muss als die Varianz der erwarteten Wechselkursänderung. Der OLS-Schätzer aus der Gleichung (2.31) ist folgendermassen definiert:

$$\beta = \frac{cov\left(w_{t+1}^{K} - w_{t}^{K};\, w_{t,t+1}^{T} - w_{t}^{K}\right)}{var\left(w_{t,t+1}^{T} - w_{t}^{K}\right)}$$

Durch die Umformung[61] dieses Terms erhält man:

61 Unter Verwendung von: $cov[XY] = E[XY] - E[X]E[Y]$ erhält man für den Nenner von (2.37) $cov\left(w_{t+1}^{K} - w_{t}^{K}; w_{t,t+1}^{T} - w_{t}^{K}\right) = E\left[\left(w_{t+1}^{K} - w_{t}^{K}\right)\cdot\left(w_{t,t+1}^{T} - w_{t}^{K}\right)\right] -$ $E\left[w_{t+1}^{K} - w_{t}^{K}\right]E\left[w_{t,t+1}^{T} - w_{t}^{K}\right]$. Unter Anwendung der Beziehungen (2.34) und (2.35) kann $w_{t,t+1}^{T} - w_{t}^{K}$ durch $\xi_{t} + E\left[w_{t+1}^{K} - w_{t}^{K}\right]$ substituiert werden und man erhält:

$$E\left[\left(w_{t+1}^{K} - w_{t}^{K}\right)\cdot\left(\xi_{t} + E\left[w_{t+1}^{K} - w_{t}^{K}\right]\right)\right] - E\left[w_{t+1}^{K} - w_{t}^{K}\right]\cdot E\left[\xi_{t} + E\left(w_{t+1}^{K} - w_{t}^{K}\right)\right] =$$

$$E\left[\left(w_{t+1}^{K} - w_{t}^{K}\right)\cdot\xi_{t} + E\left[w_{t+1}^{K} - w_{t}^{K}\right]^{2}\right] - E\left[w_{t+1}^{K} - w_{t}^{K}\right]\cdot E\left(\xi_{t}\right) - E\left[E\left(w_{t+1}^{K} - w_{t}^{K}\right)\right]^{2} =$$

$$\beta = \frac{var\left[E\left(w^K_{t+1} - w^K_t\right)\right] + cov\left[\xi_t; E\left(w^K_{t+1} - w^K_t\right)\right]}{var\left(w^T_{t,t+1} - w^K_t\right)} \tag{2.37}$$

Für den Schätzer der Gleichung (2.36) erhält man:

$$b = \frac{cov\left(w^T_{t,t+1} - w^K_{t+1}; w^T_{t,t+1} - w^K_t\right)}{var\left(w^T_{t,t+1} - w^K_t\right)}$$

$$= \frac{var\left[\xi_t\right] + cov\left[\xi_t; E\left(w^K_{t+1} - w^K_t\right)\right]}{var\left(w^T_{t,t+1} - w^K_t\right)} \tag{2.38}$$

Geht man vorerst davon aus, dass die erwarteten Wechselkursänderungen und die Risikoprämie unkorreliert sind[62], dann erklärt β den Anteil an der Varianz des Swapsatzes, der durch die Varianz der erwarteten Wechselkursänderung verursacht wird. Der Schätzer b erklärt indessen den Anteil an der Varianz des Swapsatzes, der durch die Risikoprämie bewirkt wurde[63].

Ein $\beta < 0$ impliziert aber, dass $cov\left[\xi_t; E\left(w^K_{t+1} - w^K_t\right)\right]$ negativ und in absoluten Beträgen grösser als die Varianz der erwarteten Wechselkursänderung $var\left[E\left(w^K_{t+1} - w^K_t\right)\right]$ ist. Aus diesem Grund gilt im Nenner von (2.37) $var\left[E\left(w^K_{t+1} - w^K_t\right)\right] - cov\left[\xi_t; E\left(w^K_{t+1} - w^K_t\right)\right] < 0$, entsprechend erhält man aufgrund von $b > 0$ im Nenner von (2.38) $var\left[\xi_t\right] - cov\left[\xi_t; E\left(w^K_{t+1} - w^K_t\right)\right] > 0$, daraus folgt $var\left[\xi_t\right] > var\left[E\left(w^K_{t+1} - w^K_t\right)\right]$.

Dieses Resultat stellt die üblichen Interpretationen empirischer Tests zur Überprüfung der EMH in Frage. Denn der Schluss, die

---

$$\underbrace{E\left(w^K_{t+1} - w^K_t\right)^2 - \left[E\left(w^K_{t+1} - w^K_t\right)\right]^2}_{var\left[E\left(w^K_{t+1} - w^K_t\right)\right]} + \underbrace{E\left[\left(w^K_{t+1} - w^K_t\right) \cdot \xi_t\right] - E\left[w^K_{t+1} - w^K_t\right] \cdot E\left(\xi_t\right)}_{cov\left[\xi_t\,;\left(w^K_{t+1} - w^K_t\right)\right]}.$$

62 Für Gleichung (2.37) gilt also: $\beta = \frac{var\left[E\left(w^K_{t+1} - w^K_t\right)\right]}{var\left(w^T_{t,t+1} - w^K_t\right)}$.

63 Wobei nach wie vor gilt: Wechselkursänderungen und Risikoprämie sind unkorreliert.

EMH sei nicht erfüllt, kann allein aus der Schätzung eines negativen β nicht mehr gezogen werden. Wobei betont werden muss, dass die Interpretation anders ausfallen würde, wenn man von einem positiven β ausgehen könnte. Daraus würde $var[\xi_t] < var\left[E\left(w_{t+1}^K - w_t^K\right)\right]$ folgen, was der Feststellung von Frankel und Froot (1989) entspricht, wobei sie ein ex ante Mass basierend auf Umfragedaten konstruieren[64].

In der vorliegenden Diskussion ist die Feststellung entscheidend, dass die Existenz einer Risikoprämie weder bei positiven noch bei negativen β's bezweifelt[65] wird, obwohl sie bei Untersuchungen mit Umfragedaten kaum wahrnehmbar ausfällt. Gegen die Existenz einer Risikoprämie würde lediglich ein $\beta = 1$ respektive $b = 0$ sprechen. Daraus folgt, dass die Teilnehmer am Devisenmarkt – im Gegensatz zur üblichen Annahme, die bei der Bildung der ungedeckten Zinsparität getroffen wird – risikoavers sind. Unter diesem Gesichtspunkt kann auch die EMH sowie die bekannte Form der ungedeckten Zinsparität nicht verworfen werden[66]. So stellt sich die Frage, wo der kritische Wert für β liegt, ab welchem die Varianz der Risikoprämie grösser wird als die Varianz der erwarteten Wechselkursänderung. Um diese Werte festlegen zu können, betrachte man nochmals die Beziehung der beiden Varianzen:

$$var[\xi_t] > var\left[E\,\Delta\, w_{t+1}^K\right] \tag{2.39}$$

64 Es gibt zwei Interpretationen, die für eine grosse Varianz bei den erwarteten Wechselkursänderungen sprechen: Entweder haben die Marktteilnehmer "hoffnungsvolle Erwartungen", oder sie begehen systematische Prognosefehler.

65 Vgl. auch Cavaglia, Verschoor und Wolfe, 1993; Domowitz und Hakkio, 1985; Engel, 1995; Lewis, 1995; Mayfield und Murphy, 1992.

66 Vgl. auch MacCallum, 1994, für weitere Kritik zu diesem Punkt.

Unter Verwendung der Definition für die Risikoprämie in der Gleichung (2.33) und der Gleichung (2.34) erhält man für ihre Varianz[67]:

$$var\left(\xi_t\right) = var\left(f_t^d\right) - 2cov\left(f_t^d; E\,\Delta\, w_{t+1}^K\right) + var\left[E\,\Delta\, w_{t+1}^K\right] \qquad (2.40)$$

Setzt man diese Beziehung in der Gleichung (2.39) ein, erhält man nach einigen kleinen Umformungen:

$$\frac{cov\left(E\,\Delta\, w_{t+1}^K; f_t^d\right)}{var\left(f_t^d\right)} < \frac{1}{2} \qquad (2.41)$$

Dieser Term entspricht dem Schätzer β in der Gleichung (2.37), unter Verwendung der Beziehung (2.34) erhält man für:

$$\beta = \frac{cov\left(\Delta\, w_{t+1}^K\, ;\, f_t^d\right)}{var\, f_t^d} = \frac{cov\left(E\,\Delta\, w_{t+1}^K\, ;\, f_t^d\right) + cov\left(\delta_{t+1}\, ;\, f_t^d\right)}{var\, f_t^d} =$$

$$\beta = \frac{cov\left(E\,\Delta\, w_{t+1}^K\, ;\, f_t^d\right)}{var\, f_t^d} \qquad (2.42)$$

Dieses Resultat gilt unter der Annahme, dass der Störterm δ_{t+1} und der Swapsatz f_t^d unkorreliert sind.

Fasst man die Resultate in der Gleichung (2.41) und (2.42) zusammen, wird $\beta < 1/2$. Schätzt man also ein $\beta < 1/2$, heisst das, dass die Varianz der erwarteten Wechselkursänderung kleiner ist als die Varianz der Risikoprämie.

Da die Risikoprämie nicht beobachtet werden kann, muss sie mittels Approximationen geschätzt werden. Wie gezeigt wurde, sagen Famas Resultate etwas zur Relation der geschätzten Grössen aus; es kann also entschieden werden, in welchem Verhältnis die Risikoprämie zur erwarteten Wechselkursänderung steht, wobei das davon abhängt, welche Werte für β geschätzt werden. Um eine

---

67 Man beachte die leicht abgeänderte Schreibweisen für $E\left(w_{t+1}^K - w_t^K\right) = E\,\Delta\, w_{t+1}^K$ und $w_{t,t+1}^T - w_t^K = f_t^d$.

Aussage zum *Ausmass* der Varianz der Risikoprämie zu machen, ist aber diese Zerlegung nicht geeignet. Die meisten Autoren nehmen zur Schätzung der Risikoprämie an, die Erwartungen würden rational gebildet. Andere wiederum gehen davon aus, dass die Risikoprämie exogen sei (MacCallum, 1994). Damit ergeben sich folgende Fragen: Wie lässt sich die negative Korrelation zwischen Risikoprämie und erwarteter Wechselkursänderung erklären[68]? Ist bei exogen vorgegebener Risikoprämie eine endogene Reaktion der Wechselkurse, bei der negative β entstehen, möglich? Wir werden die Spezifizierung der Risikoprämie nicht als exogen interpretieren, sondern in einem Gleichgewichtsmodell nach Lucas herleiten.

Zusammenfassend kann für diesen Abschnitt festgehalten werden, dass wir von einer Risikoprämie an den Devisenmärkten ausgehen und dass deren Varianz einen wesentlichen Einfluss auf die Resultate der ungedeckten Zinsparität hat, die sich schliesslich auf die internationale Kapitalmobilität auswirken können. Das Ausmass der Risikoprämie kann mit dieser Zerlegung aber nicht untersucht werden, dazu ist ein Modell notwendig, mit dessen Hilfe die Risikoprämie geschätzt werden soll.

2.3.4 Das intertemporale Asset-Pricing-Modell

Das in diesem Abschnitt eingeführte Modell ist ein Zwei-Länder-Gleichgewichtsmodell, das zur Darstellung und empirischen Überpüfung der Risikoprämie oft verwendet wird. Dieses Modell wird der Forderung nach Mikrofundierung makroökonomischer Modelle gerecht und ist sehr stark am Asset-Pricing-Modell von Lucas (1982) angelehnt. Im Gegensatz zu anderen Aussenhandelsmodellen, wo die Geldnachfragefunktion ad hoc formuliert wird, wird in dieser Art Modelle eine Geld-Nutzenfunktion in Verbin-

---

68 Fama (1984) wirft selbst die Frage auf: "A good story for negative covariation ... is difficult to tell.".

dung mit einer "Cash in Advance" (CIA) Bedingung verwendet[69]. Ein häufiger Kritikpunkt an der CIA-Formulierung besteht darin, dass sich diese von der Quantitätsgleichung nicht unterscheiden lässt, weil wegen der - hier vorgegebenen - Restriktion negative Zinsen unzulässig sind[70]. Dank diesem Modell können entscheidende Einsichten in die Natur der Risikoprämie[71] gemacht werden. Aufgrund der sehr allgemeinen Formulierung des Modells ist dessen Umsetzung für die empirische Überprüfung mit einigen Kontroversen verbunden, die an geeigneter Stelle in diesem Abschnitt besprochen werden.

Die Welt sei in zwei Länder, die in der Folge mit Land 1 und Land 2 bezeichnet werden, unterteilt. Die Bevölkerungsstruktur in beiden Ländern sei identisch und konstant. Die Individuen beider Länder haben identische homothetische Präferenzstrukturen und werden zu Beginn jeder Periode mit dem Güterbündel Θ_1 im Land 1 und Θ_2 im Land 2 ausgestattet[72]. Im Land 1 werden keine Güter produziert, die im Land 2 produziert werden und umgekehrt; die Güter sind jedoch frei handelbar. Da sich die Individuen risikoavers verhalten und ihre Präferenzen von ihrer Nationalität unabhängig sind, werden sie im gleichen Mass inländische und ausländische Güter nachfragen. Die Nutzenfunktion U_t eines repräsentativen Individuums lautet demnach:

---

69 Vgl. auch Hodrick und Srivastava (1986), Hodrick (1987), S. 7ff., Hodrick und Srivastava (1984) , S. 7.

70 Im Modell von Svensson (1985, 1985b) wird auf diese Einschränkung verzichtet. Das Modell von Lucas ist dennoch für die Natur der hier besprochenen Risikoprämie angemessener als Modelle ohne diese Einschränkung. Ein Verzicht auf die CIA-Beschränkung verändert die Aussage und die empirische Zuverlässigkeit des Modell nur marginal. Ein Vergleich der beiden Modellvarianten macht Beakert (1994a) und kann dabei in der Schätzung ohne CIA-Einschränkung nur wenig zusätzliche Information gewinnen.

71 Vgl. Beckaert (1994a), Beckaert (1994b), Beckaert, Hodrick, und Marshall (1994), Canova und Marrinan (1993), Cumby (1988), Dutton (1993a), Hodrick und Srivastava (1986), Hodrick (1987), Hodrick (1989), Macklem (1991).

72 Dank dieser Ausstattungsregel umgeht man die Diskussion einer geeigneten gesamtwirtschaftlichen Produktionsfunktion.

$$U_t = E\left\{\sum_{t=0}^{\infty} \zeta^t \, U\left(C_{1t}, C_{2t}\right)\right\} \tag{2.43}$$

ζ ist ein Diskontfaktor, für den $0<\zeta<1$ gilt. Alle in einer Periode t hergestellten Konsumgüter Θ_i werden auch in dieser Zeitperiode konsumiert. Die Nutzenfunktion U und der Diskontfaktor ζ sind in beiden Ländern gleich. Für die Nutzenfunktion gelten die üblichen Annahmen: Sie ist stetig, nach unten begrenzt, für beide Argumente zunehmend und konkav.

Die Ausstattung der Individuen folge in beiden Ländern einem stochastischen Markov-Prozess[73]. Die Übergangsfunktion lautet: $F\left\{\Theta_{1,t+1}, \Theta_{2,t+1} \middle| \Theta_{1,t}, \Theta_{2,t}\right\} = F\left\{\Theta_1', \Theta_2' \middle| \Theta_1, \Theta_2\right\}$[74]. Die Übergangsfunktion beschreibt die Änderung der Güterausstattung der Individuen in beiden Ländern. In diesem Fall wird angenommen, die Konsumenten würden in beiden Ländern in jeder Periode mit einem exogen produzierten Güterbündel ausgestattet. Fasst man die Ausstattung der gegenwärtigen Periode mit s zusammen und die Ausstattung, die sich (möglicherweise) in nächster Zukunft ergibt, mit s', dann lautet die Übergangsfunktion in kompakter Form $F(s', s)$.

Wir betrachten nun einen Konsumenten, der zu Beginn einer Periode mit dem Vermögen V, gemessen in Gütereinheiten C_1, aus-

---

73 In einem Markov-Prozess hängt die Wahrscheinlichkeit, dass eine beobachtete Variable s_t einen bestimmten Wert j annimmt, ausschliesslich vom Wert ab, den die Variable während ihrem jüngsten Lag einnahm, also: $\Pi_t\left\{s_t = j \mid s_{t-1} = i, s_{t-2} = k_1, \dots s_{t-n} = k_{n-1}\right\} = \Pi_t\left\{s_t = j \mid s_{t-1} = i\right\} = F\left\{s_t, j, s_{t-1}, i\right\}$. Im vorliegedenden Modell gehen wir von einem stationären Prozess aus, das heisst, die Änderungswahrscheinlichkeit der Variablen ist von der Zeit unabhängig. Diese Variante des Markov-Prozesses ist die simpelste, sie ist aber trotzdem angemessen, da mit einer komplexeren Funktion lediglich die Algebra, nicht aber die Aussage verändert werden würde.

74 Um die Schreibweise etwas zu vereinfachen, bezeichnen in der Folge Werte ohne Indizes den gegenwärtigen Zustand, also $\Theta = \Theta_t$. Werte mit einem Apostroph bezeichnen die nachfolgende Periode zum Beispiel $\Theta_{t+1} = \Theta'$.

gestattet ist[75]. Er hat die Wahl, sein Vermögen entweder heute oder in Zukunft für den Konsum von C_1– respektive C_2–Güter zu verwenden. Konsumiert er heute, dann wird er für die Konsumgüter C_1 den heute aktuellen Preis $P_1(s)$ zu entrichten haben beziehungsweise $P_2(s)$ für C_2. Will der Konsument aber erst in der folgenden Periode konsumieren, dann erwirbt er Wertschriften. Die Wertschriften sind als Ansprüche auf das Produktionsvolumen der zukünftigen Perioden, die auf den Barwert diskontiert werden, zu verstehen. Zum Beispiel stellen Aktien einen Anspruch auf den zukünftigen Ausstoss dar, diese Ansprüche werden zum Vermögen der Individuen gezählt. Der Preis der Aktien betrage $G_1(s)$ beziehungsweise $G_2(s)$ und der Konsument erwerbe die Anzahl v_1 inländische und v_2 ausländische Aktien. Das Vermögen wird also für den heutigen Konsum verwendet, und was heute nicht konsumiert werden soll, wird in Aktien angelegt und kann demnach als Anspruch auf folgende Perioden übertragen werden. Somit können die Individuen ihr Vermögen vermehren, wenn sie heute auf Konsumanteile verzichten. Die Budgetrestriktion lautet dann:

$$V \geq C_1 + C_2\, P_2(s) + v_1\, G_1(s) + v_2\, G_2(s) \qquad (2.44)$$

Die Nutzenmaximierung im Zeitablauf folgt einem dynamischen Anpassungspfad. Für den Konsumenten gilt im Status s die Nutzenfunktion (2.43) und die Budgetrestriktion (2.44). Der Konsument hat dann folgende Beziehung[76] zu optimieren:

$$\psi(V, s) = max\left\{U(C_1, C_2) + \beta \int \psi(V', s')\, f(s', s)\, ds'\right\} \qquad (2.45)$$

Da die Marktteilnehmer ihre Risiken optimal verteilen und gemäss den oben gemachten Annahmen identische Präferenzen

75 Die Währungen werden erst in einem zweiten Schritt eingeführt, noch bewegen wir uns in einer reinen Güterwelt, in der der Preis für ein X-Gut auf 1 normiert ist.

76 Vgl. Herleitung im Anhang A 3.1.

aufweisen, konsumieren sie je zur Hälfte die im Inland und im Ausland produzierten Güter. Die Ausstattung mit den Gütern Θ_1 und Θ_2 die je zur Hälfte in die Nutzenfunktion der in- und ausländischen Konsumenten einfliessen, fassen wir zum Status s in der Nutzenfunktion zusammen. Der relative Preis $P_2(s)$ hängt im Gleichgewicht von der marginalen Rate der Substitution (MRS) ab.

$$P_2(s) = \frac{\partial U(s)/\partial C_2}{\partial U(s)/\partial C_1} \tag{2.46}$$

Den Preis für die Wertschriften an der zukünftigen Ausstattung erhält man ebenfalls aus dieser Optimierung; dieser beträgt für die inländischen Wertschriften

$$G_1(s) = E\left[\frac{\beta \partial U(s')/\partial C_1 \left(\Theta_1' + G_1(s')\right)}{\partial U(s)/\partial C_1}\right] \tag{2.47}$$

beziehungsweise

$$G_2(s) = E\left[\frac{\beta\, \partial U(s')/\partial C_1 \left(P_2(s')\Theta_2' + G_2(s')\right)}{\partial U(s)/\partial C_1}\right] \tag{2.48}$$

für die ausländischen Wertschriften. Der Preis der Wertschriften wird in diesem ersten Modellteil noch als Relation zwischen dem heutigen und dem zukünftigen Nutzen, der aus diesen Wertschriften entsteht, angegeben, weil bisher noch kein Geld im Modell eingeführt wurde. Das heisst, der Preis der Wertschriften entspricht deren IMRS.

Die Gleichungen (2.47) und (2.48) entsprechen einem Gleichgewicht in einer Tauschwirtschaft, im folgenden Schritt werden wir zwei unterschiedliche Währungen einführen; zum Beispiel Franken im Inland und Dollars im Ausland. Für sämtliche Transaktionen gelte die "Cash in Advance" (CIA) Regel, wobei Negativzinsen ausgeschlossen werden. Bei Transaktionen im Inland werden nur Franken verwendet und entsprechend werden nur

Dollars für Transaktionen im Ausland gebraucht. Die inländische Währung werde mit M_1, (Franken) bezeichnet und die ausländische mit M_2. (Dollars). Die Zuteilung von Geldmitteln sei eine prozentuale Änderung der Vorperiode und entwickle sich folgendermassen:

$$M_{1,t+1} = \left(1 + \rho_{1,t+1}\right) M_1 \tag{2.49}$$

$$M_{2,t+1} = \left(1 + \rho_{2,t+1}\right) M_2 \tag{2.50}$$

Das Geldmengenwachstum sei mit dem Wachstum der realen Änderungen verwandt. Deshalb wird es auch durch einen Markov-Prozess beschrieben, der zu $N(\rho, \rho', s, s')$ zusammengefasst wird[77].

Die Konsumenten erhalten in jeder Periode in beiden Ländern einen Pauschaltransfer, um Konsumgüter zu erwerben. Der Preis von Konsumgütern lässt sich in Franken oder in Dollars ausdrücken:

$$P_1(M_1, s) = M_1 / \Theta_1 \qquad \text{und} \qquad P_2(M_2, s) = M_2 / \Theta_2 \tag{2.51}$$

Als Zwischenresultat erhält man den Gleichgewichtswechselkurs aus der Kaufkraftparitätentheorie:

$$W_t^K(s, M_1, M_2) = \frac{P_1(M_1, s)}{P_2(M_2, s)} P_2(s) = \frac{M_1 \Theta_2}{M_2 \Theta_1} P_2(s) \tag{2.52}$$

Der Kassakurs hängt, wie man es von der quantitätstheoretischen Formulierung her kennt, vom unterschiedlichen relativen Geldangebot und vom Produktionsunterschied der beiden Länder ab.

Die Budgetrestriktion enthält jetzt auch liquide Mittel, die zu Beginn der neuen Periode t dem Konsumenten gemäss Gleichung

---

77 Eine ausführlichere Beschreibung dieses Prozesses befindet sich im Anhang A 3.2.

(2.49) und (2.50) transferiert werden. Neben den Geldausschüttungen[78], gemäss dem oben eingeführten Markov-Prozess, wird ihm die Dividende von seinen Wertschriften – ebenfalls in liquiden Mitteln – ausgeschüttet. Das Modell besteht nun aus einem Wertschriften- und einem Gütermarkt. Bevor wir die Diskussion über die Preisbildung für die Wertschriften und Güter auf diesen beiden Märkten weiter verfolgen, ist es angebracht, sich einige Gedanken über die Sequenz der Ereignisse zu machen.

Nachdem der Konsument seine Transfers erhalten hat, wird er sich über die Marktlage informieren[79]; aufgrund dieser Informationen entscheidet er, wie er seine Mittel einsetzt. Der Konsument wird einen Teil auf die nächste Periode übertragen, indem er Wertschriften kauft, und den Rest im betrachteten Zeitabschnitt konsumieren[80]. Mit der Schliessung des Gütermarktes endet auch die Periode. Die neue Periode *t+1* beginnt wieder mit den Transfers und den Informationen über die Marktlage. Auf einer Zeitachse in Abbildung 2.10 sieht der Ablauf folgendermassen aus:

---

78 Die Geldausschüttungen können auch als Lohnzahlung interpretiert werden.

79 Die Informationen seien für alle Marktteilnehmer frei zugänglich.

80 Lucas (1984) stellt sich einen Zwei-Personen-Haushalt vor, der sich aus einem Verkäufer und einem Käufer zusammensetzt. Der Verkäufer setzt Güter gegen Barmittel ab, während der Käufer Güter erwirbt. Die beiden können während der Periode nicht kommunizieren. Am Ende der Periode konsumieren sie die Güter die überschüssigen Mittel übertragen sie in Form von Aktien in die folgende Periode.

Abbildung 2.10: Zeitabfolge im Lucas Modell

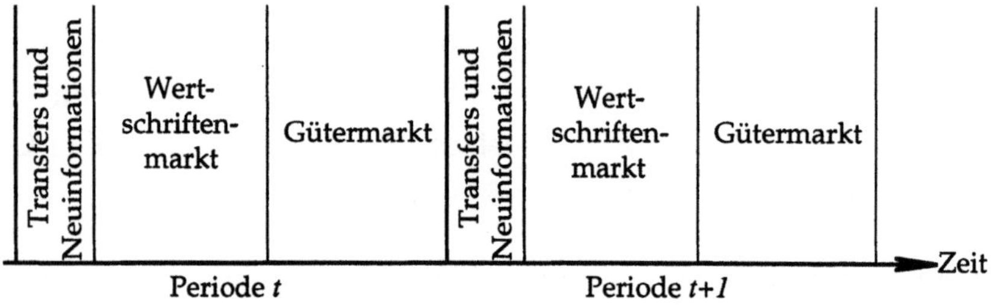

Der grösste Kritikpunkt am Modell von Lucas besteht darin, dass die zeitliche Abfolge zwischen Informationsaustausch und Handlungen am Wertschriften- beziehungsweise am Gütermarkt relativ unflexibel ist. Im erweiterten Ansatz von Svensson (1985a, b) wird, wie wir sehen werden, den Individuen mehr Spielraum für ihre Entscheidungen eingeräumt. Die Abfolge sieht im Modell von Svensson folgendermassen aus:

Abbildung 2.11: Zeitabfolge im Svensson Modell

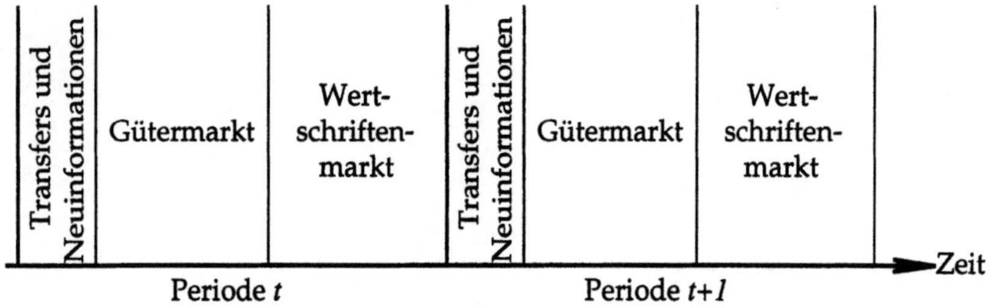

Beide Ansätze haben die Gemeinsamkeit, dass jeweils die Periode mit einem Set an Neuinformationen beginnt, das die Teilnehmer erhalten. Aufgrund dieses Informationssets werden die Marktteilnehmer ihr Entscheidungen treffen, welche Anzahl Wertschriften und welche Menge Güter sie in der entsprechenden Periode erwerben wollen. Bei Lucas folgt unmittelbar auf den Wertschriftenmarkt der Gütermarkt – danach ist die Periode abgeschlossen. Bei Svensson hingegen beginnt die Periode mit dem Gütermarkt, und darauf folgt der Wertschriftenmarkt. Im Ansatz von Lucas muss sich der Konsument bereits in der Phase, in welcher die Wertschriften gehandelt werden, entscheiden, welche Güter er in diesem Zeitabschnitt kaufen möchte. In dieser Phase hat er aber noch keine Vorstellung über die Preise, die er für die Güter, die später am Gütermarkt gehandelt werden, bezahlen muss. Er muss also seine Entscheidungen im Unwissen über die Lage am Gütermarkt in der Phase des Wertschriftenhandels treffen. Wenn die Preise am Gütermarkt unter den von ihm erwarteten Wert fallen, muss er mit Überschüssen rechnen, die er aber nicht in die darauffolgende Periode übertragen kann. Umgekehrt wird er nicht das Güterbündel erwerben können, das er wünscht, wenn die Preise höher liegen, als er ursprünglich erwartet hatte. In der Version von Svensson ist der Konsument flexibler, weil er infolge der modifizierten Sequenz die Information unmittelbar vor Eröffnung des Gütermarktes erhält. So kann es sein, dass der Konsument im Laufe dieser Phase seine Pläne ändert, weil die Preise am Gütermarkt von den ursprünglich angenommenen Preisen abweichen. Sollte der Konsument effektiv tiefere Ausgaben am Gütermarkt haben, als er urprünglich angenommen hatte, wird er diese Mittel in der Phase des Wertschriftenmarktes zusätzlich zu den bereits geplanten verwenden.

Empirische Untersuchungen (Bekaert, 1994a) haben jedoch gezeigt, dass der Einfluss dieses Unterschieds zu unbedeutenden Abweichungen in den Resultaten führt. Die Formulierung von Svensson führt aber zu einer bedeutend komplizierteren Form der Risikoprämie, ohne entscheidende zusätzliche Erkenntnisse für das Problem zu bieten. Aus diesem Grund werden wir hier mit dem Modell von Lucas weiter argumentieren.

Für die gesamten Konsumausgaben folgt aus (2.51) $\Theta_i = M_i \,/\, P_i\left(M_i, s\right)$, wobei für Land 1 die Kaufkraft mit $\phi_1 \equiv 1 \,/\, P_1\left(M_1, s\right)$ beziehungsweise mit $\phi_2 \equiv W_t^K / \, P_1\left(M_1, s\right)$ für Land 2 bezeichnet wird. Für den Konsumenten heisst das, dass seine realen Konsumausgaben $C_i = \phi_i \, n_i$ betragen und n_i der von ihm, für den Konsum eingesetzte Geldbetrag ist. Für die Wertschriften gelte analog zur Tauschwirtschaft v_i für die Anzahl und $G_i\,(s, \rho_i)$ für den Preis in realen Inlandswerten. Die Konsumenten können ferner auch Geld in Form einer Anlage halten, also Geldpapiere. Der Wert der Geldpapiere sei $H_1\left(s, \rho_1\right)$ für inländische und $H_2\left(s, \rho_2\right)$ für ausländische[81]; der Konsument halte davon q_1 beziehungsweise q_2 in seinem Portfolio. Für die Vermögensrestriktion erhält man analog zu (2.43):

$$\begin{aligned} V \geq \phi_1\, n_1 + \phi_2\, n_2 + v_1\, G_1\,(s, \rho_1) + v_2\, G_2\,(s, \rho_2) \\ + q_1\, H_1\left(s, \rho_1\right) + q_2\, H_2\left(s, \rho_2\right) \end{aligned} \tag{2.53}$$

Die Restriktionen für die Liquidität lauten:

$$C_1 \leq \phi_1\, n_1 \tag{2.54}$$

$$P\, C_2 \leq \phi_2\, n_2 \tag{2.55}$$

Dabei ist der Preis von Gut 2 im Verhältnis zum Preis von Gut 1 angegeben, und $P = \left(\, W_t^K P_2 \,\right) / P_1$ sind die "Terms of Trade". Zu Beginn der folgenden Periode setzt sich das Vermögen:

(i) aus dem in der Gegenwart nicht konsumierten Teil ausländischer und inländischer Güter $\phi_i' \cdot n_i - \phi_i' \cdot C_i / \phi_i$;

(ii) aus den bereits in der Vorperiode gehaltenen Wertschriftenanteilen $v_i\, G_i\,(s'\, \rho_i)$ zu Marktwerten;

(iii) aus den darauf erzielten Dividenden $v_i\, \phi_i' \left(\Theta_i / \phi_i\right)$;

(iv) aus dem Marktwert der Ansprüche auf zukünftige Geldtransfers $q_i\, H_i\left(s', \rho_1'\right)$;

---

81 Hinweis: Weder der Preis der Wertschriften $G_i\,(s, \rho_i)$ noch der Preis für die Ansprüche auf zukünftige Geldtransfers $H_i\left(s, \rho_i\right)$ sind in Währungseinheiten angegeben, sondern auf Realwerte normiert.

(*v*) aus den Transfers aufgrund der in der Vergangenheit angehäuften Ansprüche auf Geldtransfers $q_i\, \phi_i'\, \rho_i\, M_i$;

(*vi*) sowie aus den neuen Geldübertragungen $\phi_i'\, \rho_i\, M_i$ zusammen.

Die Funktion für das Vermögen in der folgenden Periode lautet somit:

$$V' = \phi_1' \left[n_1 - \frac{C_1}{\phi_1} \right] + \phi_2' \left[n_2 - \frac{C_2}{\phi_2} \right]$$

$$+ v_1 \left[G_1(s', \rho_1) + \frac{\phi_1'}{\phi_1} \Theta_1 \right] + v_2 \left[G_2(s', \rho_2) + \frac{\phi_2'}{\phi_2} \Theta_2 \right]$$

$$+ q_1 \left[\phi_1'\, \rho_1\, M_1 + H_1(s', \rho_1') \right] + q_2 \left[\phi_2'\, \rho_2\, M_2 + H_2(s', \rho_2') \right]$$

$$+ \phi_1'\, \rho_1\, M_1 + \phi_2'\, \rho_2\, M_2 \qquad (2.56)$$

Da die Liquiditätsbedingungen aus den Gleichungen(2.54/55) bindend sind[82], fällt der erste Term aus der Gleichung (2.56) heraus, und das Vermögen für die kommende Periode beträgt:

$$V' = v_1 \left[G_1(s', \rho_1) + \frac{\phi_1'}{\phi_1} \Theta_1 \right] + v_2 \left[G_2(s', \rho_2) + \frac{\phi_2'}{\phi_2} \Theta_2 \right]$$

$$+ q_1 \left[\phi_1'\, \rho_1\, M_1 + H_1(s', \rho_1') \right] + q_2 \left[\phi_2'\, \rho_2\, M_2 + H_2(s', \rho_2') \right]$$

$$+ \phi_1'\, \rho_1\, M_1 + \phi_2'\, \rho_2\, M_2 \qquad (2.57)$$

Nach dieser monetären Erweiterung erhält man für die Konsumenten das Pendant zu Gleichung in (2.45), die zu maximieren ist:

$$\psi(V, s, M_1, M_2, \rho) = max \left\{ U(C_1, C_2) \right.$$

$$\left. + \beta \int \psi(V', s', M_1', M_2', \rho')\, f(s', s)\, ds' \right\} \qquad (2.58)$$

---

82 Wie erwähnt, muss im Lucas-Modell der Konsument die gesamten am Anfang der Periode geplanten Konsumausgaben tätigen, da er diese Liquidität nicht anderweitig verwenden kann.

Die Preise der Konsumgüter weisen das gleiche Verhältnis auf wie im Modell ohne Geld, also wie in Gleichung (2.46). Der Wert der Geldhaltung kann mit diesem Modell ebenfalls, wie das mit den Aktien oder den Konsumgütern im vorangehenden Modell geschehen ist, als Grenznutzen ausgedrückt werden. Den Grenznutzen eines Frankens in einer bestimmten Periode erhält man aus der Optimierung der Gleichung (2.58), unter der Nebenbedingung der Gleichung (2.57) und unter der Berücksichtigung von Gleichung (2.53)[83]:

$$B_1(s,\rho) = E\left[\frac{\beta\, \partial U(s')/\partial C_1(s')\,\Theta_1'}{\partial U(s)/\partial C_1(s)\,\Theta_1}\frac{1}{1+\rho'}\right] \tag{2.59}$$

Der erwartete Wert eines Dollars in $t+1$ beträgt entsprechend:

$$B_2(s,\rho) = E\left[\frac{\beta\, \partial U(s')/\partial C_2\,\Theta_2'}{\partial U(s)/\partial C_2\,\Theta_2}\frac{1}{1+\rho_2'}\right] \tag{2.60}$$

Da diese Variablen bei der nachfolgenden Diskussion um die Risikoprämie eine zentrale Rolle spielen, fassen wir sie zur Vereinfachung mit:

$$Z_1' = \frac{\beta\, \partial U(s')/\partial C_1\,\Theta_1'}{\partial U(s)/\partial C_1\,\Theta_1}\frac{1}{1+\rho_1'} \quad \text{und}$$
$$Z_2' = \frac{\beta\, \partial U(s')/\partial C_2\,\Theta_2'}{\partial U(s)/\partial C_2\,\Theta_2}\frac{1}{1+\rho_2'} \quad \text{zusammen.}$$

Das Resultat des Modells aus diesem Abschnitt lässt sich im wesentlichen auf die Gleichungen (2.59) und (2.60) reduzieren. Eine im Zeitpunkt $t+1$ erwartete Geldforderung B_i entspricht dem Erwartungswert der intertemporalen marginalen Rate der Substitution (IMRS) des Geldes $\left(\beta \frac{\partial U(s')}{\partial C_i}\Theta_i' \big/ \frac{\partial U(s)}{\partial C_i}\Theta_i\right)$ abgezinst um den Faktor des Geldmengenwachstums. Die IMRS ist ein Verhältnis, das sich aus zwei Grenznutzen in zwei Zeitpunkten ergibt. Die jeweiligen Grenznutzen ergeben sich aus der Kaufkraft des Geldes in

83 Vgl. Anhang A 3.2 für die Herleitung.

den betrachteten Zeitpunkten. Bildet man ein Verhältnis dieser Grenznutzen, misst man die Änderung der Kaufkraft des Geldes; dies ist auch der Barwert des Geldes. Die IMRS des Geldes ist also ein Index, der die Änderung der Kaufkraft des Geldes anhand der intertemporalen Grenzrate der Substitution zweier Güter zwischen zwei Zeitpunkten misst.

2.3.5 Die Herleitung der Risikoprämie

Um die Risikoprämie zu bestimmen, muss der Terminkurs aus der gedeckten Zinsparität berechnet werden. Der Ertrag auf zinstragenden Papieren kann als Kehrwert des in Gleichung (2.59) für das Inland und in Gleichung (2.60) für das Ausland berechneten Barwertes ausgedrückt werden. Dieser betrage demnach $(1+i_1)= 1/B_1$ im Inland und $(1+i_2)=1/B_2$ im Ausland. Die gedeckte Zinsparität, wie sie in der Gleichung (2.1) eingeführt wurde, lautet:

$$\frac{1}{B_1}=\frac{W_{t,t+1}^T}{W_t^K}\frac{1}{B_2} \tag{2.61}$$

Ein Spekulant wird nur dann ein Termingeschäft eingehen, wenn er einen Ertrag erwartet, der mindestens gleich oder höher als der Ertrag ist, den er mit einer risikofreien Anlage erwirtschaften könnte. Die Rendite einer risikofreien Anlage in einer Periode betrage A_1' und berechne sich aus Wertänderung plus Dividende in der folgenden Periode im Verhältnis zum heutigen Preis der Anlage also: $A_1' = v_1\left(G_1 + \Theta_1 \frac{\phi_1'}{\phi_1}\right)/v_1 G_1$.

Wird das Vermögen heute angelegt, dann beträgt der Grenznutzen der Anlage $\left[v_1 G_1(s, \rho_1)\right]\cdot\left[\frac{\partial U(s)}{\partial C_i}\Theta_1\right]$. Der Grenznutzen einer Anlage in der nächsten Periode beträgt unter Berücksichtigung der Verzinsung folglich: $\left[v_1\left(G_1(s', \rho_1) + \Theta_1 \frac{\phi_1'}{\phi_1}\right)\right]\cdot\left[\beta \frac{\partial U(s')}{\partial C_i} \ (\Theta_1'/1+\rho_1')\right]$. Der Grenznutzen setzt sich also aus der Kaufkraft des Geldes *und* dem Grenznutzen der Güter zusammen. Nun wird sich der Preis der Anlage so ändern, dass der Grenznutzen einer Investition in diese

Anlage in jeder Periode gleich bleibt. Im Gleichgewicht gilt folgende Beziehung:

$$E\left[\frac{v_1\left(G_1(s',\rho_1)+\Theta_1\,\phi_1'/\phi_1\right)}{v_1\,G_1(s,\rho_1)}\cdot\frac{\partial U(s')/\partial C_1\,\Theta_1'}{\partial U(s)/\partial C_1\,\Theta_1}\cdot\frac{1}{1+\rho_1'}\right]$$
$$=E\left[\,A_1'\,Z_1'\,\right]=1 \qquad (2.62)$$

Diese Nicht-Arbitrage-Bedingung ist eine in der Finanzmarkttheorie häufig verwendete Beziehung (vgl. auch Campbell, Lo, und MacKinlay, 1997 S. 294ff.). Sie setzt sich aus einer Redite A_1' sowie dem "Pricing Kernel" Z_1' zusammen. Der "Pricing Kernel" unterliege einem beliebigen Preisbildungsprozess. Im vorliegenden Fall wird für diesen Prozess die IMRS des Geldes verwendet, die im vorangehenden Abschnitt eingeführt wurde. Diese Bedingung muss jetzt aber auf die Spekulationsgeschäfte adaptiert werden, um daraus die nötigen Schlüsse für die Risikoprämie zu schliessen. Erwirbt der Spekulant ausländische Währung zum Terminkurs $W_{t,t+1}^T$, dann wird er zu Beginn der folgenden Periode $t+1$ den Ertrag $\left[E\left(W_{t+1}^K\right)-W_{t,t+1}^T\right]$ (vgl. auch die Diskussion auf S. 42ff.) erwarten. Da dieser Ertrag mindestens die gleiche Rendite abwerfen soll wie die Anlage in ein risikofreies Papier, muss der Terminkurs $W_{t,t+1}^T$ dem Barwert $W_{t+1}^K A_1'$ entsprechen[84]. Verwendet man diese Bedingung in der Gleichung (2.62), dann erhält man für den Terminkurs:

$$W_{t,t+1}^T=E\left[\,W_{t+1}^K A_1'\,Z_1'\,\right] \qquad (2.63)$$

Der Terminkurs wird somit in Relation zum erwarteten Wechselkurs gesetzt. Der erwartete Wechselkurs lässt sich durch die Umformung der Gleichung (2.63) isolieren[85], und man erhält:

$$W_{t,t+1}^T=E\left[\,W_{t+1}^K\,\right]E\left[\,A_1'\,Z_1'\,\right]+cov\left[\,W_{t+1}^K;\,A_1'\,Z_1'\,\right] \qquad (2.64)$$

84 Diese Beziehung geht aus Cox, Ingersoll und Ross (1981), S. 324 hervor.

85 Unter Verwendung von: $cov\,[XY]=E\,[XY]-E\,[X]\,E\,[Y] \Rightarrow E\,[XY]=E\,[X]\,E\,[Y]+cov\,[XY]$.

Unter Verwendung der Gleichung (2.62) erhält man:

$$W^{T}_{t,t+1} = E\left[W^{K}_{t+1} \right] + cov\left[W^{K}_{t+1}; A'_1 Z'_1 \right] \qquad (2.65)$$

Wie aus dieser Formulierung hervorgeht, ist der Terminkurs im Gleichgewicht kein unverzerrter Schätzer des erwarteten Kassakurses. Die beobachtete Abweichung $cov\left[W^{K}_{t+1}; A'_1 Q'_1 \right]$ ist die Risikoprämie. Dieser Term ist aber in der Gleichgewichtssituation gerade Null und ist nur dann von Null verschieden, wenn die Kovarianz zwischen dem erwarteten Kassakurs und der Intertemporalen Grenzrate der Substitution (IMRS) des Geldes von Null verschieden ist. Ein Spekulant, der also ein Termingeschäft mit offenen Positionen eingeht, ist demnach bereit, diese Risikoprämie zu tragen. Inwiefern dieses Argument für die Testbarkeit der Risikoprämie von Nutzen ist und ob sie sich schliesslich auf der Grundlage dieses Ansatzes messen lässt, dieser Frage werden wir im folgenden Abschnitt nachgehen.

2.3.6 Der Ansatz zur empirischen Überprüfung der Risikoprämie

Die empirische Überprüfung von Gleichung (2.65) gestaltet sich schwierig, weil nach wie vor das Problem des nicht beobachtbaren erwarteten Wechselkurses besteht. Also ziehen es die meisten Autoren vor, die Bedingung der Gleichung (2.62) zu schätzen, indem die Nutzenfunktion im Rahmen dieser Nicht-Arbitrage-Bedingung angemessen spezifiziert wird (vgl. beispielsweise Mark, 1985a). Sind die Devisenmärkte im Gleichgewicht und effizient, dann kann weder mit ausländischen noch mit inländischen Anlagen ein Differentialgewinn erwirtschaftet werden. Für die Verzinsung der Anlagen können wir den Ertrag auf zinstragenden Papieren verwenden und diese um die Inflation – gemessen an der Änderung der Konsumentenpreise – bereinigen. Da die Risikoprämie des Devisentermingeschäftes gemessen werden soll, geht man davon aus, dass die Anlage im Ausland getätigt wird und zwar mit der Absicht, diese im Zeitpunkt der Fälligkeit des

Termingeschäftes für die eingegangenen Verpflichtungen am Devisenterminmarkt zu verwenden. Überträgt man diese Überlegung in die Nicht-Arbitrage-Beziehung (2.62), erhält man folgende Gleichung:

$$E\left[\frac{\left(1+i'_{2,j}\right)P_1}{P'_1}\frac{W^K_{t+1}}{W^K_t}Z'_1\right]=1 \tag{2.66}$$

Der Nominalsatz der ausländischen Wertschrift j betrage $1+i'_{2,j}$, und diese verfalle im Zeitpunkt $t+1$. Der Konsumentenpreisindex belaufe sich heute auf P_1 und P'_1 in der folgenden Periode. Der Nutzen der Konsumgüter ist im "Pricing Kernel" Z'_1 enthalten. Betrachtet man das gleiche Geschäft, aber mit gedeckten Positionen, erhält man für die Beziehung der Gleichung (2.62):

$$E\left[\frac{\left(1+i'_{2,j}\right)P_1}{P'_1}\frac{W^T_{t,t+1}}{W^K_t}Z'_1\right]=1 \tag{2.67}$$

Setzt man die Beziehungen (2.66) und (2.67) gleich, erhält man:

$$E\left[\frac{W^K_{t+1}-W^T_{t,t+1}}{W^K_t}\frac{P_1}{P'_1}Z'_1\right]=E\left[\frac{W^K_{t+1}-W^T_{t,t+1}}{W^K_t}\frac{\partial U(s')/\partial C_1}{\partial U(s)/\partial C_1}\frac{P_1}{P'_1}\right]=0 \tag{2.68}$$

Das erste Moment zwischen Swapsatz und IMRS des Geldes ist Null, die beiden Grössen stehen somit orthogonal zueinander. Unter der Annahme, die Werte in Gleichung (2.68) seien lognormalverteilt, erhält man[86]:

$$E(w^K_{t+1})=w^T_{t,t+1}-\frac{1}{2}var\left(w^K_{t+1}\right)+cov\left(w^K_{t+1},p'_1\right)-cov\left(w^K_{t+1},z'\right) \tag{2.69}$$

Daraus folgt für die Risikoprämie:

$$\xi_t=\frac{1}{2}var\left(w^K_{t+1}\right)-cov\left(w^K_{t+1},p'_1\right)+cov\left(w^K_{t+1},z'\right) \tag{2.70}$$

---

86 Vgl. Anhang A 3.3.

Die Risikoprämie setzt sich somit aus der Kovarianz zwischen dem Kassakurs und der IMRS des Geldes sowie dem Term $1/2\, var\left(w_{t+1}^{K}\right) - cov\left(w_{t+1}^{K}, p_1'\right)$ zusammen. Dieser Term wird auch der Jensensche Ungleichheitsterm genannt; er zeigt, dass der Terminkurs selbst bei Risikoneutralität vom erwarteten Kassakurs abweicht. Wie weiter oben in Fussnote 51 besprochen wurde, führt die Jensensche Ungleichung in der nicht logarithmierten Form aufgrund ihrer konvexen Form zum Siegel-Paradox. In verschiedenen Studien geht man davon aus, dass der Jensensche Ungleichheitsterm vernachlässigbar klein ist (vgl. Engel, 1996 S 133), und man spricht von der "effektiven" Risikoprämie, wenn $cov\left(w_{t+1}^{K}, z'\right) \neq 0$ gilt. Wir werden in der Folge für die Risikoprämie den Term in (2.70) verwenden.

Damit wir die IMRS des Geldes schätzen können, muss diese spezifiziert werden. Dazu dient als kleines Beispiel folgende einfache Formulierung einer Funktion mit konstanter, relativer Risikoaversion (CRRA) der Form:

$$U(c_i) = \begin{cases} \dfrac{c_t^{1-\gamma}}{1-\gamma} & \gamma > 0,\ \gamma \neq 0 \\ \log c_t & \gamma = 1 \end{cases} \qquad (2.71)^{87}$$

Der Koeffizient γ entspricht der konstanten, relativen Risikoaversion. Die Frage stellt sich nach der Grösse des Koeffizienten, und die darauf gefundenen Antworten sind keineswegs einheitlich. Allgemein ist man der Auffassung, dieser Wert liege zwischen 0,5 und 4. Ayuso und Restoy schätzten ein γ von ungefähr 4 (Ayuso und Restoy, 1996) für die Messung der Risikoprämie im EU-Raum. In älteren empirischen Untersuchungen mit Wochendaten (Mark, 1985a), mit Monatsdaten (Modjtahedi, 1991) oder mit Quartalsdaten (Hodrick, 1989b) wurden aber auch schon Werte

87 Vgl. zum Beispiel Hamilton (1994), S. 423 ff.

zwischen 40 (Mark, 1985) und 60 (Hodrick, 1989) gemessen[88]. Gewiss ist, dass mit zunehmendem Wert von γ auch die Risikoprämie zunimmt. Als Verfahren für die Schätzung von γ hat sich die von Hansen (1982) entwickelte Methode der verallgemeinerten Momente (GMM) durchgesetzt[89].

Für die Grenzrate der Substitution erhält man aus der Gleichung (2.71):

$$Z' = \left(\frac{C'}{C}\right)^{-\gamma} \tag{2.72}$$

Diese Form ist aus zwei Gründen nicht besonders geeignet. Erstens weil die Messung der Änderung von Konsumausgaben in einer Volkswirtschaft in der Regel ernsthafte Aggregationsprobleme bereitet. Zweitens weil die Grenzrate der Substitution eines Spekulanten durch die Änderung einer alternativen Benchmark – zum Beispiel durch die Rendite eines Marktportfolios – zweckmässiger angenähert werden kann, da dies seinem spezifischen Anlageprofil eher entspricht. Für die Grenzrate der Substitution verwenden beispielsweise die Autoren Ayuso und Restoy (1996) die Ertragsrate eines Marktportfolios. Bevor jedoch die Untersuchung nach der Existenz einer Risikoprämie und deren zeitlichen Entwicklung gemacht wird, scheint es sinnvoll, die in diesem Zusammenhang verwendeten Zeitreihen der Wechselkurse zu untersuchen. In einem ersten Schritt untersuchen wir die EMH, wie sie in Abschnitt 2.3.1 beschrieben wurde, um festzustellen, ob wir ebenfalls das bereits zum "festen statistischen Repertoire" zählende und die Nullhypothese diametral widerlegende Resultat schätzen. In einem zweiten Schritt wird die, noch zu spezifizie-

---

88 Diese sehr hohen Werte sind wohl eher unwahrscheinlich. Denn ein Koeffizient von beispielsweise 25 bedeutet, dass ein Individuum zwischen einer 17%-igen Konsumsenkung und der 50%-igen Wahrscheinlichkeit, in einem Spiel zu gewinnen (zu verlieren) und dadurch seinen Konsum um 20% zu erhöhen (zu senken), indifferent ist (vgl. auch Romer, 1996, S. 331 ff.).

89 Eine Übersicht zu dieser Methode wird in Hamilton (1994) gegeben.

rende, Risikoprämie berechnet. In Tabelle 2.3 sind die Resultate aus der Schätzung der EMH wiedergeben. Die hier geschätzen Werte lassen sich mit den Werten aus Studien, die in der Vergangenheit gemacht wurden, vergleichen (das gilt sowohl für die gemessenen Werte als auch für die Teststatistiken). Zum Vergleich dienen die in Tabelle 2.5 (am Schluss dieses Kapitels) unter II. erwähnten Untersuchungen. Die hier angeführten Regressionen wurden auch für Subsamples geschätzt. Das Bild bleibt bei der Schätzung in Subsamples im wesentlichen unverändert und wurde hier deshalb nicht wiedergeben[90].

Tabelle 2.3:

$$w^K_{t+1} - w^K_t = \alpha + \beta\left(w^T_{t,t+1} - w^K_t\right) + \varepsilon_{t+1}$$

4.75-5.96

	α	β	R^2	$D.W.$
USD	-0.007 (-2.068)	-0.568 (-2.050)	0.020	2.329
DEM	-0.005 (-2.201)	-0.979 (-2.766)	0.030	2.630
FRF	-0.006 (-1.877)	-0.195 (-1.098)	0.016	2.493
GBP	-0.004 (-1.361)	-0.0056 (0.153)	0.031	2.321
ITL	-0.008 (2.100)	-0.091 (-0.669)	0.001	2.318
NLG	-0.004 (-1.994)	-0.453 (-2.360)	0.023	2.612
CAD	-0.011 (-2.369)	-0.538 (-1.941)	0.022	2.376
JPY	-0.000 (-0.144)	-0.744 (-2.818)	0.031	2.271

Quelle: IMF/IFS Monatsdaten,
Zentrierte R^2, t-Werte in Klammern,
D.W. bezeichnet die Durbin-Watson-Statistik

90 Vgl. Anhang A 3.4.

Zur Erinnerung: Diese Schätzung dient zur Überprüfung der verwendeten Daten. Die Vermutung, ob eine Risikoprämie im betrachteten Zeitraum existiert haben könnte, lässt sich nur überprüfen, wenn die für derartige Schätzungen üblichen (aber aufgrund der Theorie unerwarteten) Resultate erzielt werden[91]. Die Risikoprämie wurde im Rahmen der ungedeckten Zinsparität eingeführt, um eine Begründung für das "Efficiency Market Puzzle" in der Devisenmarkttheorie zu liefern. Wir werden demnach aufgrund der in Tabelle 2.3 geschätzten Werte davon ausgehen, dass sich die gemessene Abweichung durch die Existenz einer Risikoprämie erklären lässt. Unsere Nullhypothese lautet: (i) Eine Risikoprämie existiert und (ii) die Risikoprämie nimmt mit zunehmender Integration der Kapitalmärkte ab. Eine Abnahme der Risikoprämie im Zeitverlauf lässt somit auf eine Zunahme der Integration der Finanzmärkte schliessen und umgekehrt.

Um die Risikoprämie zu berechnen, gehen wir von der Nicht-Arbitrage-Beziehung in Gleichung (2.68) aus. Für die IMRS des Geldes verwenden wir die Änderungsrate des schweizerischen Aktienindexes des Schweizerischen Bankvereins. Für die IMRS des Geldes erhalten wir dann $(SPI'/SPI)^{-\gamma}$. Wobei mit SPI' der Aktienindexstand in $t+1$ bezeichnet wird und analog dazu der Aktienindexstand in t durch SPI abgekürzt wird. Für die Preisänderungsraten wird die Änderungsrate des schweizerischen Konsumentenpreisindexes verwendet und mit P_{CH}/P'_{CH} bezeichnet[92]. Wir erhalten so für die Nicht-Arbitrage-Beziehung:

$$E\left[\frac{W_{t+1}^K - W_{t,t+1}^T}{W_t^K}\frac{P_{CH}}{P'_{CH}}\left(\frac{SPI'}{SPI}\right)^{-\gamma}\right]=0 \tag{2.73}$$

91 Wie auf S. 67 dargestellt, werden neben der Risikoprämie auch weitere Gründe für die Ablehnung der EMH genannt. Die Untersuchung der alternativen Begründungen ist aber nicht Gegenstand dieser Arbeit.

92 Vgl. Anhang A 5.3 für detaillierte Angaben zu diesen Indizes.

Analog zur Umformung von (2.68) nach (2.69) erhalten wir unter der Annahme, die Werte in Gleichung (2.73) seien lognormalverteilt, die zu berechnende Risikoprämie[93]:

$$\zeta = \frac{1}{2} var\left(w_{t+1}^{K}\right) - cov\left(w_{t+1}^{K}; \pi'\right) - \gamma\, cov\left(w_{t+1}^{K}; \varsigma'\right) \tag{2.74}$$

Für die Terme π' und ς' gelte $\pi = ln\left(P_{CH}/P'_{CH}\right)$ und $\varsigma' = ln(SPI'/SPI)$. In Anlehnung an die oben erwähnten Studien werden wir für den Term der relativen Risikoaversion $\gamma = 4$ wählen.

Die Risikoprämien wurden für den Zeitraum von April 1975 bis Mai 1996 berechnet. Die resultierenden Risikoprämien sind in Tabelle 2.4 in vier Unterperioden unterteilt wiedergegeben.

Tabelle 2.4: Prozentuale (jährliche) Risikoprämien im Zeitvergleich

4.75-5.96

CHF zu:	Intervall	R.P.	CHF zu:	Intervall	R.P.
USD	4.75 - 11.78	1.01	**DEM**	4.75 - 11.78	0.17
	12.78 - 9.85	0.92		12.78 - 9.85	0.23
	10.85 - 9.92	-0.01		10.85 - 9.92	0.01
	10.92 - 5.96	0.35		10.92 - 5.96	0.05
FRF	4.75 - 11.78	0.95	**GBP**	4.75 - 11.78	1.30
	12.78 - 9.85	1.80		12.78 - 9.85	0.91
	10.85 - 9.92	-0.10		10.85 - 9.92	-0.15
	10.92 - 5.96	0.08		10.92 - 5.96	0.27
ITL	4.75 - 11.78	2.14	**NLG**	4.75 - 11.78	0.26
	12.78 - 9.85	1.90		12.78 - 9.85	0.28
	10.85 - 9.92	-0.07		10.85 - 9.92	0.01
	10.92 - 5.96	0.57		10.92 - 5.96	0.05
CAD	4.75 - 11.78	1.93	**JPY**	4.75 - 11.78	0.03
	12.78 - 9.85	0.44		12.78 - 9.85	0.59
	10.85 - 9.92	-0.19		10.85 - 9.92	-0.03
	10.92 - 5.96	0.44		10.92 - 5.96	0.47

Quelle: IFS/SNB
Monatsenddaten

93 Für die Umformung vgl. Anhang A 3.3.1.

Die erste Periode zwischen April 1975 und November 1978 spiegelt die ersten Erfahrungen mit den flexiblen Wechselkursen nach dem Zusammenbruch von Bretton Woods wieder. Sie wird durch die Verordnung zur Abwehr von Geldern, die im Herbst 1978 eingeführt wurde unterbrochen. Für Devisenausländer bestand nach der Einführung dieser Massnahme ein Anlageverbot in Wertschriften und Immobilien. Während dieser Periode sah sich die SNB auch veranlasst, die Geldmengenpolitik zugunsten eines Wechselkursziels zu sistieren. Die administrativen Massnahmen wurden bis Anfang 1980 wieder beseitigt. Der zweite Strukturbruch ist durch die Plaza Vereinbarungen zur gemeinsamen Intervention gekennzeichnet. In der Literatur werden die Plaza Vereinbarungen als Schritt in Richtung Stabilität der Devisenmärkte gewertet. Der dritte Bruch ist durch den Austritt der Lira und des Pfunds im September 1992 aus dem EWS gekennzeichnet.

Die Risikoprämie war für alle Währungen in der Phase nach den Plaza Vereinbarungen und dem gleichzeitigen Bestehen des ERM am niedrigsten. Für die meisten Währungen (mit den Ausnahmen von Frankreich und Japan) war die Risikoprämie im ersten Abschnitt – also während der zweiten Hälfte der siebziger Jahre – am grössten. Nach dem Austritt der Lira und der Pfund aus dem ERM nahm die Risikoprämie wieder bei den meisten Währungen, zu. Sie stieg im Vergleich mit den restlichen Europäischen Währungen aber für die Lira und Pfund erwartungsgemäss am stärksten. In der Abbildung 2.10 sind die Risikoprämien für die vier betrachteten Intervalle abgetragen.

Abbildungen 2.12 a-h: Prozentuale (jährliche) Risikoprämien im Zeitvergleich

4.75-5.96

a)

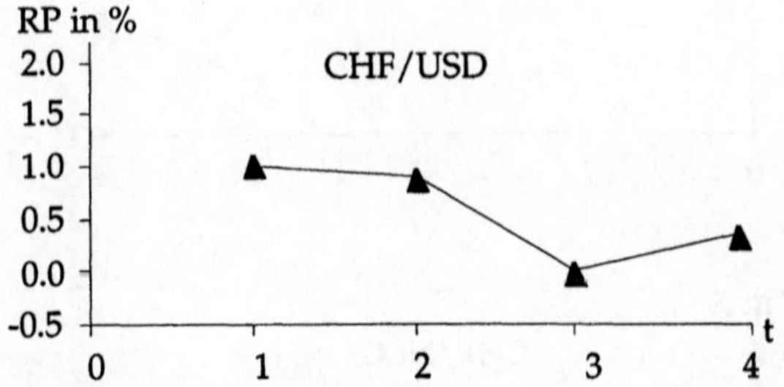

b)

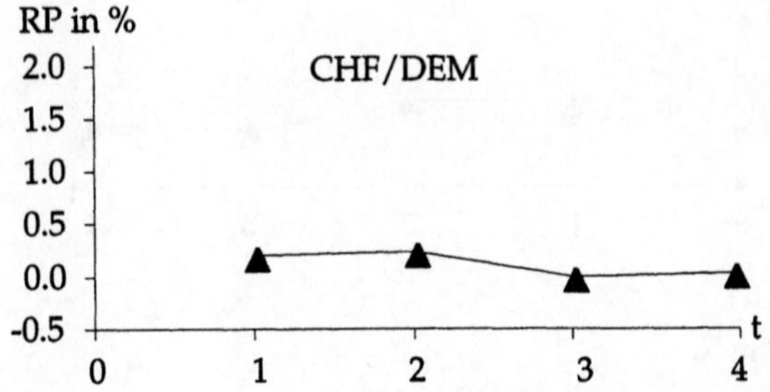

c)

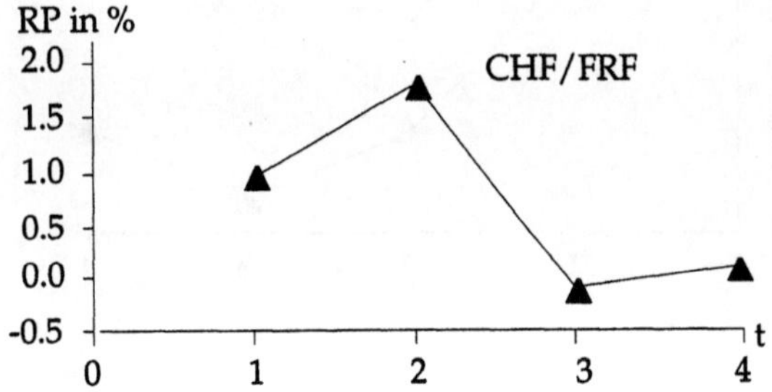

d)

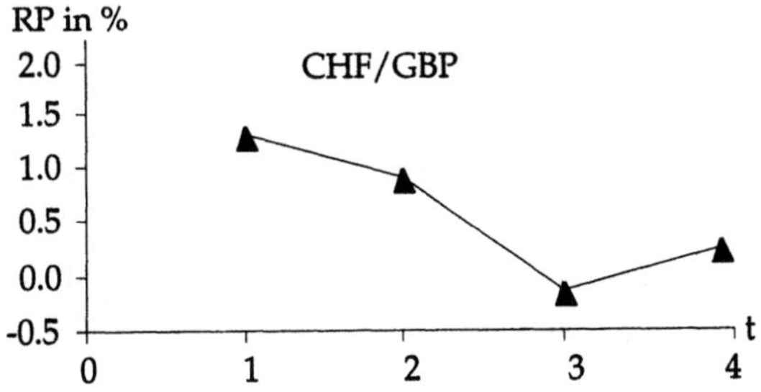

Die Risikoprämie während dem Zeitraum 4.75-11.78 ist mit 1, während dem Zeitraum 12.78-9.85 mit 2, während dem Zeitraum 10.85-9.92 mit 3 und während dem Zeitraum 10.92-5.96 mit 4 gekennzeichnet.

e)

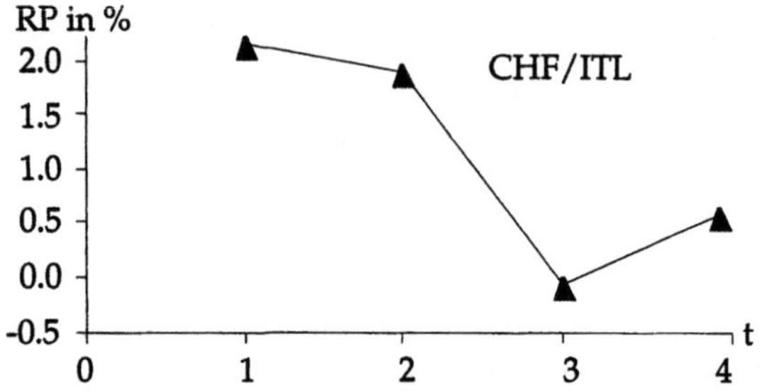

f)

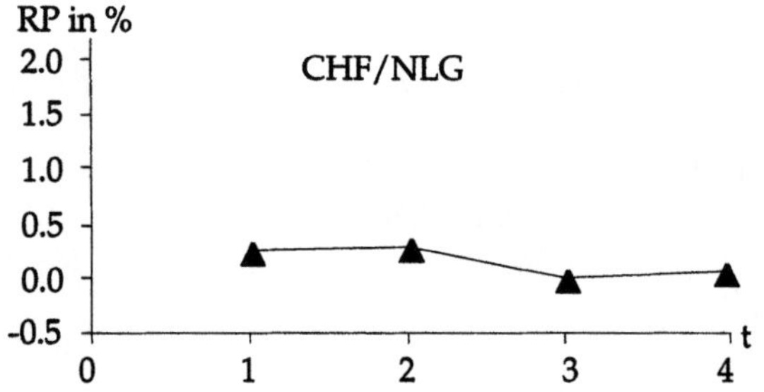

g)

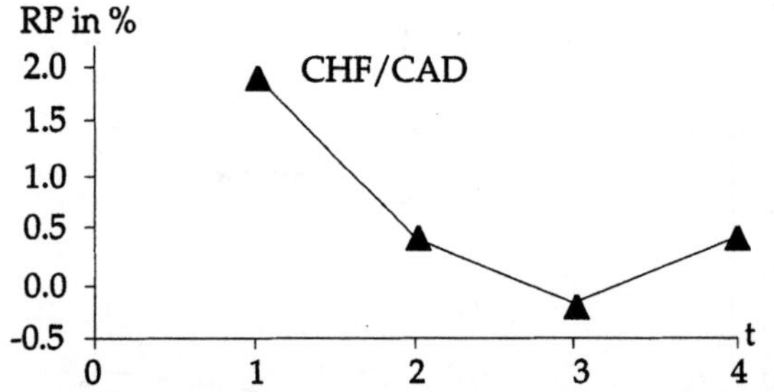

h)

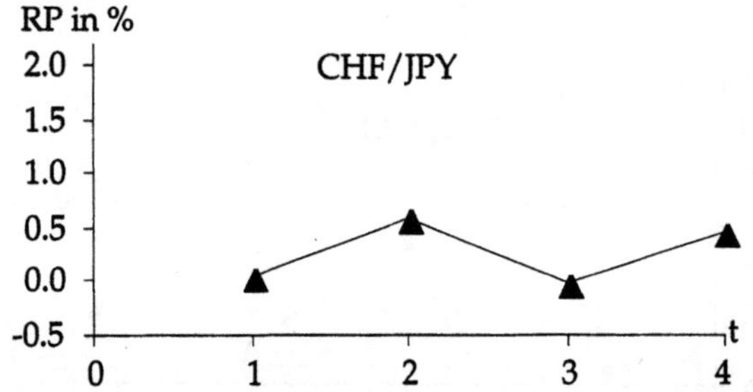

Die Risikoprämie während dem Zeitraum 4.75-11.78 ist mit 1, während dem Zeitraum 12.78-9.85 mit 2, während dem Zeitraum 10.85-9.92 mit 3 und während dem Zeitraum 10.92-5.96 mit 4 gekennzeichnet.

Die erste der beiden postulierten Vermutungen, dass eine Risikoprämie existiert, lässt sich somit für alle Währungen bestätigen. Aufgrund der generellen Abnahme der Risikoprämie können wir auch von einer Zunahme der Integration der Kapitalmärkte ausgehen. Die Begründung dafür liegt auf der Hand, denn nur ein Finanzmarkt, der möglichst wenig Verzerrungen durch den Devisenmarkt erfährt, ist auch ein mit den anderen "Welt"-Finanzmärkten integrierter Finanzmarkt. Im Rahmen des "Risikoprämien-Ansatzes", den wir aus der ungedeckten Zinsparität hergeleitet haben, können wir somit davon ausgehen, dass im Laufe der vergangenen zwanzig Jahre die Integration der schweizerischen Finanzmärkte zugenommen hat.

2.3.7 Schlussbetrachtung und Kritik am Konzept

Einige Kritikpunkte wurden bereits während der Einführung des Modells erwähnt und werden hier nur zur Erinnerung nochmals aufgezählt. Weitere Kritikpunkte werden hingegen etwas extensiver besprochen:

1. Die im Modell verwendete Zeitabfolge ist fragwürdig (vgl. Abb. 2.9), denn sie führt dazu, dass die am Wertschriftenmarkt heute erwirtschafteten Erträge erst in der nächsten Periode für den Konsum verwendet werden können.
2. Die Restriktionen, die sich aus der CIA- Formulierung ergeben, sind fragwürdig; insbesondere die Restriktion, die aus der Nichtexistenz negativer Zinssätze folgten.
3. Im intertemporalen Asset Pricing Modell werden die Arbitragebedingungen einer Realbetrachtung (nichtmonetäre) für nominelle (monetäre) Betrachtungen übernommen, ohne auf Friktionen zu achten, die sich durch die Einführung von Geld ergeben könnten. Diese Tatsache erkennt denn auch Svessson (1985a,b) und trägt dem Rechnung; Hodrick (1989a) erweitert das Modell um den Staatssektor.
4. Die Parameter, die in die verwendeten Nutzenfunktionen eingehen, sind umstritten und ergeben teilweise

auch absurde Resultate. Dadurch wird die Aussage über das Gewicht der Risikoprämie im Aussenhandel zwar nicht grundsätzlich - wohl das Ausmass ihrer Bedeutung - in Frage gestellt. Für die hier behandelte Fragestellung verwendeten wir einen Risikoparameter von 4, wie er kürzlich von Ayuso und Restoy (1995) für den EU-Raum geschätzt wurde. Da für die in diesem Kapitel spezifizierte Form der Risikoprämie die Variation des Risikoparameters lediglich eine monotone Transformation bedeuten würde, wurde auf die Variation des Parameters verzichtet.

Die Schätzung der ungedeckte Zinsparität mittels einer geeigneten Approximation für den erwarteten Wechselkurs ist und bleibt ein ungelöstes Rätsel, dem man mit Hilfe des Konzepts der Risikoprämie zwar teilweise auf die Spur gekommen ist, das aber noch keineswegs als gelöst betrachten werden kann. Mit der Schätzung einer Risikoprämie verfolgten wir in diesem Kapitel aber nicht das Ziel, des Rätsels Lösung zu finden, sondern mit dem uns zur Vefügung stehenden Datenmaterial ein Aussage über die Integration der schweizerischen Finanzmärkte zu machen. Im Rahmen dieser Fragestellung können wir denn auch die allgemein vermutete Einschätzung teilen, dass die Kapitalmobilität in der Vergangenheit tendenziell zugenommen hat und vermutlich in Zukunft weiterhin zunehmen wird. Eine stabile Währungsunion scheint sich auch für den Schweizer Franken positiv auszuwirken. Generell kann festgestellt werden, dass Risikoprämien im Laufe der vergangenen zwanzig Jahren, gesunken sind.

Tabelle 2.5: Ausgewählte Empirische Untersuchungen der Terminmarkteffizienz

Schätzgleichung Nullhypothese	Autor (Jahr)	Methode	Jahre	Resultate	t-Werte für β a)
Test der EMH					
I.					
$w^K_{t+1} = \alpha + \beta\left(w^T_{t,t+1}\right) + \vartheta_{t+1}$	(Frenkel, 1976)	OLS	21-23	$-0.3 < \alpha < 0.02$, $\beta \approx 1$	signifikant
$H_0: \quad \alpha = 0, \beta = 1$	(Frankel, 1980)	OLS	73-78	$\alpha \approx 0$, $\beta \approx 1$	signifikant
	(Frenkel, 1981)	OLS, IV	73-79	$-0.25 < \alpha < 0.03$, $\beta \approx 1$	signifikant
	(Longworth, 1981)	OLS	70-78	$\beta \approx 1$	signifikant
	(MacCallum, 1994)	OLS	78-90	$\beta \approx 1$	signifikant
II.					
$w^K_{t+1} - w^K_t = \alpha + \beta\left(w^T_{t,t+1} - w^K_t\right) + \varepsilon_{t+1}$	(Bilson, 1981)	OLS, GLS	74-80	$-4 < \alpha < 0.81$, $\beta < 0$	1/9 b)signifikant
$H_0: \quad \alpha = 0, \beta = 1$	(Fama, 1984)	OLS, SURE	73-82	$-1 < \alpha < 0.81$, $\beta < 0$	1/9 b)signifikant
	(Cumby und Obstfeld, 1984)	OLS	76-81	$\alpha \approx 0$, $\beta < 0$, stellen Hetero skedastizität fest	signifikant
	(Gaab, Granziol, und Horner, 1986)	OLS	75-84	$\alpha \approx 0$, $\beta < 0$	1/2 b)signifikant
	(Garbers, 1987)	OLS	76-84	$\alpha \approx 0$, $\beta < 0$, verwirft die Schätzgleichung	signifikant

Zeichenerklärung am Ende der Tabelle

Fortsetzung Tabelle 2.5

Schätzgleichung Nullhypothese	Autor (Jahr)	Methode	Jahre	Resultate	t-Werte für β a)
Test der EMH					
III.					
$w^K_{t+1} - w^K_t = \alpha + \gamma_{t+1} + \delta + \beta\left(i_{t,t+1} - i^*_{t,t+1}\right) + \varepsilon_{t+1}$ wobei α die Risikoprämie, γ_t einen Zeiteffekt und δ einen zeitlich konstanten Währungseffekt bezeichnen.	(Goodhart, McMahon, und Ngama, 1992)	OLS	75-87 75-80 c) 80-85c)	$\alpha \approx 0$, $\beta < 0$, verwirft die Schätzgleichung in den subsamples	⅓ b)signifikant nicht signifikant ⅙ b)signifikant
	(Macklem, 1991)	OLS	73-86	$\alpha \approx 0$, $\beta < 0$, verwirft die Schätzgleichung	nicht signifikant
	(Mayfield und Murphy, 1992)	OLS	75-90	$\beta \approx 1$ für α, γ_t und $\delta \neq 0$	signifikant
$w^K_t - w^K_{t-n} = \alpha + \beta\left(w^T_{t-1,t} - w^K_{t-n}\right) + \varepsilon_{t-1}$	(MacCallum, 1994)	OLS	78-90	$-4.2 \leq \beta \leq -3.3$ für $n = 1$ $\beta \approx 1$ für $n = 2,3$	signifikant signifikant

Zeichenerklärung am Ende der Tabelle

Fortsetzung Tabelle 2.5

Schätzgleichung Nullhypothese	Autor (Jahr)	Methode	Jahre	Resultate	t-Werte für β a)
Tests auf Orthogonalität					
IV.					
$w^T_{t,t+1} - w^K_{t+1} = a + \beta\left(w^T_{t,t+1} - w^K_t\right) + \mu_{t+1}$	(Geweke und Feige, 1979)	OLS	72-77	$\beta \neq 0$: EMH verworfen	1/7 b) signifikant
$H_o: \quad \alpha, \beta = 0$	(Frankel, 1980)	OLS	73-78	$\beta \neq 0$: EMH verworfen	nicht signifikant
	(Fama, 1984)	OLS, SURE	73-82	$\beta \neq 0$	signifikant
$w^T_{t,t+1} - w^K_{t+1} = a + \mathbf{b}'\mathbf{x_t} + \mu_{t+1}$; wobei: $\mathbf{x_t}$ ein Vektor mit beliebigen Variablen ist.	(Hansen und Hodrick, 1980)	OLS, NO	73-79 d) 74-79 e)	$\mathbf{b}' < 0$, H_o verworfen, RP positiv	1/4 b) signifikant 1/5 b) signifikant
$H_o: \quad \alpha, \mathbf{b}' = 0$	(Hansen und Hodrick, 1983)	OLS	76-80	$\mathbf{b}' < 0$, H_o verworfen, RP positiv	nicht signifikant
	(Taylor, 1987)	VAR	79-86	EMH verworfen	N. N.
	(MacDonald und Taylor, 1991)	VAR	21-25	EMH verworfen	N. N.

Zeichenerklärung am Ende der Tabelle

Fortsetzung Tabelle 2.5

Schätzgleichung Nullhypothese	Autor (Jahr)	Methode	Jahre	Resultate	t-Werte für γ a)
Feststellung der Risikoprämie					
V.					
$E\left[\frac{W^K_{t+1}-W^T_{t,t+1}}{W^K_t}\frac{U_t(s')}{U_t(s)}\frac{P_t}{P'_t}\right]=0$	(Mark, 1985)	GMM	73-83	$0<\gamma<60$ ZVRP	nicht signifikant
mit: $U(c)=c_t^{1-\gamma}/1-\gamma$	(Modjtahedi, 1991)	GMM	73-88	$53<\gamma<55$ f) für dauerhafte Güter und Dienstleistungen	nicht signifikant
				$\gamma\approx 13$ f) für dauerhafte Güter	nicht signifikant
	(Macklem, 1991)	Kalibrierung in einer simulierten VW	73-86	$0\le\gamma\le 10$ gewählt, EMH bestätigt und ZVRP in der simulierten VW.	N.N.
	(Ayuso und Restoy, 1996)	GMM	86-94	$4<\gamma<7.2$	signifikant
mit: $U(d)=d_t^{1-\gamma}-1/1-\gamma$	(Backus, Gregory, und Telmer, 1993)	GMM	74-90	$\gamma\approx 50$ bei $\alpha=0$	nicht signifikant
wobei: $d_t=c_t-\alpha\, c_{t-1}$, und α ein Parameter der Verhaltenskonstanz ist.				$\gamma>100$ bei $\alpha\neq 0$	signifikant

Zeichenerklärung am Ende der Tabelle

Fortsetzung Tabelle 2.5

Schätzgleichung Nullhypothese	Autor (Jahr)	Methode	Jahre	Resultate	t-Werte für γ a)
$E\left[\frac{W^K_{t+1} - W^T_{t,t+1}}{W^K_t}\right] = b\,A'$, mit der risikofreien Anlage A' und $b = -cov\left[\frac{W^K_{t+1} - W^T_{t,t+1}}{W^K_t}; Z'_t\right]$	(Hansen und Hodrick, 1983)	OLS	76-80	Nullhypothese verworfen	nicht signifikant
$\xi_t = \frac{1}{2} var\left(w^K_{t+1}\right) - cov\left(w^K_{t+1}, p'_t\right) + \gamma\, cov\left(w^K_{t+1}, z'\right)$	(Ayuso und Restoy, 1996)	GMM	86-94	$\gamma \approx 4$ Risikoprämie ist im EMR kleiner als ohne EMR.	signifikant

GLS: Generalized Least Squares, GMM: General Method of Moments, IV: Instrumental Variable Schätzung, NO: Non overlapping, OLS: Ordinary Least Squares, RP: Risikoprämie, SURE: (Zellners) Seemingly Unrelated Regression Estimator, VAR: Vektorautoregression, UR: unit root, ZVRP: zeitlich variierende Risikoprämie

a) Im 95% Vertrauensintervall.
b) Bruchteil der signifikanten Werte an der gesamten Schätzung gemessen.
c) Sub-samples.
d) Tabelle 1 und 2 S. 839 und 840 Jahre 73-79, Tabelle 3 S. 842 Jahre 74-79,Tabelle 4 S. 843 Jahre 75-79.
e) Weitere Resultate erhalten die Autoren aus Schätzungen mit Daten zwischen 1922 und 1926.
f) Tabelle 3 S. 78.

3 DER INTERNATIONALE REALZINSAUSGLEICH

Der internationale Realzinsausgleich ist das dritte Mass, welches aus der "Reihe" der Zinsparitäten für die Messung der Kapitalmobilität verwendet wird. Die These, nach der die Mobilität von Gütern und Kapital zu einem Ausgleich der Zinsen führt, ist allgemein akzeptiert. Gleiche inländische und ausländische Realzinsen sind ein Indiz für vollständige Kapitalmobilität und für eine entsprechend grosse Integration der Finanzmärkte. Aufgrund der vollständigen Kapitalmobilität reagieren die Kapitalströme auf beispielsweise staatliche Interventionen am Geldmarkt unverzüglich. Eine Möglichkeit, um Stabilisierungspolitik zu betreiben, wird nämlich in der Beeinflussung des Realzinses durch monetäre Interventionen gesehen. Dieser Weg der Stabilisierungspolitik wird aber im Falle eines internationalen Realzinsausgleichs begrenzt, da sich der "Weltrealzins" durch eine einzelne Notenbanken kaum verändern lässt[94].

---

94 Aus der Existenz von unterschiedlichen Realzinsen lässt sich jedoch nicht schliessen, dass die Politiker genügend Macht haben, um den Realzins zu kontrollieren (vgl. Mark, 1985, S. 189).

3.1 Die Realzinsparität

Die Realzinsparität lässt sich unter Verwendung der ungedeckten Zinsparität und der ex ante Kaufkraftparität herleiten. Aus der UIP folgt für den inländischen Nominalzins:

$$i_t = i_t^* + E\left(w_{t+1}^K \right) - w_t^K \tag{3.1}$$

Die Verbindung zwischen dem Devisenmarkt und dem Gütermarkt erhält man durch die Kaufkraftparität; die ex ante Kaufkraftparität lautet in Logarithmen:

$$E\left(w_{t+1}^K \right) - w_t^K = E\left(\pi_{t+1}\right) - E\left(\pi_{t+1}^*\right) \tag{3.2}$$

Werden die beiden Gleichungen (3.1) und (3.2) gleichgesetzt, erhält man die Bedingung für den Realzinsausgleich im In- und Ausland:

$$i_t - E\left(\pi_{t+1}\right) = i_t^* - E\left(\pi_{t+1}^*\right) \tag{3.3}$$

wobei analog zum vorangehenden Kapitel $\pi_{t+1}\left(\pi_{t+1}^*\right)$ die logarithmierte Änderung des inländischen (ausländischen) Preisniveaus ist und $\pi_{t+1} = ln\left(P_{t+1}/P_t\right)$ (beziehungsweise $\pi_{t+1}^* = ln\left(P_{t+1}^*/P_t^*\right)$) ist[95]. Die in t für den Zeitraum bis $t+1$ erwartete Inflationsrate wird mit $E\left(\pi_{t+1}\right)$ bezeichnet. Falls also die Kaufkraftparität und die ungedeckten Zinsparität bestätigt werden, müssen der in- und der ausländische Realzins aufgrund von Gleichung (3.3) identisch sein. Die Gleichung (3.3) ist die Definition der internationalen Fisher Relation, die einen internationalen Ausgleich der Realzinsen postuliert.

Die Probleme, welche aus der Bestätigung der ungedeckten Zinsparität resultieren, wurden im vorangehenden Kapitel eingehend

---

95 Die Inflationsrate wird also mit der Änderung des Preisindexes gleichgesetzt, diese Annahme bedarf einer speziellen Form der Geldnachfragefunktion, die im Anhang A 4 besprochen wird.

behandelt. Dank Fortschritten in den Ökonometrischen Methoden scheint die Kaufkraftparitätentheorie, zumindest auf die lange Frist bezogen, bestätigt worden zu sein (vgl. Froot und Kenneth, 1995 S. 1683). Da die erwartete Inflationsrate nicht beobachtet werden kann, stellt sich auch in diesem Fall das Problem, welche Variable die Inflationsrate am besten approximiert. Als Approximation für die erwartete Inflationsrate werden entweder die Änderungsraten der Vergangenheitswerte des Konsumentenpreisindexes oder des Grosshandelspreisindexes verwendet. Der Einsatz des Konsumentenpreisindexes für die Messung der Inflationsrate ist umstritten, da dieser Index bekanntlich international gehandelte und international nicht gehandelte, aber im Inland konsumierte Güter beinhaltet (kurz: Gehandelte und nicht gehandelte Güter). Sind die Kapitalmärkte integriert, dann sollte der erwartete reale Ertrag für gehandelte Güter bei funktionierender Arbitrage gleich sein. Beinhalten die Indizes aber nicht gehandelte Güter, dann wird ihre internationale Vergleichbarkeit erschwert. Das Problem der abweichenden Indizes wird abgeschwächt, wenn der Anteil der gehandelten Güter im Verhältnis zu dem nichtgehandelter Güter gross ist, aber auch wenn die Preise der gehandelten Güter sich parallel zu den Preisen der nichtgehandelten Güter bewegen. Untersuchungen mit Indizes, in welchen nur die gehandelten Güter berücksichtigt werden, zeigen denn auch leicht bessere Resultate (Dutton, 1993b). Von der Wahl eines Grosshandelspreisindexes ist hingegen abzuraten, da in gewissen Ländern zwischen Endprodukten und Zwischenprodukten im Index nicht unterschieden wird und somit die Gefahr einer Doppelzählung besteht.

3.1.1 Die Realzinsparität von 1981 bis 1996

Die Resultate empirischer Untersuchungen widerlegen deutlich die Hypothese eines einheitlichen Realzinssatzes[96]. Trotzdem wird eine gewisse Konvergenz zwischen den internationalen Zinssätzen immer wieder kolportiert. Vergleicht man den schweizerischen, den deutschen und den amerikanischen Realzins zwischen 1981 bis Mitte 1996 (vgl. Abb. 3.1), so sieht man, dass die Vermutung einer gewissen Konvergenz nicht unberechtigt ist.

Abbildung 3.1: Realzinsen von Drei-Monats-Sätzen
1981-1996

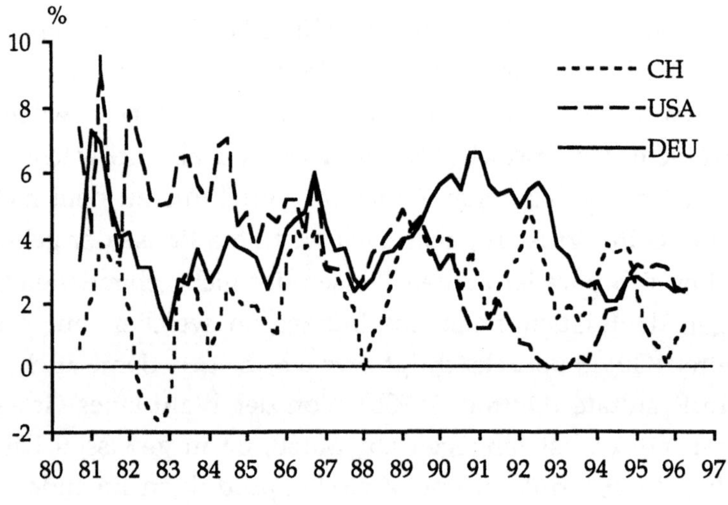

Quelle: IMF/IFS

Die Realzinsen in Abbildung 3.1 ergeben sich aus der Differenz zwischen Drei-Monatssätzen abzüglich der Änderung der Konsumentenpreisindizes gemäss den Angaben der IFS[97]. Die

96 Zu erwähnen sind die Untersuchungen von Cumby und Mishkin, 1986; Cumby und Obstfeld, 1984; Dutton, 1993b; Edison und Pauls, 1993; Gaab, Granziol, und Horner, 1986; Gagnon und Unferth, 1995; Mark, 1985;

97 Eine ausführliche Datenbeschreibung befindet sich im Anhang A 5.

Entwicklung der Realzinssätze in den betrachteten Ländern weist bis 1996 eine, mit wenigen Ausnahmen, positive und vergleichbare Entwicklung auf. Bei allen Realzinssätzen verzeichnete man zu Beginn der achtziger Jahre einen starken Anstieg, wobei der US-Zinssatz beinahe die 10% Marke berührte. Diese Bewegung wurde bereits in früheren Untersuchungen des Realzinses festgestellt (Cumby und Mishkin, 1986) und hängt für die USA mit dem Regimewechsel des amerikanischen Federal Reserve System zu Beginn der achtziger Jahre zusammen. In dieselbe Zeit fällt ebenfalls der Regimewechsel bei der Bundesbank. Der schweizerische Realzins fiel zu Beginn der achtziger Jahre im Gegensatz zu den anderen Ländern auf einen Tiefstwert, diese Entwicklung hängt direkt mit der Politik der Nationalbank am Ende der siebziger Jahre zusammen. Im Herbst 1978 blähte die Nationalbank die Notenbankgeldmenge massiv auf, weil der Frankenkurs stark angestiegen war. Die Nationalbank sah sich kurzfristig veranlasst, das Geldmengenziel zugunsten des Wechselkursziels aufzugeben. Diese Politik beschleunigte mit der üblichen zeitlichen Verzögerung zu Beginn der achtziger Jahre die Inflationsrate. Dadurch war 1982-83 die Realverzinsung für Anlagen in Schweizer Franken negativ.

Die Abbildung 3.1 zeigt, dass die Realzinsen in den betrachteten drei Ländern so gut wie nie übereinstimmen. Zum Realzinsausgleich, wie er in der "strengen"[98] Form der Realzinsparität postuliert wird, kommt es also nicht. Auch in der unten beigefügten Tabelle 3.1 ist zu sehen, dass die Korrelationen der kurzfristigen Realzinsen zwischen den einzelnen Ländern relativ klein ist. Der

---

98 Gaab, Granziol und Horner (1986) unterscheiden drei Formen der ex ante Realzinsparität; die starke Form, bei welcher man davon ausgeht, dass die in- und ausländischen Realzinsdifferentiale konstant und nahe bei Null sind; die halbstarke Form, bei der man davon ausgeht, die Realzinsdifferentiale seien im Durchschnitt gerade gleich Null, und die schwache Form, bei welcher man davon ausgeht, dass die Differentiale des Nominalzinses gerade dem Differential der Inflation entspricht.

schweizerische Realzins ist relativ stark mit dem deutschen (0.58) und dem holländischen (0.67) und teilweise mit dem kanadischen und dem italienischen Realzins korreliert. Vereinzelt sind auch andere Realzinssätze miteinander korreliert zum Beispiel der deutsche und holländische (0.77) sowie der britische und der italienische. Generell ist aber zu sagen, dass diese Korrelationen nicht besonders gross sind.

Tabelle 3.1: Korrelation der kurzfristigen Realzinsen
monatliche Änderungen von 5. 81 bis 5. 96

	CH	USA	D	F	GB	I	NL	CAN	JPN
CH	1.00								
USA	-0.15	1.00							
D	0.58	-0.07	1.00						
F	-0.17	0.03	0.23	1.00					
GB	0.28	0.08	0.32	0.20	1.00				
I	0.34	-0.34	0.29	0.05	0.54	1.00			
NL	0.67	-0.19	0.77	0.19	0.46	0.37	1.00		
CAN	0.38	0.26	0.30	0.05	0.14	0.20	0.31	1.00	
JPN	-0.04	0.47	0.31	0.25	0.49	0.09	0.31	0.23	1.00

Quelle: IFS/IMF Drei-Monats Sätze

Die Schätzung der Realzinsparität setzt, wie zu Beginn dieses Kapitels erwähnt wurde, die Approximation der Erwartungsbildung für die Inflationsrate voraus, wobei man sich in der Regel der Änderungen der Konsumentenpreisindizes bedient. Die ex ante Realzinsen werden dann durch die ex post Realzinsen ersetzt, indem für die erwarteten Inflationsraten die vorangegangenen Änderungen des Konsumentenpreisindexes so verwendet werden, dass man für die Formulierung der Realzinsparität in $t+1$,

$$i_t - \pi_{t+1} = i_t^* - \pi_{t+1}^* \tag{3.4}$$

erhält. Diese Annahme setzt voraus, dass die Marktteilnehmer ihre Erwartungen aufgrund aller ihnen im genwärtigen Zeitpunkt zur Verfügung stehenden Informationen rational bilden, das heisst, dass für $\pi_{t+1} = E\left(\pi_{t+1} \mid \Omega_t\right)$ gilt. Daraus folgt die Schätzgleichung für die ex post Realzinsparität:

$$i_t - \pi_{t+1} = \alpha + \beta\left(i_t^* - \pi_{t+1}^*\right) + \varepsilon_{t+1} \tag{3.5}$$

Die Nullhypothese des Realzinsausgleiches ist bestätigt, wenn $\beta = 1$ und $\alpha = 0$ ist; der Störterm fängt allfällige Fehler in der Erwartungsbildung auf, er ist unabhängig und normalverteilt. Die Schätzung der Realzinsparität mit den vorliegenden Daten zeigt (Tabelle 3.2), dass die Nullhypothese im vorliegenden Fall ebenfalls unbestätigt bleibt. Bei den vorliegenden Tests handelt es sich im ersten Fall um eine einfache Schätzung mit kleinsten Quadraten (OLS), die Werte in Klammern beziehen sich auf die T-Statistik. Die geschätzten Werte für die Steigung sind, bis auf die japanischen Realzinsen, hochsignifikant, wobei die niedrigen Werte der Durbin-Watson-Statistiken auf eine hohe Autorkorrelationen schliessen lassen. Der White Test auf Homoskedastie wird in allen Fällen bis auf die Tests für den britischen und den japanischen Zinssatz bestätigt. Bei den Schätzungen mit autoregressiven Prozessen erster Ordnung ergeben sich für D.W.-Statistiken bedeutend bessere Resultate; die geschätzten Werte für β sind jedoch bis auf die deutschen Realzinssätze nicht mehr signifikant von Null verschieden.

Tabelle 3.2: Realzinsausgleich zum Schweizer Franken

5.81-5.96

		α	β	R^2	D.W.	White
USA	OLS	2.688 (12.156)	-0.122 (-2.300)	0.028	0.167	9.40***
	AR1	1.835 (2.750)	0.122 (1.637)	0.851	1.603	
D	OLS	-0.144 (-0.504)	0.609 (8.867)	0.305	0.189	14.31***
	AR1	0.080 (0.142)	0.554 (5.956)	0.874	1.687	
F	OLS	2.922 (9.551)	-0.112 (-2.360)	0.030	0.163	22.19***
	AR1	2.535 (4.257)	-0.048 (-1.842)	0.852	1.631	
GB	OLS	0.995 (2.657)	0.249 (3.516)	0.064	0.172	1.79
	AR1	1.862 (2.756)	0.071 (1.024)	0.850	1.591	
I	OLS	1.061 (3.622)	0.215 (4.380)	0.096	0.175	22.24***
	AR1	1.709 (2.466)	0.087 (1.292)	0.850	1.578	
NL	OLS	-0.826 (-3.083)	0.688 (12.113)	0.450	0.268	23.54***
	AR1	0.189 (0.346)	0.464 (4.958)	0.866	1.687	
CAN	OLS	0.728 (2.326)	0.305 (5.176)	0.130	0.249	6.97***
	AR1	2.445 (3.763)	-0.045 (-1.050)	0.850	1.549	
JPN	OLS	2.598 (7,899)	-0.100 (-1.124)	0.007	0.155	2.06
	AR1	2.638 (3.973)	-0.115 (-1.278)	0.850	1.588	

Quelle: IMF/IFS

Zentrierte R^2, t-Werte in Klammern, D.W. bezeichnet die Durbin Watson Statistik, *** bezeichnen ein Signifikanzniveau von 99%

Die Werte in der Tabelle 3.2 zeigen klar, dass die Hypothese eines internationalen Realzinsausgleichs verworfen werden muss. Das Ziel besteht aber darin ein geeignetes Mass für die Integration der Finanzmärkte zu finden, aufgrund der vorliegenden Resultate kann der Realzinsausgleich keine zuverlässige Antwort auf diese Frage geben.

3.1.2 Langfristige oder kurzfristige Zinssätze?

Die Divergenz zwischen der theoretischen Formulierung des Realzinsausgleichs und den empirischen Resultaten könnte aber auch in der Laufzeit der untersuchten Zinspapiere liegen. Die meisten empirischen Arbeiten stützen sich auf kurzfristige Zinsdaten. Kurzfristige Zinssätze haben zwar den Vorteil, dass das Problem der überlappenden Daten vernachlässigt werden kann, sie fluktuieren aber relativ stark und weisen daduch hohe Varianzen auf. Langfristige Zinsen weisen hingegen bedeutend niedrigere Varianzen auf selbst dann, wenn man zum Beispiel den langfristigen Realzins als *Summe* lauter kurzfristiger Zinssätze auffasst. Zur Herleitung wird vorerst der kurzfristige Realzins als Summe eines konstanten Zinssatzes plus der Geschwindigkeit, mit welcher sich dieser Zinssatz an eine veränderte Marktlage von einer Periode zur nächsten anpasst, formuliert:

$$r_{t+1} = \varphi\, r_t + (1-\varphi)\,\hat{r} + \varepsilon_{t+1} \tag{3.6}$$

Der Realzins in einer Periode ist somit eine Funktion des heutigen Realzinses plus der Geschwindigkeit $(1-\varphi)$, mit welcher sich der Zins an den konstanten Realzinswert $\hat{r}$ anpasst, wobei $0 \leq \varphi \leq 1$ gilt. Der in Zukunft erwartete Realzins ist somit die Summe der einzelnen erwarteten Zinssätze für je eine Periode:

$$E\left(r_{t,\,t+n}\right) = E\left(r_{t,\,t+1}\right) + E\left(r_{t+1,\,t+2}\right) + \ldots + E\left(r_{t+m-1,\,t+m}\right) \tag{3.7}$$

Durch rekursives[99] Einsetzen erhält man den erwarteten Realzins in k Perioden:

$$E\left(r_{t,t+k}\right)=\hat{r}+\varphi^{k-1}\left[E\left(r_{t,t+1}\right)-\hat{r}\right] \tag{3.8}$$

Bildet man die Summe der einzelnen Einperiodenzinssätze[100], dann erhält man den (erwarteten) langfristigen Realzins:

$$E\left(r_{t,t+n}\right)=\hat{r}+\frac{\left(1-\varphi^{n}\right)}{\left(1-\varphi\right)}\left[E\left(r_{t,t+1}\right)-\hat{r}\right] \tag{3.9}$$

Bildet sich der langfristige Zinssatz nach der Erwartungsbildungshypothese gemäss Gleichung (3.7), dann konvergiert er gegen einem festen Wert, der die Summe der kurzfristigen Zinssätze berücksichtigt. Der Faktor φ wird als die kurzfristige Abweichung vom Mittelwert betrachtet (mean reversion). Ein kleiner Wert für φ impliziert eine kleine Abweichung des erwarteten langfristigen Realzinssatzes vom konstanten Wert $\hat{r}$ und ein kleines Gewicht für die kurzfristigen Abweichungen des Realzinssatzes. Ein grosses φ bedeutet, dass die kurzfristige Entwicklung des Realzinssatzes einen bedeutenden Einfluss auf die langfristige Reaktion hat.

Die Entwicklung der langfristigen Realverzinsung in Abbildung 3.2 zeigt, dass von einem Realzinsausgleich nach wie vor nicht die Rede sein kann, doch scheint die Konvergenz zugenommen zu haben. (Die Realzinsen ergeben sich aus der Differenz zwischen

99 Für die Realzinsanpassung von einer Periode in die andere gelte: $r_{t+1}=\varphi\, r_t+(1-\varphi)\,\hat{r}$, wobei der langfristige Realzinssatz $\hat{r}$ ist und für die Anpassungsgeschwindigkeit $0<\varphi<1$ gilt. Der *erwartete* Realzins beträgt demnach: $E\left(r_{t+1}\right)=\varphi\, E\left(r_t\right)+(1-\varphi)\,\hat{r}\;=\hat{r}+\varphi\left(E\left(r_t\right)-\hat{r}\right)$. Wird die Gleichung für den erwarteten Realzins nun rekursiv eingesetzt, erhält man eine Beziehung in Form von Gleichung (3.8).

100 Der erwartete langfristige Zinssatz ist die n-te Teilsumme der geometrischen Folge: $\hat{r}+\varphi\left(E\left(r_t\right)-\hat{r}\right)$.

langfristigen Staatsanleihen und der Inflationsrate gemäss den Angaben des IMF)[101].

Abbildung 3.2: Realzinsen langfristiger Anleihen

1981-1996

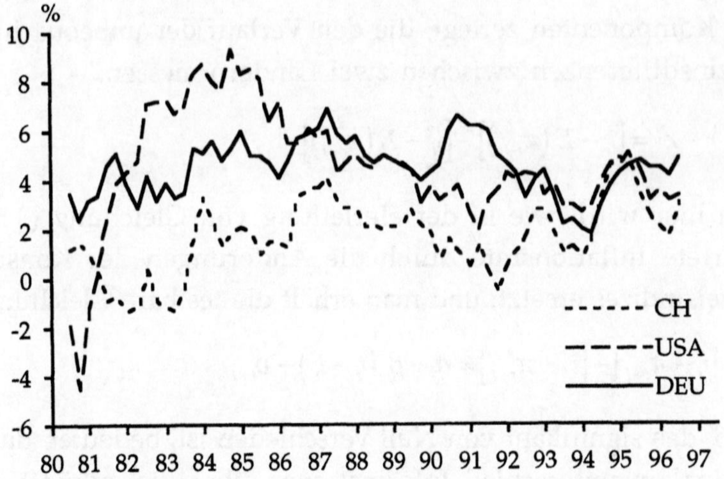

Quelle: IMF/IFS

101 Weitere Realzinsvergleiche finden sich im Anhang A 6.

3.2 Die Reparametrisierung der Realzinsparität

Da die Theorie des Realzinsausgleichs durch die empirischen Untersuchungen nicht gestützt wurde, ist es naheliegend, sie durch die Hypothese der gleichen in- und ausländischen Zins*änderungsraten* zu ersetzen. Die Gleichung (3.3) wird deshalb in zwei Komponenten zerlegt, die den Verlauf der unbeobachtbaren Realzinsdifferenzen zwischen zwei Ländern messen:

$$r - r^* = \left[i_t - E\left(\pi_{t+1}\right)\right] - \left[i_t^* - E\left(\pi_{t+1}^*\right)\right] \tag{3.10}$$

Auch hier wird, wie in der Herleitung von Gleichung (3.5), die erwartete Inflationsrate durch die Änderungen der Konsumentenpreisindizes ersetzt, und man erhält die testbare Gleichung:

$$\left[i_t - \pi_{t+1}\right] - \left[i_t^* - \pi_{t+1}^*\right] = \alpha + \beta\left(i_t - i_t^*\right) + \upsilon_{t+1} \tag{3.11}$$

Ein β, das signifikant von Null verschieden ist, bedeutet, dass der Nominalzinsunterschied Informationen über die zukünftige Realzinsentwicklung enthält. Für den Störterm gilt $E\left(\upsilon_{t+1}\right) = 0$. Mit dieser Formulierung schliesst man auch das Problem der Nichtstationarität von Realzinsen[102] aus, die bei den Niveaugrössen oft festgestellt wurden[103]. Für die Schätzung von Gleichung (3.11) erhält Jorion (1996) für den US-Realzins im Vergleich zum deutschen Realzinssatz bei Anleihen mit einer Laufzeit, die länger als ein Jahr betragen, Werte für β, die zwischen 0.94 und 1.23 liegen. Der niedrigste Wert (0.94) wird für die Laufzeit von einem Jahr gemessen; der Wert für β nimmt mit zunehmender Laufzeit sukzessive zu, wobei die längste Laufzeit fünf Jahre beträgt. Die

---

[102] Sofern es sich um einen Differenzstationären Prozess handelt (vgl. auch den Abschnitt zur Stationarität in diesem Kapitel).

[103] Diese Hypothese wird von Kirchgässner und Wolters, 1990; MacDonald und Murphy, 1989 sowie von Rose, 1988 vertreten, wobei Kugler und Neusser (1993) nichtstationäre Realzinsen feststellen und darüberhinaus auf eine relativ schnelle Abnahme der Realzinsunterschiede in der kurzen Frist hinweisen.

Resultate für den Vergleich zwischen US-Realzinssätzen und den britischen Zinsen ergeben zwar nicht Werte, die so klar in der Umgebung von Eins liegen, wie im Vergleich mit den deutschen Realzinsen, Jorion schätzt jedoch jeweils ein β, das im Signifikanzbereich von 95% von Null verschieden ist. Diese Evidenz bedeutet, dass die Differenzen der langfristigen Nominalzinssätzen die Differenzen der langfristigen Realzinsen spiegeln. Das heisst aber auch, dass die Realzinsen nicht die Tendenz haben, sich in der langen Frist anzugleichen und dass damit die Realzinsparität, wie sie in der Gleichung (3.3) postuliert wird, in der Realität nicht gegeben ist.

Aufgrund der vorangehenden Resultate ist es angebracht, die Gleichung (3.10) einer weiteren Unterteilung, wie sie von Frankel und Rose (1988) vorgenommen wurde, zu unterziehen. Durch einige einfache Zerlegungen erhält man in einer Gleichung die Komponenten, welche jeweils einen Einfluss auf die Realzinsdifferenz ausüben. Die Unterteilung der Gleichung (3.10) in ihre drei Komponenten sieht folgendermassen aus:

$$r - r^* = \left[i_t - i_t^* - f_{t,t+1}\right] + \left[f_{t,t+1} - E\,\Delta w_{t+1}^K\right] + \left[E\,\Delta w_{t+1}^K - E\left(\pi_{t+1}\right) + E\left(\pi_{t+1}^*\right)\right] \qquad (3.12)$$

Der erste Ausdruck in den Klammern auf der rechten Seite entspricht der gedeckten Zinsparität, der zweite ist die Risikoprämie, wie sie in der Gleichung (2.35) eingeführt wurde, und der dritte Term der ex ante Kaufkraftparität. Die ersten zwei Terme brauchen hier nicht besprochen zu werden, da dies bereits im vorangehenden Kapitel geschehen ist. Der dritte Term jedoch – die ex ante Kaufkraftparität – ist ein Mass für die Integration der Gütermärkte. Ist dieser Term von Null verschieden, heisst das, dass die Ursache für unterschiedliche Realzinsen in der mangelnden Integration der Gütermärkte und nicht etwa in der ungenügenden Kapitalmarktintegration zu suchen ist. Wir haben zu Beginn dieses Kapitels aber diese Möglichkeit ausgeschlossen, als wir die Annahme machten, die Kaufkraftparität sei gegeben. Wird nun aber diese Annahme derart in Frage gestellt, dann misst man mit der Realzinsparität nicht mehr die Integration der Finanzmärkte, sondern die Integration der Gütermärkte. Wird dieses Mass durch den Gütermarkt derart grundsätzlich eingeschränkt, so fällt es aus dem Kriterium für die Messung der Kapitalmärkte.

3.2.1 Homogenes Konsumverhalten und Integration der Finanzmärkte

Verschiedentlich wurde der Zusammenhang zwischen Kapitalmarktintegration, Konsum und Einkommen als Mass für die Integration der internationalen Finanzmärkte verwendet. Bayoumi und MacDonald (1995) untersuchten die Integration der Kapitalmärkte, indem sie einen modifizierten Ansatz von Obstfeld (1994) verwendeten. Die Integration der Kapitalmärkte wird dort als die Korrelation zwischen dem inländischen und dem ausländischen Konsum interpretiert. Die von Bayoumi und MacDonald geschätzte Gleichung lautet:

$$\Delta c_{t+1} - \Delta c^{*}_{t+1} = \alpha + \beta\, \Delta y_{t+1} + \gamma\, \Delta c^{*}_{t+1} - \delta\, \Delta y^{*}_{t+1} + \varepsilon_{t+1} \tag{3.13}$$

Vollständige Integration der Kapitalmärkte ist gemäss diesem Ansatz erreicht, wenn zwischen dem inländischen und dem ausländischen Konsum kein systematischer Zusammenhang mehr besteht. Der Störterm ε_{t+1} ist unabhängig und normalverteilt. Als Indikator für die Integration der Kapitalmärkte dient also die Integration des Konsums: Je stärker sich die Konsummuster angleichen, um so grösser ist auch die Kapitalmarktingration. Die Verbindung zum Realzins erfolgt in diesem Fall durch die Optimierung des intertemporalen Konsums[104]. Für die Konsumänderung

---

[104] Dieser Ansatz ähnelt sich dem im folgenden Kapitel besprochenen Ansatz nach Feldstein und Horioka. Es handelt sich jedoch um einen Realzinsvergleich, wenn dies auch nicht unmittelbar einsichtig ist. Obstfeld (1994 und 1995) geht nämlich seiner Herleitung (1995, S. 218) von einer identischen internationale Grenzrate der Substitution für gehandelte Güter aus, wobei er

Δc_{t+1} gilt dabei die Beziehung $ln(C_{t+1}/C_t) = ln[\zeta\ (1+r_t)^{\omega}]$; wobei ζ ein Diskontfaktor ist, für den $0 < \zeta < 1$ gilt und ω für die intertemporale Substitutionselastizität steht. Der Realzins wird in diesem Fall als Variable eingeführt, welche die Entscheidung beeinflussen soll, ob heute oder in der Zukunft konsumiert wird. Die Kapitalmobilität von fünfzehn Industrieländern[105] wurde untersucht, wobei aufgrund der Resultate lediglich die Finanzmärkte Japans als integriert galten.

Aufgrund der Konvergenzzunahme im Konsum schlossen Obstfeld wie auch Bayoumi und MacDonald auf eine erhöhte Kapitalmobilität. Nun ist es aber fragwürdig, ob mit der in Gleichung (3.13) dargestellten Umsetzung der Theorie von Obstfeld tatsächlich die Kapitalmobilität überprüft wird. Für die Schätzung von Gleichung (3.13) verwendeten Bayoumi und MacDonald die Konsumausgaben für Verbrauchsgüter, weil die Verbrauchsgüter nur während einer Periode Nutzen stiften und deshalb dauerhafte Güter dem Konzept eines intertemporalen Grenznutzenvergleichs von Obstfeld widersprechen würden. Wie wir bereits im vorangehenden Kapitel gesehen haben, muss auch in diesem Fall zwischen Verbrauchsgütern und *gehandelten* Verbrauchsgütern unterschieden werden. Unterstellt man, die Konsumenten hätten für diese Güter eine Nachfrageelastizität von eins, dann folgt eine relativen Preisänderung zu einer gleich grossen relativen Mengenänderung von t bis $t+1$. Die Konsumänderungsrate in Gleichung (3.13) könnte in der Folge durch die Preisänderungsrate beziehungsweise durch die Inflationsrate ersetzt werden. Ersetzt man aber auf der linken Seite von Gleichung (3.13) die Kon-

---

folgende zeitseparable Nutzenfuktion verwendet: $U(C, X) = (1-r)^{-1} C^{1-r}$. Die nicht gehandelten Güter werden mit X die gehandelten mit C und der reale Zinssatz mit r bezeichnet. Für die Konsumänderung ergibt sich $\Delta c_{t+1} \equiv ln\ C_{t+1} - ln\ C_t$ was unter den gemachten Annahme und der gegebenen Nutzenfuktion im in- und ausländische Vergleich $\Delta c_{t+1} / \Delta c^*_{t+1} = r^* / r$ ergibt.

105 Es sind dies: Belgien, Dänemark, Deutschland, Finland, Frankreich, Griechenland, Holland, Irland, Italien, Japan, Kanada, Luxemburg, Österreich, Vereinigtes Königreich, und die Vereinigten Staaten.

sumänderungsrate durch die Änderung der Inflation, dann wird die Bedingung für die Kaufkraftparität untersucht. Die Bestätigung der Kaufkraftparität gibt bekanntlich primär Auskunft über die Gütermarktintegration und sagt nur sekundär etwas zur Kapitalmarktintegration aus.

3.2.2 Kointegration der Realzinsen

Eine weitere Frage, die sich im Rahmen der Realzinsparität stellt, ist die, ob ein langfristiger Zusammenhang zwischen den Realzinsen besteht. Wie die vorangegangene Diskussion gezeigt hat, scheint der Realzinsausgleich eine Theorie zu bleiben. Das muss aber nicht heissen, dass damit alle denkbaren Fälle in welchen die Realzinsen eine gemeinsame Beziehung aufweisen könnten, damit ausgeschlossen sind. Eine Möglichkeit, um langfristige Beziehung zwischen mehreren Variablen - hier den Realzinssätzen - zu erkennen, besteht darin, dass man die Variablen auf Kointegration untersucht. Besteht zwischen den Niveauwerten nichtstationärer Variablen eine langfristige Gleichgewichtsbeziehung, dann weisen gewisse lineare Kombinationen der Variablen einen niedrigeren Integrationsgrad auf. Engle und Granger definieren die Kointegration bekanntlich folgendermassen:

Definition: Alle Komponenten des Vektors $\mathbf{r}_t$ seien kointegriert vom Grade d, b, wenn:

i) Alle Komponenten des Vektors $\mathbf{r}_t$ vom Grade d integriert sind [$I(d)$][106],

ii) Ein Vektor $\mathbf{g} \neq 0$ so existiert, dass $\mathbf{z}_t = \mathbf{g}' \mathbf{r}_t$ vom Grade d-b integriert ist [$I(d-b)$].

Der Vektor **g** heisst Kointegrationsvektor oder kointegrierender Vektor (Engle und Granger, 1987, S 254).

---

106 Eine Zeitreihe heisst integriert vom Grade d, wenn ihre d-te Differenz $\Delta^d x_t = (1-L)^d x_t$ eine stationäre, invertierbare ARMA(p,q)-Darstellung hat, wobei L einen Lagoperator bezeichnet.

Wird auf Kointegration zwischen einem inländischen und einem ausländischen Realzins geschlossen, dann bedeutet das, dass sie sich nicht unabhängig voneinander bewegen können. Sofern die Voraussetzung der linearen Abhängigkeit in Form von Kointegration zwischen den Realzinsen gegeben ist, kann auf internationale Realzinsabhängigkeit geschlossen werden[107]. Im speziellen Fall führen erhöhte Inflationserwartungen im Inland dazu, dass bei gegebenem Nominalzins der Realzins sinkt, was bei vollständiger Kapitalmobilität einen Kapitalexport generiert, weil dies einer Senkung der erwarteten Rendite gleichkommt. Will man weitere Kapitalexporte vermeiden, so werden die inländischen Kreditgeber gezwungen sein, bei gegebenen Wechselkurserwartungen den inländischen Nominalzins zu erhöhen.

Eine langfristige Gleichgewichtsbeziehung zwischen den Realzinsen wird schliesslich auch durch die Konvergenzkriterien der EU bewirkt. Die Konvergenzkriterien im Artikel 109j der Maastrichter Verträge sehen nämlich – neben der Preiskonvergenz – auch eine Konvergenz der Nominalzinsen vor. Für die Nominalzinssätze wird eine maximale Abweichung von zweihundert Basispunkten vom Zinssatz jener Mitglieder mit der höchsten Preisstabilität als Konvegenzkriterium zugelassen. Berücksichtigt man zusätzlich die Kriterien der Preisstabilität, dann muss diese Entwicklung zu einer langfristigen, gleichgewichtigen Beziehung zwischen den Realzinsen führen. Eine langfristige, gleichgewichtige Beziehung zwischen den Realzinsen bedeutet aber auch, dass die Realzinsen kointegriert sind. Die Realzinsbewegungen geben also Aufschluss über die Integration der Finanzmärkte. Je stärker die Integration, umso "vergleichbarer" sind die Realzinsbewegungen und desto eher sollte auch Kointegration zwischen den Realzinsen festgestellt werden. Da die Hypothese des Real-

---

107 "Zwar können Differenzen integrierter Zeitreihen durchaus miteinander korreliert sein, zwischen ihren Niveauwerten existiert jedoch im allgemeinen mittel- bis langfristig keine stabile Beziehung." (Rüdel, 1989).

zinsausgleichs verworfen wurde[108], stellt sich also die Frage, ob die verstärkte Tendenz zur Kointegration der Realzinsen auf eine verstärkte Integration der Finanzmärkte schliessen lässt.

3.2.3 Die Stationarität der Realzinsen

Die Feststellung der Kointegration zwischen den Zeitreihen setzt, wie wir gesehen haben, deren Nichtstationarität vom gleichen Grade voraus. Die Feststellung der Notwendigkeit, dass zwischen differenzstationären Zeitreihen und trendstationären Zeitreihen zu unterscheiden ist, geht auf die bekannte Arbeit von Nelson und Plosser (1982) zurück. Die beiden Autoren wiesen in dieser Arbeit nach, dass der weitaus grössere Anteil makroökonomischer Zeitreihen nicht etwa einen deterministischen Trend aufweist, sondern differenz-stationärer Natur ist, wobei die Nicht-Stationarität auf eine Anhäufung stochastischer Differenzen zurückgeführt wird. Wenn also die Wirkung stochastischer Abweichungen vom Mittel bestehen bleibt, handelt es sich um eine nichtstationäre Reihe. Wie bereits verschiedentlich erwähnt wurde, ist eine stationäre Zeitreihe im Mittel, in der Kovarianz sowie in deren Autokovarianz von der Zeit unabhängig[109]. Um die Zeitreihe auf ihr Verhalten im Zeitablauf zu untersuchen, wurden in der Folge auf die Arbeit von Nelson und Plosser eine Fülle von Tests entwickelt, welche die Zeitreihen nach allfälligen Einheitswurzeln untersuchen. Am bekanntesten sind wohl die Tests auf Stationarität von Dickey und Fuller (1979 und 1981).

Anhand des folgenden autoregressiven Prozess erster Ordnung (kurz: AR(1) genannt) wird das Konzept der Tests auf Einheitswurzel, wie er von Dickey-Fuller vorschlagen wurden, besprochen. Der AR(1) Prozess lässt sich folgendermassen darstellen:

---

108 Und damit auch die Hypothese eine Angleichung der Realzinsen, könne mit einer Zunahme der Finanzmarktintegration gleichgesetzt werden.

109 Für eine formale Bestimmung der Stationarität vgl. Fussnote 54 in Abschnitt 2.3.1.

$$y_t = \rho\, y_{t-1} + \varepsilon_t \tag{3.14}$$

Durch rekursives Einsetzen erhält man für die Gleichung (3.14) folgende Beziehung:

$$y_t = \rho^t\, y_0 + \varepsilon_t + \rho\, \varepsilon_{t-1} + \rho^2\, \varepsilon_{t-2} + \ldots + \rho^{t-1}\, \varepsilon_1 \tag{3.15}$$

Bei $\rho = 1$, hat der Prozess den Erwartungswert:

$$E\left(y_t\right) = y_0 \tag{3.16}$$

die Varianz:

$$var\left(y_t\right) = t\, \sigma^2 \tag{3.17}$$

und die Autokovarianz

$$cov\left(y_t, y_{t-n}\right) = \sqrt{\frac{t-n}{t}}, \quad n = 1, 2, \ldots \tag{3.18}$$

Für ein $|\rho| < 1$ erhält man folgende Werte:

$$E\left(y_t\right) = \rho^t\, y_0 \tag{3.19}$$

$$var\left(y_t\right) = \sigma^2 \left[\frac{1-\left(\rho^2\right)^t}{1-\rho^2}\right] \tag{3.20}$$

$$cov\left(y_t, y_{t-\tau}\right) = \rho^n \sqrt{\frac{1-\left(\rho^2\right)^{t-n}}{1-\left(\rho^2\right)^t}}, \quad n = 1, 2, \ldots \tag{3.21}$$

Betrachtet man sehr grosse Zeitabschnitte, so erhält man für die Gleichungen (3.19) bis (3.21) folgende Produkte:

$$\lim_{t\to\infty} E\left(y_t\right) = 0 \tag{3.22}$$

$$\lim_{t\to\infty} var\left(y_t\right) = \frac{\sigma^2}{1-\rho^2} \tag{3.23}$$

$$\lim_{t\to\infty} cov\left(y_t, y_{t-\tau}\right) = \rho^n \tag{3.24}$$

Für einen Erwartungswert der für $t \to \infty$ verschieden von Null ist, kann man davon ausgehen, dass der betrachtete Prozess eine Einheitswurzel aufweist. Dies ist aber nur dann möglich wenn $|\rho| = 1$ ist[110]. Für die Tests auf Stationarität lautet somit die Nullhypothese $|\rho| = 1$; in diesem Fall enthält die Zeitreihe eine Einheitswurzel, und die Alternativhypothese lautet $|\rho| < 1$.

Der mittels OLS-Schätzung bestimmte Parameter $|\rho|$ kann grösser, kleiner oder gleich eins sein. Diese drei Ausprägungen führen schliesslich auch zu drei unterschiedlichen Eigenschaften der geschätzten Parameter.

(i) Beträgt $|\rho| < 1$,	dann gilt: $\sqrt{T}(\hat{\rho} - \rho)$:	Der Parameter ist normalverteilt
(ii) Beträgt $|\rho| > 1$,	dann gilt: $|\rho|^T \dfrac{(\hat{\rho} - \rho)}{(\rho^2 - 1)}$:	Der Parameter ist Cauchyverteilt
(iii) Beträgt $|\rho| = 1$,	dann gilt: $T(\hat{\rho} - 1)$:	Der Parameter konvergiert gegen das Verhältnis je zweier Integrale eines Wienerprozesses.

Dickey und Fuller leiteten für die folgenden drei Regressionsmodelle,

$$y_t = \rho\, y_{t-1} + \varepsilon_t \qquad (3.25),$$

$$y_t = \alpha + \rho\, y_{t-1} + \varepsilon_t \qquad (3.26),$$

$$y_t = \alpha + \beta\, t + \rho\, y_{t-1} + \varepsilon_t \qquad (3.27),$$

die Statistiken mit den entsprechenden kritischen Werten basierend auf der dritten Eigenschaft (iii) her. In allen drei Fällen bildet der Störterm ε_t jeweils einen normalverteilten, unabhängigen Prozess. Die kritischen Werte der Dickey-Fuller Statistiken

---

110 Natürlich trifft das auch für $|\rho| > 1$ zu. Da dieser Prozess aber kein Einheitswurzelprozess ist, werden wir diesen Fall nicht weiter betrachten.

wurden mit Monte Carlo Simulationen erstellt. Für die F-Statistiken wurden die Angaben für folgende Hypothesen simuliert:

- Φ_1 $H_0 : (\alpha, \rho) = (0, 1)$ in Gleichung (3.26)
- Φ_2 $H_0 : (\alpha, \beta, \rho) = (0, 0, 1)$ in Gleichung (3.27)
- Φ_3 $H_0 : (\alpha, \beta, \rho) = (\alpha, 0, 1)$ in Gleichung (3.27)

Für die kritischen Werte für der t-Statistiken erhält man:

- $\hat{\rho}$ $H_0 : \rho = 1$ in Gleichung (3.25)
- $\hat{\rho}_\mu$ $H_0 : \alpha = 0$ und $\rho = 1$ in Gleichung (3.26)
- $\hat{\rho}_\tau$ $H_0 : \alpha = 0$ und $\beta = 0$ und $\rho = 1$ in Gleichung (3.27)

Die kritischen Werte für die F-Statistiken sind in Dickey und Fuller (1981) Tabelle I-VI, S. 1062-1063 angegeben, während die Werte für die t-Statistiken $\hat{\rho}$, $\hat{\rho}_\mu$ und $\hat{\rho}_\tau$ in Fuller (1976) Tabelle 8.5.1 S. 371 und Tabelle 8.5.2 S. 373 aufgeführt sind.

Eine Teststrategie[111] sieht beispielsweise vor, dass zuerst untersucht wird, welche der Gleichungen (3.25) bis (3.27) den Prozess am besten beschreibt, hierfür werden die alternativen F-Statistiken verwendet. Entscheidet man sich für einen der drei Prozesse, wird schliesslich der Paramter ρ auf seine Eigenschaften bezüglich Einheitswurzel untersucht. Da die Alternativhypothese in allen Fällen $|\rho| < 1$ lautet, heisst das, dass ein Wert, der kleiner als der tabellierten Wert ist, zur Ablehnung der Nullhypothese führt und dass damit zugunsten eines stationären Prozesses entschieden wird.

Phillips und Perron (1988) verallgemeinern die Annahmen über den Störterm von Dickey und Fuller und lassen sowohl Autokorrelationen als auch Heteroskedastie im Störterm zu, wobei ρ in Gleichung (3.26) wie im Test von Dickey-Fuller vorerst mit OLS geschätzt und danach um die berechneten Autokovarianzen kor-

---

111 Teststrategien für Stationaritätsuntersuchungen finden sich heute in den meisten Büchern für Angewandte Zeitreihenanalyse (vgl. z.B. Hamilton, 1994, Kap.17).

rigiert wird. Die um die Autokovarianzen korrigierten Werte werden schliesslich mit denselben T-und F-Statistiken verglichen, wie die im weiter oben besprochenen Dickey-Fuller-Test. Werden schliesslich Autoregressionen höherer Ordnung als die bisher besprochenen AR(1)-Prozesse vermutet, so wird der erweiterte Dickey-Fuller-Test verwendet. In den meisten empirischen Untersuchungen werden die besprochenen Tests von Dickey und Fuller und/oder von Phillips und Perron verwendet. Im Rahmen der Kointegrationsliteratur haben in den letzten Jahren ebenfalls die Variationen der Stationaritätstests zugenommen. Beispielsweise der Kahn-Ogaki-Test mit der für ρ nahe bei Eins grösseren Trennschärfe als der Dickey-Fuller Test. Weiter ist der von Hall (1992, 1994) vorgeschlagene Test mit Instrumentalschätzern zu erwähnen, der bei Prozessen mit einem gleitenden Durchschnitt eine grössere Trennschärfe als der Test von Phillips und Perron zu haben scheint. Ein weiterer Test wurde von Bierens (1993) entwickelt, der, im Gegensatz zu den anderen Tests, die Stationarität als Nullhypothese eines Datengenerierungsprozesses voraussetzt und dadurch etwas bessere Resultate als der Phillips-Perron-Test erzielt. Schliesslich ist die Arbeit von Abuaf und Jorion (Abuaf und Jorion, 1990) zu nennen, dieser Test wird für die Untersuchung auf Stationarität bei simultan geschätzten Gleichungssystemen eingesetzt. Eine empirische Anwendung dieses multivariaten Stationaritätstests findet sich in der empirsichen Untersuchung auf Stationarität der realen Wechselkurse bei Huber (1995). Grundsätzlich gilt, dass der weitaus grösste Teil der heute verwendeten Stationaritätstests auf den grundlegenden Arbeiten von Dickey und Fuller sowie Phillips Perron aufbaut[112]. Die erwähnten Variationen dieser beiden Testmethoden sind wohl eher für Spezialfälle im Datengenerierungsprozess geeignet, im vorliegenden Fall, in welchem lediglich der Realzinssatz auf eine allfällige Stationarität untersucht wird, scheint es jedoch nicht notwendig

112 Eine detaillierte Besprechung aller bis 1993 bekannten Testmethoden findet sich in Noriega-Muro (1993).

zu sein, weitere Testmethoden als die von Dickey und Fuller sowie die von Phillips und Perron anzuwenden.

In der vorliegenden Untersuchung wurden die Realzinsen auf ihre Eigenschaften bezüglich Einheitswurzel getestet. Zur Erinnerung: Die Tests auf eine Einheitswurzel dienen dazu, um in einem weiteren Schritt eine allfällige Kointegration zwischen den Realzinsen festzustellen. In der Tabelle 3.3 sind die Resultate der Tests auf Stationarität für die kurzfristigen und die langfristigen Realzinsen zusammengefasst.

Tabelle 3.3: Test auf Stationarität der Realzinsen

5.81-5.96

	Kurzfristiger Realzins Φ_3	Langfristiger Realzins Φ_3	Kurzfristiger Realzins $\hat{\rho}_\mu$	Langfristiger Realzins $\hat{\rho}_\mu$	Kurzfristiger Realzins PP	Langfristiger Realzins PP
CH	5.16	3.94	-13.82*	-7.31	-20.02**	-10.86
USA	12.44***	6.45**	-8.72	-5.08	-10.37	-5.84
DEU	3.91	3.63	-8.54	-8.29	-12.75*	-11.86*
F	18.60***	4.41	-53.64***	-8.80	-53.50***	-14.00**
GB	7.04**	3.12	-17.85**	-8.86	-16.71**	-12.50*
IT	7.57**	12.96***	-6.29	-11.79*	-10.60	-14.06**
NLD	2.62	4.48	-14.60**	-21.32***	-17.01**	-26.72***
CAN	6.77**	5.32	-31.55***	-15.10**	-33.20***	-17.17**
JP	7.36**	15.76***	-14.69**	-18.01**	-13.13**	-16.30**

Quelle: IMF/IFS

Φ_3=Dickey-Fuller-F-Test, wobei: $H_0: (\alpha, \beta, \rho) = (\alpha, 0, 1)$ aus Gleichung (3.27)

Die (interpolierten) kritischen Werte bei	5.43	bei 10% Signifikanz *
n=181 betragen (vgl. Dickey und Fuller	6.42	bei 5% Signifikanz **
1981, Tabelle VI, S. 1063):	8.59	bei 1% Signifikanz ***

$\hat{\rho}_\mu$= Dickey-Fuller-t-Test
und wobei: $H_0: \alpha = 0$ und $\rho = 1$ aus Gleichung (3.26)
PP= Phillips-Perron t-Test

Die (interpolierten) kritischen Werte	-11.09	bei 10% Signifikanz *
n=181 betragen (vgl. Fuller 1976, Tabelle	-13.84	bei 5% Signifikanz **
8.5.1 S. 371):	-20.57	bei 1% Signifikanz ***

Vorerst die beiden eindeutigeren Fälle: (1) Der langfristige schweizerische Zinssatz ist nicht stationär. Einerseits wird die Nullhypothese für Φ_3 akzeptiert, das heisst, der Prozess wird durch $(\alpha, \beta, \rho) = (\alpha, 0, 1)$ dargestellt. Mit den Parametertests nach Dickey und Fuller sowie mit dem Test von Phillips und Perron wird die Nullhypothese eines nicht-stationären Prozesses ebenfalls akzeptiert. Aufgrund des Akaike-Informations-Kriteriums ist keine autoregressive Korrektur notwendig, aus diesem Grund wurden auch keine erweiterten Dickey-Fuller-Tests gemacht[113]. (2) Sowohl der langfristige als auch der kurzfristige japanische Zinssatz sind stationär. Weder wird die F-Statistik bestätigt, also $(\alpha, \beta, \rho) \neq (\alpha, 0, 1)$, noch ist einer der ρ-Parameter signifikant von Null verschieden. Die japanischen Realzinsen sind also im Mittel konstant.

Der grösste Teil der langfristigen Realzinsen weist gemäss dem F-Test eine Einheitswurzel auf. Bemerkenswert ist dabei, dass beim amerikanischen Realzins sowohl in der kurzen als auch in der langen Frist ein stationärer Prozess gemessen wird, während sowohl für den kurz- als auch langfristigen amerikanischen Zinssatz ρ Werte gemessen werden, die auf einen nicht-stationären Prozess schliessen lassen. Möglicherweise hängt dieses Resultat damit zusammen, dass für den US-Realzins ein Trendparameter gemessen wird, der signifikant von Null verschieden ist. Das würde bedeuten, dass der amerikanische Realzins ein nicht-stationärer Prozess mit Trend ist – eine Konstellation, die höchst unplausibel ist. Aus dem genannten Grund scheint es hier angemessen, sich auf die ersten beiden Statistiken abzustützen und deshalb davon auszugehen, der amerikanische Zinssatz sei stationär[114]. Beim deutschen Realzins sieht die Lage in den Teststatistiken

---

113 Obwohl erwähnenswert ist, dass bereits mit einem um einen Lag erweiterten Dickey-Fuller-Test nur noch der US-Realzins nicht stationär ist.

114 Diese Feststellung machen übrigens auch Kugler und Neusser (1993), die eine geringe Variabilität der Dickey-Fuller Tests von drei auf sechs Lags hinweisen.

praktisch umgekehrt zu den amerikanischen Werten aus. Die ersten ersten vier Werte lassen auf einen nicht-stationären Prozess schliessen, während die trennschärferen Phillips-Perron-Statistiken auf einen stationären Verlauf schliessen lassen. Es ist jedoch zu sagen, dass selbst diese Werte an der unteren Grenze ihrer Gültigkeit für des zehnprozentigen Signifikanzniveaus liegen. Vergleicht man diese Resultate mit der Studie von Kugler und Neusser (1993), so ist eine gewisse Ähnlichkeit in der Struktur auszumachen mit dem Unterschied, dass der deutsche Realzinssatz bei Kugler und Neusser mit drei Lags innerhalb des fünfprozentigen Signifikanzniveaus zu liegen kommen. Bei einem zweiten Durchgang mit drei Lags wie bei Kugler und Neusser erhalten wir Dickey-Fuller Werte von -14.73, was ebenfalls klar innerhalb des fünfprozentigen Signifikanzniveaus liegt. Die französischen und englischen Sätze haben die ähnliche Struktur: Alle kurzfristigen Sätze sind stationär, nur bei den langfristigen Zinssätzen schliesst man aufgrund der Phillips-Perron-Statistiken auf einen stationären Prozess der Realzinsen. Betrachtet man hier wiederum die Dickey-Fuller-Statistiken mit drei Lags, erhält man für Grossbritannien einen Wert von -27.06 beziehungsweise -13.97 für Frankreich. Die Werte liegen im einprozentigen Signifikanzbereich für England und im fünfprozentigen Bereich für Frankreich. Für die italienischen Zinssätze gilt dasselbe wie für die amerikanischen: Die F-Statistiken verwerfen die Nullhypothese einer Einheitswurzel klar, die Parametertests hingegen weisen auf eine hin, und schätzt man Gleichung (3.27) mit Trend, ist dieser signifikant. Der Schluss, beim italienischen Realzins handle es sich um einen stationären Prozess, scheint somit auch hier angemessen. Schliesslich bleiben noch die niederländischen und die kanadischen Realzinssätze; in beiden Fällen erhält man für die F-Statistiken der langfristigen Sätze Werte, die auf eine Einheitswurzel schliessen lassen, die geschätzten Parameter lassen aber auf stationäre Prozesse schliessen.

Gesamthaft muss die Hypothese, die den Realzins als nicht-stationären Prozess versteht, in der vorliegende Untersuchung für die meisten Sätze verworfen werden. Ein stationärer inländischer und ein stationärer ausländischer Realzins führen dazu, dass die Vermutung der Kointegration zwischen den Realzinsen im Ansatz verworfen wird. Auf eine Zu- oder Abnahme der Kapitalmarktintegration kann dann aufgrund einer veränderten Signifikanz der Werte aus der Kointegrationsstatistik (vgl. Engle und Granger, 1987 S.268ff.) über die Zeit nicht geschlossen werden. Da der Realzins eine konstruierte Grösse ist, stellt sich aber die Frage, in welchem Masse die Inflationsrate oder der Nominalzinssatz die Einheitswurzel im Realzins verursachen.

Kirchgässner und Wolters (1990) stellen in einigen Fällen Kointegration zwischen dem Nominalzinssatz und der Inflationsrate fest, da der Nominalzins und die Inflationsrate je vom Grade eins integriert sind, resultiert aus den kointegrierten Werten ein stationärer Realzins. Sie schliessen jedoch in Verbindung mit anderen Tests gesamthaft auf einen nicht-stationären Realzins. Die Berechnung des Realzinssatzes als Differenz von Nominalzins und Preisänderungsrate ist bekanntlich eine nicht ganz unproblematische Grösse – wenn man an die Zweifel denkt, die bezüglich der Aproximation der Inflationsrate durch den Konsumentenpreisindex bestehen. Rückt man das Index-Problem aber in den Hintergrund und fokussiert die Interpretation auf unsere ursprüngliche Fragestellung nach einem geeigneten Mass für die Integration der Finanzmärkte, so ergeben sich mehrere Interpretationen aus einem nichtstationären Realzins. In der nachfolgenden Tabelle 3.4 sind alle vier Möglichkeiten angegeben, die sich aus den Eigenschaften bezüglich Einheitswurzel ergeben. Der Nominalzins und die Inflationsrate müssen vom Grade Eins integriert sein, damit der kointegrierte Realzins stationär ist.

Tabelle 3.4: Nominalzins, Inflationsrate und Realzins

	Inflationsrate nicht-stationär	**Inflationsrate stationär**
Nominalzins ist nicht-stationär	Realzins ist möglicherweise ein kointegrierter stationärer Prozess	Realzins ist *nicht* stationär
Nominalzins ist stationär	Realzins ist *nicht* stationär	Realzins ist stationär

Fällt der Entscheid für einen nicht-stationären Realzins, so ist die Ursache entweder im nicht-stationären Nominalzinssatz oder auf eine nicht-stationäre Inflationsrate zurückzuführen (vgl. Tabelle 3.4). Kann man nun aufgrund von nicht-stationären inländischen und nicht-stationären ausländischen Realzinsen in einem zweiten Schritt auf Kointegration der Realzinsen schliessen, dann sollte sich auch feststellen lassen, ob sich der Grad der Kointegration im Laufe der Zeit verstärkt oder abgeschwächt hat. Wenn also die Signifikanz bei Bestätigung der Nullhypothese auf Kointegration zugenommen hat, dann hat auch die Finanzmarktintegration zugenommen und umgekehrt. Ist aber die Nichtstationarität der Realzinsen auf eine nicht-stationäre *Inflationsrate* (oben rechts in Tabelle 3.4) zurückzuführen, wird nicht die Integration der Kapitalmärkte, sondern die der Gütermärkte gemessen. Die Änderung der Signifikanz der Werte der Kointegrationsstatistik der Realzinssätze als Indikator für die Integration der Finanzmärkte kommt also nur dann in Frage, wenn der Grund für nicht-stationäre Realzinsen in den nicht-stationären Nominalzinssätzen zu suchen ist.

Die Frage, wonach der Realzins stationär ist, konnte in der Literatur bisher nicht abschliessend beantwortet werden. In älteren Untersuchungen schlossen die Autoren eher auf nicht-stationäre Prozesse (Rose, 1988), während in neueren Studien (Kugler und Neusser, 1993) eher zugunsten stationärer Prozesse entschieden wird. Wie gezeigt wurde, setzt die Frage, ob der Realzins stationär ist oder nicht, voraus, dass die Inflationsrate und der Nominalzins entweder kointegriert oder beide stationär sind. In diesem Abschnitt haben wir die Realzinsen auf allfällige Einheitswurzeln untersucht und mussten feststellen, dass die Tendenz wohl eher in Richtung stationärer Prozesse geht. Dadurch wird auch die Frage, ob die Realzinsen kointegriert sind, obsolet.

Zusammenfassend kann gesagt werden, dass die internationale Realzinsparität wohl eher eine Fiktion als Tatsache ist; in keiner Studie konnte sie bisher nachgewiesen werden. Die Realzinsen scheinen sich zwar im EU-Raum etwas anzugleichen. Die meisten langfristigen Realzinskorrelationen innerhalb der EU nahmen nämlich in vergangenen drei Jahren (die Einführung des freien Kapitalverkehrs im Juli 1992) bis auf wenige Ausnahmen zu. Ein Vergleich der Realzinskorrelationen vor und nach Einführung des freien Kapitalverkehrs ist in Tabelle 3.5 für einige EU-Länder zusammengefasst.

Tabelle 3.5: Korrelationen der langfristigen EU-Realzinssätze im Zeitvergleich

	1.81-12.90					7.92-5.96				
	DEU	**F**	**GB**	**IT**	**NLD**	**DEU**	**F**	**GB**	**IT**	**NLD**
DEU	1.00					1.00				
F	0.55	1.00				0.54	1.00			
GB	0.17	0.11	1.00			-0.30	0.14	1.00		
IT	0.41	0.64	0.20	1.00		0.55	0.89	0.28	1.00	
NLD	0.66	0.62	0.06	0.46	1.00	0.72	0.64	-0.07	0.66	1.00

Quelle: IMF/IFS

Es muss jedoch betont werden, dass diese Angleichung möglicherweise nur temporären Charakters ist, da die Konvergenzkriterien der Maastrichter Verträge eine Angleichung sowohl der Zinssätze als auch der Inflationsraten verlangen. Jedenfalls kann festgehalten werden, dass eine Zunahme der Kapitalverkehrsfreiheit zu einer Angleichung der Realzinsen führt.

Neben der Realzinsparität und der Hypothese kointegrierter Sätze bleibt schliesslich die in Gleichung (3.11) formulierte Hypothese, die besagt, dass die Differenzen zwischen den Realzins- und den Nominalzinssätzen gleich sind. Da die Schätzungen mit der üblichen OLS-Methode aufgrund der schlechten Resultate, welche von der Durbin-Watson Statistik geliefert werden, auf hohe Seriekorrellationen schliessen lässt, wurde für die Gleichung (3.11) eine AR1 Schätzungen verwendet. Als Subsamples dienten wieder die bereits im Kapitel 2.3.6 diskutierten Zeitabschnitte (vgl. S. 90). Falls sich die inländischen und der ausländische Real- und Nominalzinsen im Gleichschritt bewegen sollten, dann lautet die Nullhypothese für die Konstante und die Steigung $H_0 : \alpha = 0$, $\beta = 1$ Die Resultate der Schätzung zeigen, dass bei allen betrachteten Ländern in der letzten Schätzung (11.1992-4.1996) für $\beta \approx 1$ gilt. Bei vier Ländern (USA, GB, IT, CAN) hat dieser Wert im Laufe der vergangenen zwanzig Jahren zugenommen. Interessanterweise hat dieser Wert für Deutschland und die Niederlande abgenommen. Alle geschätzten Parameter β sind im letzten gewählten Zeitabschnitt signifikant von Null verschieden. Die Nominalzins- und die Realzinsänderungen im In- und Ausland sind demnach korreliert. Die Zunahme des betrachteten Faktors β im Zeitvergleich lässt auf eine Zunahme der Abhängigkeit von inländischen Zinsänderungen im Zusammenhang mit ausländischen Zinsänderungen schliessen, diese Tatsache liefert uns ein weiteres Indiz für die Zunahme der Integration der Finanzmärkte.

Tabelle 3.6: Realzinsänderungen und Nominalzinsänderungen zum Schweizer Franken

$$\left[i_t - \pi_{t+1}\right] - \left[i_t^* - \pi_{t+1}^*\right] = \alpha + \beta\left(i_t - i_t^*\right) + \upsilon_{t+1}$$

5. 1975 bis 11. 1978

	α	β	ρ	R^2	$D.W.$
USA	2.004	0.090	0.820	0.679	1.682
	(70)	(0.42)	(9.48)		
DEU	2.336	1.018	0.813	0.904	2.198
	(3.56)	(4.25)	(22.2)		
F	8.005	0.897	0.895	0.846	1.788
	(7.18)	(4.73)	(22.1)		
GB	11.96	0.585	0.993	0.944	0.761
	(-0.40)	(1.60)	(24.58)		
IT	-2.282	-0.254	0.967	0.907	1.607
	(-0.38)	(-0.79)	(19.52)		
NLD	6.159	1.149	0.899	0.890	1.956
	(3.194)	(3.073)	(17.83)		
CAN	3.052	0.218	0.789	0.672	1.478
	(2.161)	(0.787)	(9.431)		
JP	4.778	0.842	0.936	0.783	2.090
	(1.728)	(1.471)	(15.12)		

1. 1979 bis 9. 1985

	α	β	ρ	R^2	$D.W.$
USA	-4.177	0.777	0.982	0.982	1.635
	(-1.12)	(6.372)	(59.88)		
DEU	-0.268	0.974	0.851	0.790	1.847
	(-0.33)	(4.819)	(14.10)		
F	2.829	0.873	0.964	0.936	1.271
	(1.053)	(4.330)	(27.00)		
GB	2.564	1.056	0.981	0.936	1.348
	(0.435)	(4.256)	(43.01)		
IT	-1.575	0.935	0.994	0.965	1.055
	(-0.10)	(4.801)	(39.31)		
NLD	-0.628	0.859	0.894	0.842	1.365
	(-0.60)	(4.252)	(19.39)		
CAN	1.105	0.897	0.961	0.929	2.067
	(0.586)	(8.249)	(32.52)		
JP	-2.086	0.666	0.912	0.847	1.777
	(-1.65)	(2.471)	(22.02)		

Fortsetzung Tabelle 3.6

11. 1985 bis 9. 1992

	α	β	ρ	R^2	$D.W.$
USA	0.131	0.778	0.953	0.799	1.703
	(0.138)	(5.402)	(27.90)		
DEU	-0.880	0.978	0.959	0.940	1.835
	(-0.93)	(5.660)	(26.95)		
F	-2.253	0.988	0.981	0.942	2.092
	(-1.25)	(8.048)	(52.64)		
GB	0.842	0.774	0.966	0.902	1.548
	(0.454)	(4.375)	(30.52)		
IT	1.401	1.036	0.960	0.899	2.154
	(1.312)	(10.69)	(45.48)		
NLD	-1.911	0.826	0.905	0.853	1.810
	(-2.30)	(2.877)	(17.53)		
CAN	-1.163	0.910	0.979	0.850	1.997
	(-0.40)	(5.562)	(32.50)		
JP	-1.543	1.059	0.860	0.849	1.814
	(-3.83)	(5.888)	(15.16)		

11. 1992 bis 4. 1996

	α	β	ρ	R^2	$D.W.$
USA	1.461	0.879	0.944	0.760	1.733
	(1.416)	(4.928)	(17.51)		
DEU	0.490	0.797	0.936	0.885	1.885
	(0.470)	(2.574)	(16.11)		
F	1.306	0.833	0.960	0.914	1.764
	(0.959)	(3.828)	(19.09)		
GB	1.524	0.947	0.969	0.932	1.565
	(0.614)	(3.308)	(22.64)		
IT	3.865	1.032	0.942	0.942	2.707
	(3.137)	(9.727)	(16.65)		
NLD	0.093	0.779	0.932	0.842	1.606
	(0.068)	(2.159)	(15.21)		
CAN	-0.382	0.892	0.907	0.783	2.114
	(-0.40)	(4.831)	(14.05)		
JP	-0.877	0.857	0.871	0.815	1.743
	(-1.20)	(2.880)	(11.14)		

Quelle: IMF/IFS Monatsdaten, Zentrierte R^2, t-Werte in Klammern, D.W. bezeichnet die Durbin-Watson-Statistik

Die Änderung der Integration der Finanzmärkte lässt sich in diesem Ansatz daran messen, ob sich die Realzinsabhängigkeit vom Nominalzins verändert hat. Mit zunehmender Integration der Kapitalmärkte lassen sich nämlich unterschiedliche Inflationsraten als Länderrisiko bei ausländischen Anlagen einkalkulieren, so dass der Einfluss der Inflationsunterschiede auf die Zinsänderung mit zunehmender Integration kleiner wird. Die Realzinsbewegungen konvergieren mit den Nominalzinsbewegungen bei erhöhter Integration der Kapitalmärkte. Da weder die Realzinsparität noch die weiteren in diesem Kapitel besprochenen Ansätze eine schlüssige Antwort auf die Frage, nach der veränderten Integration geben können, haben wir den in Tabelle 3.6 präsentierten Ansatz geschätzt. Mit diesem Ansatz konnte eine erhöhte Integration der Finanzmärkte festgestellt werden.

4 Nationale Spar- und Investitionsquote

Eine Arbeit von Feldstein und Horioka (Feldstein, 1983; Feldstein und Horioka, 1980) bildet den Ausgangspunkt zu diesem Kapitel. Dieser Ansatz wurde zu Beginn der achtziger Jahre zur Messung der Integration von Kapitalmärkten vorgeschlagen und sorgte umgehend für einige Kontroversen, wobei die gute Verständlichkeit der Arbeit dazu beigetragen haben mag, dass der Ansatz oft kritisiert wurde. Wir werden in diesem Kapitel auf die wesentlichen Kritikpunkte eingehen; es sei aber bereits an dieser Stelle gesagt, dass immer wieder Autoren auf diese Methode zur Messung der Integration der Kapitalmärkte zurückkamen, obwohl sie oft für untauglich gehalten wurde. Insbesondere werden die widersprüchlichen Feststellungen von Feldstein und Horioka heute als stilisierte Fakten dargestellt, so dass in gewissen Arbeiten auch vom Feldstein-Horioka-Puzzle gesprochen wird. Wir werden sehen, dass sich die Methoden im Laufe der Jahre zwar verfeinert haben, dennoch wurde der Ansatz nicht wesentlich verändert.

Dieser Ansatz wird auch die Spar- und Investitionsbeziehung genannt, wobei es darum geht, die Kapitalflüsse unter Berücksichtigung der Sparquote zu untersuchen. Man geht vom BSP einer Volkswirtschaft aus, das durch

$$Y = C + I + G + (EX - IM) \tag{4.1}$$

gegeben ist. Vernachlässigt man die Bilanz der unentgeltlichen Übertragungen[115] und addiert man dem BSP die Kapitalertragsbilanz T[116], dann erhält man das BIP:

$$X = Y + T = C + I + G + (EX - IM) + T \tag{4.2}$$

Aus einer einfachen Umformung erhält man die Äquivalenz zwischen dem Saldo der Ertragsbilanz (*EB*) und dem inländischen Horten:

$$EB = T + (EX - IM) = X - C - G - I = S - I \tag{4.3}$$

In einer offenen Volkswirtschaft mit flexiblen Wechselkursen ist der Zahlungsbilanzsaldo Null, weil der Kapitalverkehrsbilanzsaldo und der Ertragsbilanzsaldo sich zu Null addieren, und es gilt die folgende Äquivalenz:

$$KVB = EB \tag{4.4}$$

Daraus ergibt sich die Bedingung $KVB = S - I$. Diese Bedingung ist im Ansatz von Feldstein und Horioka von zentraler Bedeutung. In einer geschlossenen Volkswirtschaft sind die Investitionen und die Ersparnisse per definitionem identisch. In einem System vollständiger Kapitalmobilität muss zwischen Ersparnissen und Investitionen kein Zusammenhang bestehen. Wir gehen davon aus, dass das internationale Bankensystem weltweit so stark vernetzt ist, dass es selbst bei minimalen Zinsausschlägen zu grossen Kapitalströme in ein Land oder aus diesem hinaus kommen kann, weil die Transaktionskosten einer Umplazierung der Anlagen nahezu unbedeutend werden. Die nationale Geldpolitik wird sich demzufolge ebenfalls nach den ausländischen Investoren richten müssen. Man wird bemüht sein, Anreize zu

---

115 Obwohl diese Bilanzposition in der Schweiz zwar nicht vernachlässigbar klein ist, spielt sie in diesem Kontext keine entscheidende Rolle.

116 Die Kapitalertragsbilanz die Schweiz ist traditionellerweise positiv, darum kann der Term T addiert werden; bei negativer Bilanz würde er entsprechedend subtrahiert.

schaffen, damit die Investoren im Inland investieren und demnach versuchen, zuverlässige Partner zu sein. Die Gewissheit, dass die Kapitalmobilität im betrachteten Land nicht plötzlich durch staatliche Massnahmen beeiträchtigt wird, gehört ebenfalls dazu. Die Regierungen signalisieren also mit ihrer Politik den potentiellen Investoren, dass sie nicht beabsichtigen, über kurz oder lang Beschränkungen des Kapitalverkehrs irgendwelcher Art einzuführen. Dieses Verhalten führt dazu, dass die Ersparnisse, die in einem Land gebildet werden, möglicherweise für Investitionen in anderen Ländern dienen. Diese Überlegung hängt einerseits mit der Vorstellung zusammen, das Kapital fliesse dorthin, wo es am knappsten ist und den grössten Ertrag abwirft. Andererseits aber auch mit der Vorstellung, dass gewisse Länder ein bestimmtes Produktionspotential nur mit der Hilfe anderer Länder oder privater Investoren erreichen können. Daraus folgt, dass uns die Korrelation zwischen Ersparnissen und Investitionen Informationen zur Integration des heimischen Finanzmarktes im Weltmarkt liefern können. Weil das Mass aber international vergleichbar bleiben soll, wird die Spar- und Investitions*quote* im Gegensatz zu den Ersparnissen und Investitionen in Niveaugrössen gewählt. Die Ausgangslage dieses Ansatzes bildet die Arbeit von Feldstein und Horioka. Wir werden diesen Ansatz verfeinern und ein moderneres Modell zu der Überprüfung dieses Ansatzes anwenden. Einige Aussagen müssen im Hinblick auf den Originalaufsatz relativiert werden, wir werden an der geeigneten Stelle darauf hinweisen.

Die von Feldstein und Horioka verwendete Schätzgleichung zur Messung der internationalen Integration der Finanzmärkte lautet:

$$\frac{I_i}{X_i} = \alpha + \beta \frac{S_i}{X_i} + \upsilon_i \qquad (4.5)$$

Aus den Investitionen I_i und den Ersparnisse S_i von Land i werden durch die Division des jeweiligen Bruttoinlandprodukts X_i die Quoten von beiden gebildet. In einem Land ohne Kapitalmobilität sollte der geschätzte Wert der Variablen β Eins betragen, während bei sehr grosser Kapitalmobilität ein β geschätzt werden sollte, das nahe bei Null liegt. Der Störterm v_i sei unabhängig und normalverteilt.

Feldstein und Horioka (1980) schätzten das Verhältnis zwischen den Investitionen und Erparnissen von 16 Ländern[117] von 1960 bis 1974 und erhielten für die OLS-Schätzung in (4.5) folgende Werte (t-Statistiken in Klammern):

$$\frac{I_i}{X_i} = \underset{(0.018)}{0.035} + \underset{(0.074)}{0.887} \frac{S_i}{X_i} + v_i$$

Dieses Resultat war überraschend: Man war der Meinung, die Kapitalmobilität sei relativ hoch und hätte seit dem Ende des zweiten Weltkrieges mit der Errichtung des Systems von Bretton Woods tendenziell zugenommen. Man erwartete Werte, die eine sehr geringe Korrelation zwischen der Investitions- und der Sparquote ausweisen würden, wenn nicht gleich Werte, die sich nur unsignifikant von Null unterscheiden würden. Dieses Resultat hatte zur Folge, dass man den Ansatz genauer zu untersuchen begann, wobei zwei Wege eingeschlagen wurden. Eine Gruppe kritisierte den dahinter stehenden Ansatz, während die anderen die Schätzmethoden kritisierten. Die Kritiken werden im folgenden Abschnitt aufgenommen und besprochen.

---

117 Es waren dies Australien, Belgien, Dänemark, Deutschland, Finnland, Griechenland, Grossbritannien, Irland, Italien, Japan, Kanada, Neuseeland, Niederlande, Österreich, Schweden und die Vereinigten Staaten.

4.1 Methodologische Anmerkungen zum Ansatz von Feldstein und Horioka

4.1.1 Aggregationsgrad der verwendeten Variablen

Der erstgenannte Kritikpunkt stammt von Obstfeld (1986): Er unterstellt der an sich reduzierten Form in Gleichung (4.5) ein einfaches Wachstumsmodell, das sich aus zwei Perioden zusammensetzt. In der ersten Periode werden die Ersparnisse gebildet, die dann im Alter entspart werden. Für die Sparquote erhält man in diesem Modell $S_i/X_i = \left(g_i/(1+g_i)\right)c_i$ und für die Investitionsquote $I_i / X_i = g_i\, k_i$, wobei für die Wachstumsrate der Arbeitskräfte g_i steht und c_i, k_i[118] im "steady state" konstante Faktoren sind. Die Sparquote ist also eine zunehmende Funktion des Bevölkerungswachstums, wobei mit zunehmendem Wirtschaftswachstum das Entsparen der älteren Generation weniger stark ins Gewicht fällt als die Akkumulation der Jüngeren. Die Investitionsquote steht aber nicht mit dem Sparverhalten in Beziehung, sondern sie ist eine Funktion der Bevölkerungszunahme. Das führt dazu, dass der Kapitalbestand und die Bevölkerung proportional wachsen, wobei sich die Wachstumsrate so einpendelt, dass die Kapitalproduktivität und der "Welt"-realzinssatzes gleich bleiben. Da im Modell die Wanderung von Arbeitskräften ausgeklammert wird, liegt der eigentliche Grund für die starke Korrelation zwischen Investitions- und Sparquote in der internationalen Arbeitsimmobilität[119]. Weitere Probleme, die bei der Querschnittsanalyse des Feldstein-Horioka-Modells zu Scheinkorrelationen führen, sind die relativen Preise, die Steuern, Länderrisiken sowie die Produk-

---

118 Es gilt: $c_i = (1-\alpha)/(2+\rho)$ beziehungsweise $k_i = \alpha_i \,/\left(r+\delta_i\right)$, wobei: α_i der Substitutionselastizität zwischen Kapital und Arbeit entspricht, r dem "Welt"-realzinssatz und δ_i der Abschreibungsrate.

119 "It is really the international immobility of <u>labour</u> that is behind the saving-investment correlation in this model."(S. 70)

tivitätsschocks[120]. Weil exogene Schocks dieser Variablen zu gemeinsamen Bewegungen der Investitionsquote und der Sparquote führen können, können sie eine Scheinkorrelation zwischen dem beiden Variablen hervorrufen, und die unzutreffende Schlussfolgerung lautet in diesem Fall, dass die Kapitalmobilität wegen der hohen Korrelation zwischen Spar- und Investitionsquote im betrachteten Zeitraum klein ist.

Der Ansatz von Feldstein und Horioka wird mit der Endogenisierung von Spar- und Investitionsquote zwar entkräftet, aber nicht vollends widerlegt. Insbesondere ergaben sich, dank den Fortschritten in der Ökonometrie, weitere Ansätze, um diese Beziehung genauer betrachten zu können. Feldstein und Horioka schätzten ihr Modell mit der einfachen Kleinstquadratemethode und verwendeten dazu Landesdurchschnitte von Querschnittsdaten aus langfristigen Beobachtungen von mindestens fünfjähriger Laufzeit. Die *Querschnittsdaten* wurden verwendet, weil man befürchtete, dass in Phasen, in welchen in einem Land gleichzeitig gespart, aber auch investiert wird, möglicherweise der falsche Schluss aus der Schätzung gezogen würde. Mit Querschnitten über mehrere Länder sollte sich diese Gefahr verringern. Feldstein und Horioka haben *langfristige* Durchschnittsdaten verwendet, weil diese die Anpassung inländischer Investitionen an das veränderte Sparverhalten besser widerspiegeln. Die Bildung eines langfristigen Durchschnitts führt zu zweierlei Problemen: Erstens führt die beschriebenen Bildung eines zeitlichen Durchschnitts zu Unschärfen, denn bestimmte Konjunkturzyklen, welche die Ersparnisse und die Investitionen beeinflussen, werden möglicherweise nicht berücksichtigt. Zweitens müssen die Spar- und Investitionsquote zugunsten einer ausgeglichenen Zahlungsbilanz im langfristigen Durchschnitt ungefähr gleich sein – eine hohe Korrelation zwischen Spar- und Investitionsquote ist dann nicht

---

120 In diesem Zusammenhang sind die Arbeiten von Bayoumi (1990), Obstfeld (1994), Summers (1988), Taylor (1994) sowie Tesar (1991) zu erwähnen.

weiter erstaunlich. Der Schluss, die Integration der Kapitalmärkte sei im betrachteten Zeitraum klein gewesen, weil eine hohe Korrelation gemessen wurde, ist somit irreführend, weil dabei der Kapitalverkehr vernachlässigt wird, der *innerhalb* dieser langen Frist stattfand. Die Bildung mehrjähriger Durchschnittswerte hat somit zur Folge, dass nichts über die jährliche Integration gesagt werden kann. Sinn (1992) hat, entgegen den üblicherweise verarbeiteten längerfristigen Daten, Jahresdaten verwendet und hat den Durchschnitt von 23 OECD-Ländern gebildet. Er hat für jedes einzelne Jahr (1960-1988) die Werte für β in Gleichung (4.5) geschätzt und dabei eine Abnahme der Korrelationen zwischen 1960 bis 1988 feststellen können. Diese Studie gehört zu den ersten Untersuchungen des Ansatzes von Feldstein und Horioka, die Resultate erbrachten, wie man sie eigentlich schon lange erwartet hatte. Sinn (1992) verwendete Jahresdaten und machte rollende Schätzungen. Wir halten für diesen Teil fest, dass die Resultate von Feldstein und Horioka bei Verwendung kurzfristiger Durchschnittswerte nicht reproduziert werden können.

4.1.2 Querschnitt oder Zeitreihe?

Die widersprüchliche Beurteilung der Arbeit von Feldstein und Horioka – zwischen Akzeptanz und Ablehnung – unterscheidet sich in bemerkenswerter Weise von Arbeiten mit anderen ökonomischen Ansätzen. In der Vergangenheit wurden nämlich kaum Anstrengungen unternommen, die vorgeschlagene Regression in einen theoretischen Hintergrund einzubetten. Allerdings sind die Arbeit von Feldstein (1983) und der Aufsatz von Obstfeld (1986) zu erwähnen, die ein mikroökonomisches Modell zur Regression (4.5) formulieren[121]. Es besteht kein struktureller Zusammenhang, der die Regression rechtfertigen würde, und um eine reduzierte Form kann es sich ebenfalls nicht handeln, da die

---

121 Das Resultat und die daraus abgeleitete Kritik von Obstfeld (1986) wurde bereits im vorangehenden Abschnitt besprochen.

reduzierte Form die Lösung eines Gleichungssystems darstellt (Jansen und Schulze, 1996). Eine Reparametrisierung des Ansatzes von Feldstein und Horioka nach Massgabe moderner ökonometrischer Theorien[122] und unter Berücksichtigung neuerer makroökonomischer Erkenntnisse ist demnach eine plausible Forderung. Aus den erwähnten Gründen bildet die Untersuchung von Zeitreihen eine weitere Strategie zur Überprüfung der Integration von Kapitalmärkten (vgl. zum Beispiel Fujiki und Kitamura, 1995; Taylor, 1996; Tesar, 1991).

Im wesentlichen lassen sich drei unterschiedliche Schätzstrategien unterscheiden, wobei die Aussagen der jeweiligen Strategie zum Grad der Kapitalmobilität geringfügig voneinander abweichen.

Der erste Typ ist eine Zeitreihenschätzung innerhalb eines Landes, wobei der Schätzer mit β_{ZS} bezeichnet wird. Die Regressionsgleichung lautet dann:

$$\frac{I_{it}}{X_{it}} = \alpha_{ZS} + \beta_{ZS}\frac{S_{it}}{X_{it}} + v_{it} \quad \text{wobei} \quad i = fix,\ t = 1, 2, \ldots, T \tag{4.6}$$

Der zweite Typ ist die Querschnittschätzung, wobei der Schätzer mit β_{QS} bezeichnet wird. Die Regressionsgleichung lautet dann:

$$\frac{I_{it}}{X_{it}} = \alpha_{QS} + \beta_{QS}\frac{S_{it}}{X_{it}} + v_{it} \quad \text{wobei} \quad i = 1, 2, \ldots, N,\ t = fix \tag{4.7}$$

Für beide Schätzungleichungen (4.6) und (4.7) sei der Störterm v_{it} unabhängig und normalverteilt. Die dritte Schätzmethode ist schliesslich eine Kombination aus den Schätzungen (4.6), (4.7) und entspricht der in der Literatur am häufigsten verwendeten Methode. Die von Feldstein und Horioka verwendete Methode ist eine Mischschätzung. Der Schätzer β_{MS} errechnet sich aus der

---

[122] Aber nicht im Sinne zusätzlicher erklärender Variablen auf der rechten Seite der Gleichung (4.5), wie das bei Obstfeld (1986) und Bayoumi (1990) der Fall war.

Durchschnittsbildung mehrere Jahre im Querschnitt mehrerer Länder:

$$\frac{I_{it}}{X_{it}} = \alpha_{MS} + \beta_{MS}\frac{S_{it}}{X_{it}} + \upsilon_i \text{ wobei } i = 1, 2, \ldots, N,\ t = 1, 2, \ldots, T \quad (4.8)$$

Der Störterm υ_i sei unabhängig und normalverteilt. Fujiki und Kitamura (1995) schlagen zusätzlich eine sogenannte Sammelmethode oder den Poolschätzer β_{Pool} vor. Aus sämtlichen Spar- und Investitionsquoten wird in dieser Strategie ein Durchschnitt gebildet. Der Durchschnitt wird, ungeachtet der Periodenlängen und der Länder, über *sämtliche* verfügbaren Spar- und Investitionsquoten gebildet.

$$\frac{I_{it}}{X_{it}} = \alpha_{Pool} + \beta_{Pool}\frac{S_{it}}{X_{it}} + \upsilon_{it} \text{ wobei } i = 1, 2, \ldots, N,\ t = 1, 2, \ldots, T \quad (4.9)$$

Fujiki und Kitamura (1995) zeigten, dass der Schätzer aus der Sammelmethode sich als gewichtete Summe der Zeitreihenschätzung und der Mischspezifikation darstellen lässt (vgl. Fujiki und Kitamura, 1995, S. 4).

Der Vorteil der Schätzmethode (4.6) liegt offensichtlich in der Homogenität der Spar- und Investitionsquote des betrachteten Landes. Weil aber damit die dynamischen Anpassungsprozesse übersehen werden, können kurzfristige Änderungen der Spar- und Investitionsquote mit Zeitreihenschätzungen nicht berücksichtigt werden. Frankel (1986; 1993b) schätzte beispielsweise für den Zeitraum von 1929 bis 1987 die Integration des US-Kapitalmarktes und stellte dabei eine markante Abnahme der Korrelation in den achtziger Jahren fest. Ausgehend von der Tatsache, dass die Spar- und Investitionsquote im steady state korreliert sind (vgl. Blanchard und Fischer, 1989, S. 64 ff. und Obstfeld und Rogoff, 1996, S. 160 ff.), wäre es nicht weiter erstaunlich, wenn man bei der Schätzung von Gleichung (4.6) einen Wert für den Parameter β_{ZS} von eins erhält. Der Schluss, aus dieser Schätzung ein Indiz für eine niedrige Kapitalmobilität für den fraglichen

Zeitraum gefunden zu haben, könnte aber irreführend sein, denn in der kurzen Frist können Schocks eine temporäre Abweichung der Spar- und Investitionsquote vom "steady state" bewirken.

Die Querschnittschätzung, wie sie in Gleichung (4.7) dargestellt ist, wurde bisher in der oben besprochenen Untersuchung von Sinn (1992) verwendet sowie in der Arbeit von Taylor (1996); beide Autoren kamen dabei zu vergleichbaren Resultaten. Der Nachteil bei Querschnittschätzungen liegt eindeutig in der Heterogenität des verwendeten Datenmaterials. Die Vergleichbarkeit kann aus verschiedenen Gründen eingeschränkt sein. So können beispielsweise unterschiedliche institutionelle Rahmenbedingungen zu Beeinträchtigungen führen (Breuer und Wohar, 1996) oder die betrachteten Länder befinden sich in divergenten Konjunkturzyklen oder sie unterscheiden sich in ihren Entwicklungsstadien.

Die Mischspezifikation aus der Regression (4.8) erachtet Obstfeld (1995) als geeigneten Ansatz, um längerfristige Zusammenhänge einzufangen, weil die Durchschnitte über längere Perioden berechnet werden und deshalb aufgrund dieser grösseren Periodenabschnitte kurzfristige Abweichungen zwischen Spar- und Investitionsquote nicht berücksichtigt werden. Die Mischspezifikation bringt aber, ebenso wie die Querschnittschätzung, das Problem der Heterogenität in den untersuchten Daten mit sich. So ist es durchaus möglich, dass man beispielsweise für ein Land in einer Zeitreihenschätzung zwar keinen Zusammenhang zwischen Spar- und Investitionsquote feststellt, hingegen in einer Untersuchung mit mehreren Ländern bei einer Schätzung mit der Mischspezifikation durchaus ein Beziehung festgestellt werden kann. Die graphische Erläuterung dieses Zusammenhanges – das Feldstein-Horioka-Paradox – ist in Abbildung 4.1 dargestellt (vgl. auch Fujiki und Kitamura, 1995, S. 6). Schätzt man die Korrelation zwischen der Spar- und Investitionsquote innerhalb eines Zeitraums von beispielsweise fünf Jahren, ist es möglich, dass bei einer Zeitreihenanalyse kein Zusammenhang zwischen der Spar- und Investitionsquote festgestellt wird, während bei einer Querschnittschätzung eine Korrelation zwischen den beiden Parametern von nahezu Eins gemessen wird. Die beschriebene Situation ist in Abbildung 4.1 skizziert; für jedes der drei Länder Eins bis Drei wird im Längsschnitt keine Korrelation festgestellt, bildet man aber den Durchschnitt für diese drei Länder, erhält man approximativ drei Punkte, die in diesem Fall, bei einer Querschnittsregression eine 45-Grad-Geraden durch den Ursprung ergeben würden. Die Schätzung mit einer Mischspezifikation ist, wie aus dieser sehr einfachen Darstellung folgt, aufgrund ihrer Unzuverlässigkeit, die aus der Heterogenität der betrachteten Länder folgt, zu verwerfen.

Abbildung 4.1: Das Feldstein-Horioka-Paradox

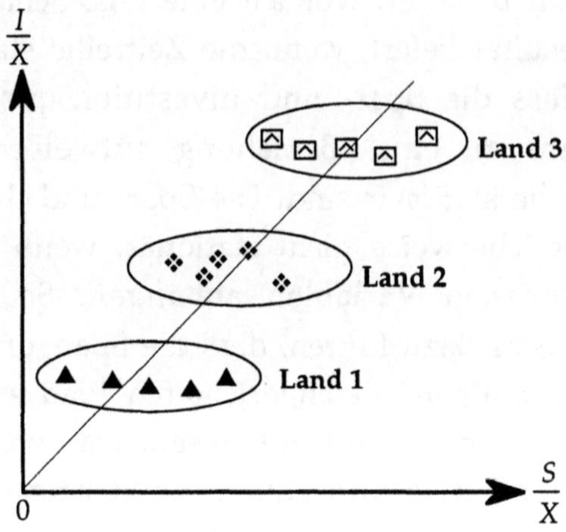

Die Mischspezifikation und die Querschnittschätzung können aufgrund der vorangegangenen Überlegungen verworfen werden. Die Frage stellt sich aber, ob die Zeitreihenschätzung oder die Sammelmethode die zuverlässigeren Resultate liefern. Fujiki und Kitamura (1995) entwickelten dafür einen relativ einfachen F-Test, mit welchem sie feststellten, dass in ihren Untersuchungen die Zeitreihenschätzung der Sammelmethode immer vorzuziehen ist. Diese Resultate wurden auch von Taylor (1996) in einer Untersuchung, welche die Spar- und Investitionsquote von zwölf Ländern[123] seit 1850 schätzte, bestätigt. Das Feldstein-Horioka-Paradox einer hohen Korrelation zwischen der Spar- und Investitionsquote kann also mit der Zeitreihenschätzung für ein Land nicht reproduziert werden.

4.2 Ein Fehlerkorrekturmodell zur Messung der Kapitalmarktintegration

Die Untersuchung einer Zeitreihe für die Kapitalmarktintegration *eines* Landes ist aufgrund der vorangegangenen Überlegungen der Querschnittanalyse vorzuziehen. Die Zeitreihenspezifikation, wie sie in Gleichung (4.6) vorgeschlagen wird, ist aber mit dem bekannten Problem behaftet, wonach eine OLS-Schätzung nur ein brauchbares Resultat liefert, wenn die Zeitreihe stationär ist. Die Feststellung, dass die Spar- und Investitionsquote im "steady state" eine "eins zu eins" Beziehung aufweisen, muss nicht bedeuten, dass sie stationär sind. Die Spar- und die Investitionsquote sind möglicherweise nicht stationär, wenn sie von nichtstationären exogenen Variablen abhängen. So können etwa kurzfristige Schocks dazu führen, dass die Spar- und Investitionsquote vom langfristigen, gleichgerichteten Pfad abkommen und einen divergierenden Verlauf aufweisen. Das würde bedeuten, dass die Spar- und Investitionsquote kurzfristig nicht korreliert sind, aber in der langen Frist durchaus eine hohe Korrelation aufweisen würden. Eine kurzfristig niedere und langfristig hohe Korrelation lassen auf eine kurzfristig höhere Kapitalmobilität schliessen als in der langen Frist. Diese Feststellung braucht nicht so widersprüchlich zu sein, wie sie auf den ersten Blick erscheinen mag, denn die Risikoprämie für kurzfristige Kapital-

123 Es wurden die Daten aus Argentinien, Australien, Dänemark, Deutschland, Frankreich, Italien, Japan, Kanada, Norwegen, Schweden, USA und Grossbritannien untersucht.

anlagen kann niedriger sein, als sie es bei langfristigen Anlagen ist[124]. Wird die von der Theorie postulierte, gleichgerichtete Beziehung zwischen der Spar- und Investitionsquote bestätigt und weisen die Variablen zusätzlich eine Einheitswurzel auf, dann liegt die Vermutung nahe, dass die beiden Variablen kointegriert sind. Kann auf Kointegration der Spar- und Investitionsquote geschlossen werden, lassen sich die kurzfristigen Abweichungen von der langfristigen Bewegung auch mit Hilfe von einem Fehlerkorrekturmodell überprüfen (Engle und Granger, 1987). Die besprochene kurz- und langfristige Dynamik von Spar- und Investitionsquote lässt sich mit einer Fehlerkorrekturmodell darstellen, wobei Variablen mit einer Einheitswurzel nicht notwendigerweise vorausgesetzt werden müssen; in einem Fehlerkorrekturmodell werden die kurzfristigen Bewegungen einer Variablen vom Grad der Abweichung des Gleichgewichts beeinflusst. Es ist demnach mit Hilfe eines Fehlerkorrekturmodells möglich, zwischen den kurzfristigen und den langfristigen Abweichungen zu unterscheiden. Das Fehlerkorrekturmodell hat die Eigenschaft, ein statisches ökonomisches Gleichgewicht zu reproduzieren. Es setzt aber im Gegensatz zu dem statischen Regressionsmodell nicht in jedem Zeitpunkt voraus, dass das Gleichgewicht realisiert wird, wie wir gleich unten anhand des vorliegenden Beispiels in Gleichung (4.10) sehen werden.

Im vorliegenden Fall lässt sich also unterscheiden, ob die Kapitalmarktintegration während gewissen Übergangsperioden grösser war als im langfristigen Schnitt. Stellt man eine kurzfristige Zunahme der Kapitalmarktintegration fest, dann muss eine hohe Korrelation zwischen Spar- und Investitionsquote in der langfri-

---

124 Diese Annahme ist durchaus plausibel; man denke nur an die Definition von Aliber (1973, S. 1453), wonach das politische Risiko das Risiko potentieller zukünftiger Kapitalverkehrskontrollen darstellt (vgl. S. 29). Investiert man in eine langfristige Anlage, dann ist es schwieriger, die Wahrscheinlichkeit potentieller zukünftiger Kapitalverkehrskontrollen abzuschätzen als bei kurzfristigen Anlagen.

stigen Betrachtung nicht bedeuten, dass die Integration des betrachteten Kapitalmarktes gesamthaft klein ist. Die Formulierung des Fehlerkorrekturmodells für den Ansatz von Feldstein und Horioka (vgl. auch Jansen und Schulze, 1996), bedeutet eine Erweiterung der Zeitreihenschätzung (4.6) und lautet:

$$\Delta\left(\frac{I_t}{X_t}\right) = \alpha_{FK} + \beta_{FK}\,\Delta\left(\frac{S_t}{X_t}\right) + \gamma_{FK}\left(\frac{I_{t-1}}{X_{t-1}} - \frac{S_{t-1}}{X_{t-1}}\right) + \delta_{FK}\left(\frac{S_{t-1}}{X_{t-1}}\right) + \upsilon_t \qquad (4.10)$$

Der Störterm υ_i sei unabhängig und normalverteilt. Bei einer sehr hohen kurzfristigen Integration der Kapitalmärkte sind die Parameter der Terme, die kurzfristige Bewegungen einfangen, Null $(\Delta I_t/X_t = \Delta S_t/X_t = 0)$, die langfristige "steady state" Beziehung zwischen der Spar- und Investitionsquote (mit einem Stern gekennzeichnet) resultiert dann:

$$0 = \alpha_{FK} + \gamma_{FK}\left[\left(\frac{I}{X}\right)^* - \left(\frac{S}{X}\right)^*\right] + \delta_{FK}\left(\frac{S}{X}\right)^* \qquad (4.11)$$

Ist zusätzlich auch der Parameter δ_{FK} Null, dann ist die langfristige Ertragsbilanz eine Konstante, und es gilt folgende Beziehung: $EB = (S/X)^* - (I/Y)^* = -(\alpha_{FK}/\gamma_{FK})$. Beträgt schliesslich neben δ_{FK} auch α_{FK} gerade Null, dann ist die Ertragsbilanz in der langen Frist ausgeglichen. Es lässt sich übrigens mit Hilfe von ein paar kleinen Umformungen zeigen, dass die Zeitreihenschätzung in (4.6) ein Spezialfall des Fehlerkorrekturmodells in Gleichung (4.10) ist, wobei $\beta_{FK} - \delta_{FK} = 1$ und $\gamma_{FK} = 1$ betragen. Die Erklärung mit der Hilfe des Fehlerkorrekturmodells ist also mit der langfristigen Identität von Ersparnissen und Investitionen konsistent, wobei in diesem Fall die kurzfristigen Anpassungen ebenfalls berücksichtigt werden. Mit dem Fehlerkorrekturmodell in (4.10) werden somit sämtliche Variationen berücksichtigt, welche die Dynamik der Spar- und Investitionsquote umfassen. Selbst dem Kritikpunkt von Frankel (1991, 1993b), dass der Ansatz von Feldstein und Horioka nur bestätigt werden kann, wenn die Realzinsen im In- und Ausland gleich sind, wird mit dem Fehlerkorrekturmodell Rechnung getragen. Wie wir aber im Kapitel 3.1 gesehen haben, besteht die Tendenz zu einer langfristigen Abnahme der Realzinsdifferenz (vgl. auch Modjtahedi, 1988).

4.2.1 Variationen der Spezifikation anhand des Fehlerkorrekturmodells

Neben der Spezifikation einer Zeitreihe, wie sie in Gleichung (4.6) besprochen wurde, variierten andere Autoren den Ansatz von Feldstein und Horioka in ersten Differenzen (Bayoumi, 1990; Obstfeld, 1986; 1994). Die Spar- und Investitionsbeziehung lautet dann:

$$\Delta\left(\frac{I_t}{X_t}\right) = \alpha_{DIF} + \beta_{DIF}\,\Delta\left(\frac{S_t}{X_t}\right) + \upsilon_t \qquad (4.12)$$

Der Störterm υ_i sei unabhängig und normalverteilt. Die Restriktionen des (allgemeineren) Fehlerkorrekturmodells lauten für diesen Fall: $\gamma_{FK}=\delta_{FK}=0$. Mit dieser Schätzung wird die kurzfristige Beziehung zwischen der Spar- und Investitionsquote gemessen. Die Bildung der ersten Differenz ist unter der Annahme gerechtfertigt, dass die Zeitreihe nicht stationär ist. Wie im vorangegangenen Kapitel besprochen, sind verschiedene Tests entwickelt worden, um eine Diagnose auf allfällige Einheitswurzeln zu machen. Die Schätzung (4.12) ist aber nur korrekt spezifiziert, wenn die betrachteten Zeitreihen nicht kointegriert sind (Engle und Granger, 1987; Jansen und Schulze, 1996). Da in der Theorie eine langfristige Beziehung zwischen der Spar- und Investitionsquote postuliert wird, ist die Schätzung in den ersten Differenzen fehlspezifiziert, weil damit kurzfristige Bewegungen berücksichtigt werden.

In der Vergangenheit wurde die Spar- und Investitionsquote verschiedentlich auf Kointegration untersucht (vgl. zum Beispiel Vikøren, 1994), wobei jeweils die übliche Schätzstrategie, wie sie von Engle und Granger (1987) vorgeschlagen worden ist, verfolgt wurde. Danach werden in einem ersten Schritt die Zeitreihen auf ihre Eigenschaften zur Stationarität untersucht werden, während im darauf folgenden Schritt die kointegrierenden Vektoren geschätzt werden. Sind die Residuen der zweiten Schätzung stationär, kann auf Kointegration der beiden Variablen geschlossen werden. Neuere Ökonometrische Methoden zeigen aber, dass mit der direkten Schätzung des Fehlerkorrekturmodells (4.10) eine kompakte Form geschätzt werden kann, die es erlaubt, eine Aussage über die Kointegration zweier Variablen zu machen. Das "Zwei-Schritte-Verfahren" von Engle und Granger (1987) kann somit vermieden werden. Die Tests weisen zudem eine noch grössere Trennschärfe auf, als dies bei der Schätzstrategie nach Engle und Granger der Fall ist (Kremers, Ericsson, und Dolado, 1992)[125]. Ist bei der Schätzung des Fehlerkorrekturmodells (4.6) der Parameter γ_{FK} signifikant von Null verschieden, wird die Hypothese, dass die beiden Variablen, die den Fehlerkorrekturterm bestimmen, kointegriert sind, bestätigt (Jansen und Schulze, 1996; Kremers, et al., 1992; Taylor, 1996). Kurz gesagt heisst das, dass die Spar- und Investitionsquote kointegriert sind, wenn γ_{FK} signifikant von Null verschieden ist. Im Rahmen des hier besprochenen

125 Der Beweis wird hier nur skizziert, nach dem dieser im Originalaufsatz von Kremers et. al. über mehrere Seiten geführt wird (vgl. Kremers et. al. 1992, S. 331ff.): Resultiert aus der Schätzung von (4.6) $\gamma_{FK} = \delta_{FK} = 0$, dann ist Gleichung (4.12) die angemessene Schätzgleichung, sofern, wie oben bereits erwähnt, die Zeitreihen *nicht kointegriert* sind. Die Differenzbildung von (4.6) wäre hingegen bei *kointegrierten* Variablen mit Gleichung (2.108) fehlspezifiziert, da in diesem Fall ein Fehlerkorrekturmodell angemessen ist. Das heisst, dass bei der Schätzung von γ_{FK} verschieden von Null die beiden Variablen, die den Fehlerkorrekturparamter bestimmen, kointegriert sein müssen. Die Feststellung der Kointegration zwischen zwei Variablen mit der Hilfe des Fehlerkorrekturmodells ist aber nur dann angemessen, wenn die kointegrierten Variablen lediglich in der betrachteten Gleichung auftauchen, aber nicht in weiteren Beziehungen anzutreffen sind. Diese Einschränkung hat auf die Schätzung im vorliegenden Fall keinen Einfluss, da die möglicherweise kointegrierten Variablen, wie vorgesehen, nur im Fehlerkorrekturmodell auftauchen. Allgemein gesprochen, stellt diese Schätzstrategie also lediglich einen Spezialfall der Schätzstrategie nach Johansen dar (Kremers et. al. S. 336).

Fehlerkorrekturmodells (4.10) spricht man dem Parameter β_{FK} die Fähigkeit zu, die kurzfristige Entwicklung der beiden Variablen (Spar- und Investitionsquote) abzubilden. Der Parameter γ_{FK} fängt, wie das kointegrierte Daten eigen ist, langfristige Beziehungen ein.

4.2.2 Resultate älterer Studien und die Interpretation für die Integration der Kapitalmärkte

Die Untersuchungen des Feldstein-Horioka-Modells mit einem Fehlerkorrekturmodell sind alle neueren Datums, sie wurden von Vikøren (1994) und Jansen/Schulze (1996) für Norwegen sowie von Taylor (1996) für 12 Länder (vgl. FN 96) zwischen 1850 und 1992[126] vorgenommen. Grundsätzlich ist zu sagen, dass alle Autoren eine Zunahme des Kapitalverkehrs in kurzer Frist verzeichneten. Zudem wurde eine relativ beständige Korrelation für den Parameter der langfristigen Entwicklung gemessen. Taylor (1996) stellte in den meisten Fällen[127] fest, dass der Wert von β_{FK} im Zeitablauf abnahm, was, wie gesagt, für eine Zunahme der kurzfristigen Kapitalmobilität spricht, aber seine Resultate sind im allgemeinen weniger deutlich als die Resultate von Jansen und Schulze (1996). Die Werte für die kurzfristige Kapitalmobilität, die von Jansen und Schulze (1996) geschätzt wurden, sind keinesfalls signifikant, auch Taylor kommt zum selben Resultat, wobei betont werden muss, dass Taylor (1996) diese Resultate nur für

126 Die Arbeit von Taylor (1996) enthält eine interessante Feststellung im Jahrhundertvergleich. Wie nämlich bereits in älteren Untersuchungen festgestellt worden war (Bayoumi, 1990; Zevin, 1992), bestätigte Taylor mit einer Schätzung im Querschnittansatz (4.7), dass die höchste, je gemessene Kapitalmobilität um die Jahrhundertwende (während des Goldstandards) bestand. Die Kapitalmobilität nahm erwartungsgemäss in den beiden Weltkriegen ab und in der Zwischenkriegszeit wie in der Nachkriegszeit des zweiten Weltkriegs wieder zu, sie erreichte aber nie mehr den niederen Korrelationsgrad, der für β_{QS} zu Beginn des Jahrhunderts gemessen wurde.

127 Mit der Ausnahme von Argentinien, Australien, Dänemark und der Vereinigten Staaten.

Norwegen und Dänemark reproduziert hat, nicht aber für andere Länder in seiner Auswahl. Die Resultate stimmen gesamthaft mit der Theorie überein, die, wie wir oben gesehen haben, für die langfristigen Werte von γ_{FK} eine hohe Korrelation vorsieht - die Spar- und Investitionsquote sind also kointegriert - und für die kurzfristigen Parameter eine niedere Korrelation postuliert. Dieses Resultat passt, wie es Taylor (1996) zusammenfasst, mit der üblichen Sichtweise überein, dass kurzfristige "hot money"-Kapitalflüsse relativ gross sind, während die langfristigen Kapitalflüsse (entsprechend "cold money") eher klein sind.

Es ist unbestritten, dass die Tests nach Feldstein und Horioka Informationen über den Grad der Kapitalmobilität beinhalten. Bei der Interpretation der Korrelation ist jedoch Vorsicht geboten. Wie verschiedentlich in der Literatur und auch in diesem Abschnitt gezeigt wurde, braucht die Feststellung einer hohen Korrelation zwischen der Spar- und Investitionsquote nicht unweigerlich ein Indiz für niedrige Kapitalmobilität zu sein. Um den Schluss ziehen zu können, eine grossen Korrelation bedeute eine geringe Integration der Kapitalmärkte, müssen weitere Informationen verarbeitet werden. Es kann durchaus der Fall eintreten, in dem in- und ausländische Schocks korreliert sind; eine hohe Korrelation wäre in einem solchen Fall nicht unweigerlich mit einer geringen Integration der Kapitalmärkte verbunden, hohe Korrelationen ergeben sich aber auch bei einer geringen Integration der Gütermärkte. Ein weiterer Grund wird auch darin gesehen, dass Produktivitätschocks sowohl die geplanten Ersparnisse als auch die geplanten Investitionen in gleicher Weise beeinflussen (Finn, 1990; Tesar, 1991). Ein Weg, um falsche Schlüsse aufgrund solcher Einflüsse zu vermeiden, besteht darin, sich vorerst über mögliche Strukturbrüche Klarheit zu verschaffen. Strukturbrüche werden bekanntlich von verschiedenen Schocks verursacht, zum Beispiel durch Änderungen des Wechselkursregimes, der Geldpolitik, der Kapitalverkehrskontrollen oder aufgrund von Deregulierungen im inländischen Finanzsystem. Wird hingegen eine niedrige Korrelation gemessen, so ist der Schluss, die Kapitalmarktintegration sei für den betrachteten Zeitraum gross gewesen, korrekt. Ohne zusätzliche Informationen kann der Ansatz von Feldstein und Horioka eigentlich nur die Annahme von Kapital*immobilität* verwerfen, wenn die Korrelation zwischen Spar- und Investitionsquote gerade Null ist.

Zum Schluss dieser Diskussion stellt sich die Frage, inwiefern die gemessene Korrelation auch als kardinales Mass Verwendung findet. Bedeutet ein gemessener Koeffizient von beispielsweise 0.8, dass die Integration des betrachteten Kapitalmarktes kleiner ist als bei der Messung einer Korrelation von 0.2? Unter Berücksichtigung der oben gemachten instititutionellen Einschränkungen muss darauf hingewiesen werden, dass ein Vergleich nur dann erfolgen kann, wenn die Rahmenbedingungen vergleichbar sind. Diese Einschränkungen erschweren auch die internationale Vergleichbarkeit des Masses sehr stark, da nur selten in zwei Ländern die gleiche Ausgangslage besteht. Die Situation ändert sich beispielsweise grundlegend, wenn der Vergleich zwischen einem kapitalimportierenden und einem kapitalexportieren Land hergestellt wird. Gordon und Bovenberg (1996) empfehlen beispielsweise im Falle eines kapitalimportierenden Landes eine optimalen Besteuerung zwischen Erstinvestitionen[128] und Investitionen in bestehende Anlagen zur steuerlichen Unterscheidung, damit das Kapital international mobiler ist. Damit wäre der institutionelle Vergleich eingeschränkt und die Bedeutung der Korrelationen im In- und Ausland wäre auch nicht dieselbe. Der Vergleich zwischen zwei Perioden für *ein* Land ist ebenfalls problematisch – doch weit weniger, als es der Quervergleich ist. Die institutionelle Situation ändert sich auch in einem Land im Längsschnitt, man denke nur an die Wechselkurspolitik, welche die Schweiz Ende

128 Wobei bei Erstinvestitionen angenommen wird, dass es sich um Investitionen handelt, bei welchen keine asymmetrischen Informationen zwischen in- und ausländischen Anlegern bestehen.

der siebziger Jahre verfolgt hat. Die kardinale Messbarkeit mit der Korrelation ist aber auch im Langzeitvergleich nicht möglich. Ein Extremwert von Null ist, wie bereits gesagt, ein Garant für eine hohe Kapitalmobilität, was von Null aber abweicht, muss genauer untersucht werden. Im folgenden Abschnitt werden wir aus diesem Grund den Verlauf der Spar- und Investitionsquote in der Schweiz während der letzten drei Jahrzehnte betrachten, bevor das Fehlerkorrekturmodell geschätzt wird.

4.3 Die Kapitalmobilität in der Schweiz

Überträgt man die Vorstellung der Überlappenden Generationsmodelle für Individuen auf die Situation in einer Volkswirtschaft, dann gilt die Bedingung, dass sich langfristig die Ersparnisse den Investitionen angleichen. Da diese Bedingung nicht dauernd aufrechterhalten werden kann, stellt sich die Frage, wie vorübergehende Divergenzen zwischen der Spar- und Investitionsquote angelegt beziehungsweise finanziert werden könnten. Da wir von einer offenen Volkswirtschaft ausgehen, werden naheliegenderweise in diesem Fall die überschüssigen Mittel im Ausland angelegt oder nachgefragt. Diese Beziehung lässt sich einerseits in der Spar- und Investitionsquote eines Landes ablesen, aber sie findet sich auch in der Ertragsbilanz wieder. In Abbildung 4.2 sind diese drei Zeitreihen, die Spar- und Investitionsquote sowie die Ertragsbilanz für die Schweiz in den vergangenen drei Jahrzehnten wiedergegeben.

Abbildung 4.2: Spar- und Investitionsquote der Schweiz

1960 - 1995

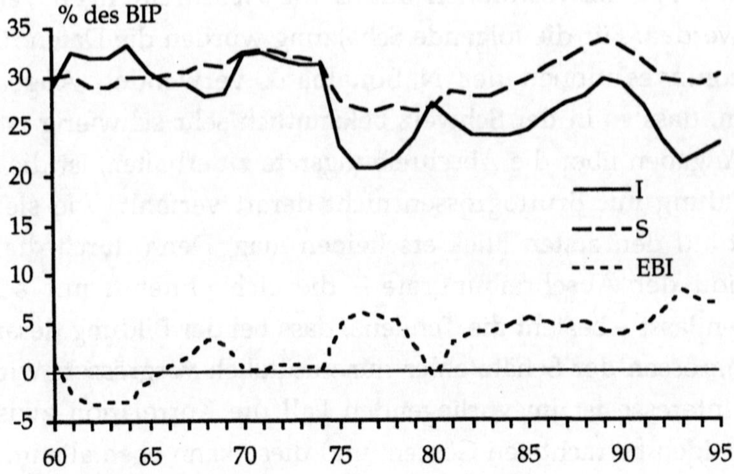

Quelle: SNB

Betrachtet man vorerst nur den Verlauf der beiden oberen Kurven – der Spar- und Investitionsquote –, so sieht man deren langfristig gleichgerichtete Beziehung. Weiter lässt sich ebenfalls zeigen, dass die Investitionsquote wesentlich sensitiver auf die Konjunktur reagiert als die Sparquote. Während den beiden schärfsten Rezessionen Mitte der siebziger Jahre und Anfang der neunziger Jahre verzeichnete man jeweils einen klaren Rückgang der Investitionsquote. Im internationalen Vergleich weist die Schweiz eine sehr hohe Investitionsquote auf (ca. 25%), liegen doch die Quoten von Deutschland (Gebiet der ehemaligen BRD), Grossbritannien, Frankreich, Italien bei rund 10%; bei den USA liegt sie sogar noch etwas tiefer (ca. 5%), nur Japan weist eine vergleichbar hohe Investitionsquote wie die Schweiz auf. Die Investitionsquote berechneten wir aus der Division der jährlichen Gesamtinvestitionen durch das Bruttoinlandprodukt. Die Ersparnisse lassen sich aus der Beziehung (4.3) berechnen, indem die Summe zwischen Ertragsbilanz und Investitionen gebildet wird.

Vorerst stellt sich die Frage, ob für die Spar- und Investitionsquote Bruttogrössen oder Nettogrössen verwendet werden sollen. Dabei ist zu berücksichtigen, dass normalerweise unter Nettoinvestitionen die Bruttoinvestitionen minus die Abschreibungen verstanden werden. Für die folgende Schätzung wurden die Daten für die Bruttoninvestitionen der Nationalbank verwendet. Abgesehen davon, dass es in der Schweiz bekanntlich sehr schwierig ist, solche Angaben über die Abschreibungsrate zu erhalten, ist die Quotenbildung mit Bruttogrössen nicht derart verfehlt, wie sie vielleicht auf den ersten Blick erscheinen mag. Denn durch die Subtraktion der Abschreibungrate – die sich ohnehin nur schwer messen lässt – besteht die Tendenz, dass bei der Bildung derartiger Nettogrössen der Schätzfehler nur zusätzlich vergrössert wird[129]. Von Interesse ist im vorliegenden Fall die Korrelation zwischen den beiden betrachteten Gössen, und diese kann ebenfalls im Falle von Bruttogrössen untersucht werden. Von Interesse sind also die Bruttoinvestitionen und die Bruttoersparnisse. Die Ersparnisse ergeben sich aus der Summe der Ertragsbilanz mit den Investitionen. Die Sparquote verläuft langfristig, wie in Abbildung 4.3 zu sehen ist, analog zur Investitionsquote. Auch hier ist jeweils in der Folge auf Krisen mit einer verminderten Sparquote zu rechnen. Die Auswirkungen des ausgebauten obligatorischen Sparens ab 1985 in der zweiten Säule führten vorerst dazu, dass die Sparquote aufgrund der Abnahme der privaten Sparquote nicht wesentlich zunahm, doch scheint sich diese Wirkung mittlerweile etwas gelegt zu haben.

4.3.1 Die Schweizer Aussenbeziehungen im Vergleich

Die Schweiz gehört zu den Ländern, die Kapital exportieren, somit weist die schweizerische Ertragsbilanz im längerfristigen Durchschnitt denn auch einen Überschuss auf. Die Ertragsbilanzüber-

---

129 Feldstein (1983) spricht von einer Verzerrung des Schätzer in (4.6) gegen Eins.

schüsse haben insbesondere in den achtziger Jahren wegen der Verbesserungen der Dienstleistungsbilanz stark zugenommen. Wie zu Beginn dieses Kapitels gezeigt wurde, können wir davon ausgehen, dass die Kapitalverkehrsbilanz und die Ertragsbilanz ausgeglichen sind. Der Blick auf die Ertragsbilanz ist insofern wichtig, als diese einen Aufschluss über die Kapitalbewegungen gibt. Vergleicht man die Ertragsbilanz der Schweiz mit der Bewegung der amerikanischen und der deutschen Ertragsbilanz, so fällt vor allem auf, dass die schweizerische Ertragsbilanz seit der Einführung der flexiblen Wechselkurse kaum mehr negativ war. Da der Export von Kapital eine grosse Bedeutung für die Schweiz als kleine offene Volkswirtschaft hat, kann man davon ausgehen, dass dies bereits ein Indiz für eine grosse Integration des schweizerischen Kapitalmarktes mit den übrigen (offenen) Kapitalmärkten bedeutet. Einen vergleichbaren Kapitalexport weisen nur Deutschland (bis 1990[130]) und Japan (vgl. Anhang 5) auf. Diese Tendenz wurde nur aufgrund der Phase starker Aufwertung des Schweizer Frankens am Ende der siebziger anfangs der achtziger Jahre vorübergehend unterbrochen. Die starke reale Aufwertung des Schweizer Frankens von Mitte 1977 bis Herbst 1978 führte dazu, dass die Verordnung zur Abwehr von Geldern eingeführt wurde. Die Abwehrmassnahmen sahen die Erhebung einer Kommissionsbelastung vor, die einem Negativzins gleichkam. Für Devisenausländer bestand zudem ein Anlageverbot in Wertschriften und Immobilien[131]. Insofern kann für diese Periode nicht von vollständiger Kapitalmobilität gesprochen werden. Die Abbildung 4.3 zeigt die Veränderungen der schweizerischen Ertragsbilanz, im internationalen Vergleich, im Anhang A 5 ist der Vergleich mit weiteren Ländern zu finden.

---

130 Hier ist der Strukturbruch, welcher durch die Wende erfolgte, klar ersichtlich.

131 Diese Vorschriften führten dazu, dass die ausländischen Investoren dazu übergingen, Banknoten zu horten (Ettlin, 1989).

Abbildung 4.3: Ertragsbilanzquoten im Vergleich zur Schweiz

zwischen 1960 und 1995

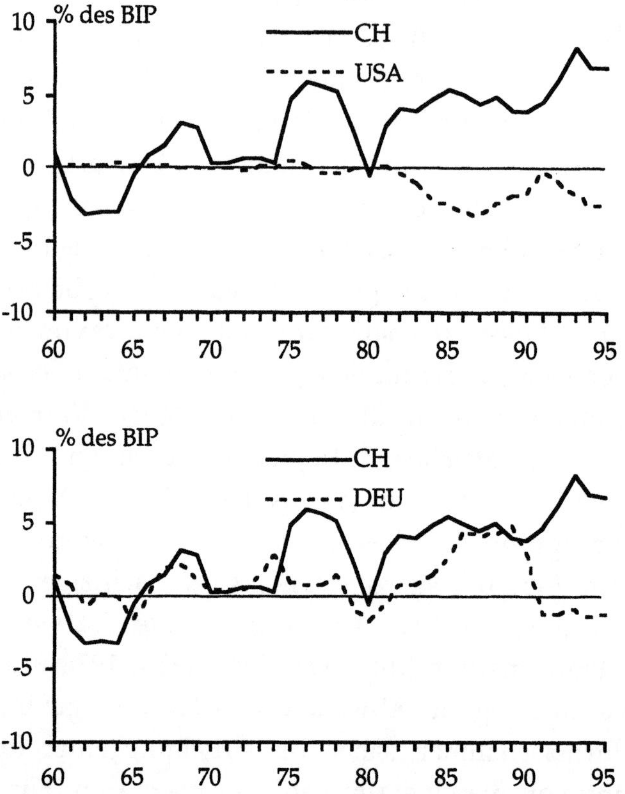

Quelle: SNB, IFS

4.3.2 Ergebnisse aus der empirischen Untersuchung

In diesem Teil wird das Fehlerkorrekturmodell aus Gleichung (4.10) für die Schweiz geschätzt. Zum Vergleich sind die Resultate beigefügt, welche aus der Schätzung der klassischen Form des Ansatzes von Feldstein und Horioka gemäss Gleichung (4.6) hervorgehen. Schliesslich wird ein Fehlerkorrekturmodell mit Dummievariablen für die kurzfristigen Bewegungen mit Jahresdaten zwischen 1960 und 1995 geschätzt.

Die Resultate aus der Schätzung mit dem Fehlerkorrekturmodell ergeben für die kurzfristige Entwicklung der Spar- und Investitionsquote sehr hohe, signifikante Werte über Eins, der Parameter γ_{FK}, mit dem die Kointegration zwischen der Spar- und Investitionsquote nachgewiesen werden könnte, ist nicht signifikant von Null verschieden. Diese Resultate bestätigen insofern die traditionell gefundenen Werte im Ansatz von Feldstein und Horioka, sie sprechen allerdings, entgegen den im Vorfeld formulierten Nullhypothesen, keineswegs für eine hohe Integration der Kapitalmärkte. Die beiden Parameter α_{FK} und δ_{FK} sind nicht von Null verschieden und lassen gemäss der oben geführten Diskussion auf eine langfristig ausgeglichene Ertragsbilanz schliessen. Diese Resultate stimmen an sich mit den Schätzungen, die bereits in der Vergangenheit für andere Länder gemacht wurden, überein (vgl. beispielsweise Taylor, 1996). Betrachten wir nun die Schätzung von (4.6); auch in diesem Fall spricht die Schätzung nicht unbedingt für die Integration der Kapitalmärkte. Die Werte von β_{ZS} liegen klar über Eins und sind signifikant. Um eine bessere Interpretation dieses Resultats zu erreichen, kann die umgekehrte Regression geprüft werden, indem der Feldstein-Horioka-Test in einer alternativen Form durchgeführt wird. Wie aus der Identitätsgleichung (4.3) nämlich hervorgeht, müssen bei einer vollständig flexiblen Ertragsbilanz sowie der Unabhängigkeit zwischen Spar- und Investitionsquote die Ertragsbilanz und die Investition negativ korreliert sein. Bei vollständiger Kapitalmobilität wäre in diesem Alternativansatz der Wert von β_{EB} minus Eins. Die getestete Beziehung lautet dann:

$$\frac{I_t}{X_t} = \alpha_{EB} + \beta_{EB} \frac{EB_t}{X_t} + \upsilon_t \tag{4.13}$$

Der Störterm υ_t sei unabhängig und normalverteilt. In der fünften Spalte von Tabelle 4.1 sind die Resultate aus dieser Schätzung angegeben. Nun sprechen die Werte von (4.13) für eine relativ hohe Kapitalmobilität, da β_{EB} signifikant von Null verschieden ist. Der F-Test für diese Schätzung weist ebenfalls signifikante, von Null verschiedene Werte aus. (F(1,34)=91.9). Der tiefe Durbin-Watson-Test lässt aber in (4.6) wie in (4.13) auf hohe Autokorrelationen schliessen, demzufolge sind die geschätzten Werte mit einer gewissen Skepsis zu betrachten.

Der nächste Schritt besteht darin, die Datenreihen auf Strukturbrüche hin zu untersuchen. Wie wir in der Diskussion der Datenreihen gesehen haben, können im wesentlichen zwei Strukturbrüche, welche die Integration der Kapitalmärkte beeinflusst haben, festgehalten werden; einmal ist es die Einführung flexibler Wechselkurse mit der Beseitigung der Kapitalkontrollen zu Beginn der siebziger Jahre und das andere mal Ende siebziger Jahre die Phase der Verordnung zur Abwehr von Geldern aus dem Ausland. Das daraus folgende Fehlerkorrekturmodell mit Strukturbrüchen lautet dann:

$$\Delta\left(\frac{I_t}{X_t}\right)=\alpha_{FK}+\left(\beta_{FK}^1\, d_1+\beta_{FK}^2\, d_2+\beta_{FK}^3\, d_3\right)\Delta\left(\frac{S_t}{X_t}\right)+\gamma_{FK}\left(\frac{I_{t-1}}{X_{t-1}}-\frac{S_{t-1}}{X_{t-1}}\right)+\delta_{FK}\left(\frac{S_{t-1}}{X_{t-1}}\right)+\upsilon_t \qquad (4.14)$$

Der Störterm υ_i sei unabhängig und normalverteilt. Die Dummievariablen d_t betragen Eins, wenn die Subperiode betrachtet wird, und sie betragen Null in allen anderen Subperioden. Die Subperioden seien $t=1{:}1960-1972$, $t=2{:}1973-1978$ und $t=3{:}1979-1995$.

Tabelle 4.1:
Fehlerkorrekturmodell für die Spar- und Investitionsquote der Schweiz
1960 bis Mai 1995

	Fehlerkorrekturmodell vgl. Gleichung (4.10)	Zeitreihengleichung vgl. Gleichung (4.6)	Ertragsbilanzansatz vgl. Gleichung (4.13)	Fehlerkorrekturmodell mit Strukturbrüchen vgl. Gleichung (4.14)	d_t
α_i	-0.0077 (-0.183)	-0.088 (-1.167)	0.209 (10.943)	0.060 (1.061)	
β_i	1.433 (5.342)	1.204 (4.749)	-0.669 (-9.590)		
β_i^1				0.023 (0.929)	60-72
β_i^2				-0.006 (-0.295)	73-78
β_i^3				0.002 (0.093)	79-95
γ_i	-0.117 (-1.255)			-0.369 (-2.183)	
δ_i	0.010 (0.072)			-0.255 (-1.478)	
R^2	0.52	0.40	0.73	0.280	
D.W.	1.51	0.28	0.22	1.480	

Quelle: SNB Jahresdaten
Zentrierte R^2, t-Werte in Klammern
D.W. bezeichnet die Durbin-Watson-Statistik

Die Hypothese, dass die kurzfristigen Terme von Null verschieden sind, kann für alle drei betrachteten Subperioden verworfen werden. Daraus folgt, dass die kurzfristige Kapitalmobilität in allen Subperioden sehr hoch war. Die Feststellung, dass in der Subperiode nach 1973 die Kapitalmobilität zunimmt, wurde bereits von Jansen und Schulze (1996) für Norwegen gemacht, wie das im übrigen für die meisten Industrieländer zu erwarten ist (vgl. auch Taylor 1996). Was im vorliegenden Fall aber etwas erstaunt, ist die bemerkenswerte Abnahme der Werte für β im Vergleich zu den Werten in Schätzung (4.10). Bei umgekehrten Kausalitäten in (4.10)[132] liefert die Schätzung von β Werte um 0.33 (5.34) – somit kann auch für dieses Intervall von einer relativ niedrigen Korrelation zwischen den kurzfristigen Werten der Spar- und Investitionsquote ausgegangen werden. Die Schätzung mit Strukturbrüchen im Fehlerkorrekturmodell ergibt, wie erwartet, für die kurzfristigen Bewegungen gesamthaft eine hohe Kapitalmobilität. Der Wert für γ_{FK} ist mit einem Wert von -0.25 signifikant von Null verschieden, was auf Kointegration der Spar- und Investitionsquote schliessen lässt[133]. Die im vorangehenden Kapitel postulierte Hypothese sowohl einer kurzfristig hohen Kapitalmobilität, gepaart mit einer langfristigen Beziehung zwischen der Spar- und Investitionsquote, wird mit dem letzten Test bestätigt. Eine Zunahme kann anhand der vorliegenden Werte freilich nur marginal bestätigt werden, da die Werte für die Dummievariablen im Zeitvergleich zwar abnehmen; da sie aber nicht signifikant sind, kann recht wenig darüber gesagt werden.

Untersucht man die Spar-, die Investitions und die Ertragsquote auf ihre jeweiligen Einheitswurzeln, so sieht man, dass die Feststellung, die beiden Variablen seien kointegriert, auch durch die Einheitswurzel-Tests bestätigt wird. In Tabelle 4.2 sind die Resultate verschiedener Tests auf eine Einheitswurzel wiedergeben.

---

132 Indem $\Delta\left(S_t/X_t\right) = \alpha_{FK} + \beta_{FKM}\,\Delta\left(I_t/X_t\right) + \gamma_{FK}\left[\left(S_{t-1}/X_{t-1}\right) - \left(I_{t-1}/X_{t-1}\right)\right] + \delta_{FK}\left(I_{t-1}/X_{t-1}\right) + \upsilon_t$ geschätzt wird.

133 Der Beweis, dass zwei Variablen kointegriert sind, wenn im Fehlerkorrekturmodell der Fehlerkorrekturparameter verschieden von Null ist, wurde in Fussnote 111 skizziert.

Tabelle 4.2: Tests auf Stationarität der Spar- und Investitionsquote

5. 60 -5.95

	Φ_3	$\hat{\rho}_\mu$	PP
Sparquote	2.88	-4.66	-8.26
Investitionsquote	5.30	-5.25	-6.78
Ertragsquote	9.04**	-4.46	-4.51

Φ_3=Dickey-Fuller-F-Test, wobei: $H_0 : (\alpha, \beta, \rho) = (\alpha, 0, 1)$ aus Gleichung (3.27)

Die (interpolierten) kritischen Werte bei n=181 betragen (vgl. Dickey und Fuller 1981, Tabelle VI, S. 1063):

5.43	bei 10% Signifikanz	*
6.42	bei 5% Signifikanz	**
8.59	bei 1% Signifikanz	***

$\hat{\rho}_\mu$= Dickey-Fuller-t-Test
und wobei: $H_0 : \alpha = 0$ und $\rho = 1$ aus Gleichung (3.26)
PP= Phillips-Perron t-Test

Die (interpolierten) kritischen Werte n=181 betragen (vgl. Fuller 1976, Tabelle 8.5.1 S. 371):

-11.09	bei 10% Signifikanz	*
-13.84	bei 5% Signifikanz	**
-20.57	bei 1% Signifikanz	***

Die Resultate der Dickey-Fuller- und Phillips-Perron-Statistiken sprechen eindeutig für eine Annahme der Nullhypothese, dass die drei betrachteten Quoten nicht-stationär sind. Weitere Tests[134] zeigen, dass alle drei Zeitreihen nicht-stationär vom Grade eins sind, somit sind kointegrierte Variablen (hier die Spar- und Investitionsquote) stationär[135].

4.4 Zusammenfassung

Der hier angewendete Ansatz von Feldstein und Horioka wurde in der Vergangenheit verschiedentlich zur Messung der Integration der Kapitalmärkte angewendet und wird in der Literatur als

134 Indem die Dickey-Fuller-Statistik für die ersten Differenzen diese Reihen gebildet wurden.

135 Die Werte für $\hat{\rho}_\mu$ betragen -25.0 für die Sparquote, -22.1 für die Investitionsquote und -28.7 bei der Ertragsbilanzquote.

alternatives Mass zur Bestimmung der Integration von Kapitalmärkten verwendet. In diesem Kapitel wurde gezeigt, dass sich die ursprüngliche Fassung, in welchem eine Querschnittschätzung über den Durchschnitt aller in der Statistik verwendeten Länder gemacht wurde, nicht verwenden lässt. Wir haben in diesem Abschnitt die Integration der Kapitalmärkte mit einem Fehlerkorrekturmodell geschätzt, diese Modelle weisen einerseits die Fähigkeit auf, kurzfristige Bewegungen am Kapitalmarkt zu berücksichtigen, sie sind aber auch in der Lage, die Variablen auf Kointegration zu untersuchen. Die Fehlerkorrekturmodelle können demnach sowohl die kurz- und langfristigen Bewegungen am Kapitalmarkt auffangen und ergeben deshalb die zuverlässigeren Resultate als einfache Quer- oder Längsschnittanalysen. Das Fehlerkorrekturmodell, angewendet auf die Bewegungen am schweizerischen Kapitalmarkt zwischen 1960 und 1985, ergibt eine langfristige "steady state" Beziehung zwischen der Spar- und Investitionsquote. Die besten Resultate erhält man unter Berücksichtigung von Strukturbrüchen. Die hier berücksichtigten Strukturbrüche sind einerseits durch die Einführung flexibler Wechselkurse und andererseits durch den Übergang zur Geldmengenpolitik per Ende der siebziger Jahre gekennzeichnet. Weitere mögliche Strukturbrüche, wie sie beispielsweise durch den Börsenkrach im Herbst 1987 hätten verursacht werden können, wurden nicht betrachtet, weil sie keine institutionelle Beschränkungen der Kapitalmobilität bedeuteten. Das Fehlerkorrekturmodell unter Berücksichtigung von Strukturbrüchen zeigt, dass die kurzfristige Kapitalmobilität zugenommen hat. Daraus folgt, dass mit dem abgewandelten Ansatz von Feldstein und Horioka heute auch auf eine verstärkte Integration des schweizerischen Kapitalmarktes im Vergleich zu früher geschlossen werden kann.

5 SCHLUSSWORT

Die vorliegende Arbeit beabsichtigt, einen Beitrag zur Messung der Kapitalmobilität zu leisten. Es sollte auch festgestellt werden, ob die schweizerischen Finanzmärkte international integriert sind. Um das gesteckte Ziel zu erreichen, wurde auf vier bestehende Ansätze zur Beurteilung der Kapitalmobilität zurückgegriffen. Es sind dies die gedeckte Zinsparität, die ungedeckte Zinsparität, die Realzinsparität und der Ansatz von Feldstein und Horioka, bei dem der Zusammenhang zwischen Spar- und Investitionsquote betrachtet wurde. Die besprochenen Ansätze wurden für diese Arbeit theoretisch erweitert und mit empirischen Methoden überprüft. Die Untersuchungen wurden mit insgesamt neun Währungen durchgeführt. Die Arbeit sollte schliesslich eine Antwort auf die Frage geben, ob die betrachteten Ansätze in ihrer Anwendung vergleichbare Resultate liefern und ob es einen Ansatz gibt, der generell vorzuziehen ist. Aus allen Ansätzen ging – um es vorwegzunehmen – hervor, dass die Integration der schweizerischen Finanzmärkte in den vergangenen zwei Jahrzehnten zugenommen hat.

Die Arbeit begann mit der Überprüfung der gedeckten Zinsparität (Kapitel 2.1). Um einen tautologischen Schluss zu vermeiden aus welchem lediglich die Bestätigung der gedeckten Zinsparitäten resultiert hätte, wurden die Interbankzinsen für den Schweizer

Franken im In- und Ausland verglichen. Damit haben wir die Anwendung der Gleichung der gedeckten Zinsparität vermieden, die per definitionem immer erfüllt sein muss. Bei den Zinsen, die verglichen wurden, handelt es sich um Geldmarktbuchforderungen und Eurozinssätze für Anlagen in Schweizer Franken. In diesem Vergleich haben wir die Änderungen der Zinsdifferenzen und der Volatilitäten untersucht. Die Tendenz zur Angleichung dieser beiden Sätze zwischen 1980 und 1995 wird als Indiz einer erhöhten internationalen Integration der Schweizer Finanzmärkte angesehen.

Der zweite Ansatz zur Messung der Integration der Finanzmärkte beruht auf dem Konzept der ungedeckten Zinsparität. Da diese Beziehung, wie sie in der Theorie formuliert wird, nicht testbar ist, musste auf die Risikoprämie zurückgegriffen werden. Die Risikoprämie wiederum resultiert aus dem Erklärungsversuch für das notorische Scheitern empirischer Überprüfungen der ungedeckten Zinsparität bei Verwendung des Terminkurses als Schätzer, ein Phänomen übrigens, das auch als Puzzle der Internationalen Finanzmärkte bekannt geworden ist (vgl. dazu Lewis, 1995). Bevor das Konzept der Risikoprämie (Kapitel 2.3) eingeführt wurde, musste das Verhalten der Spekulanten untersucht werden. Ihnen wird dem idealisierten Modell der Devisenmarkttheorie (vgl. dazu Tsiang, 1959) gemäss die Rolle zugeordnet, welche für die Begründung der ungedeckten Zinsparität notwendig ist. Das Verhalten der Spekulanten wurde in dieser Arbeit im Rahmen eines Mittelwert/Varianz-Ansatzes untersucht (Kapitel 2.2). Aufgrund der hier vorgenommenen Modellierung des Verhaltens von Spekulanten konnte gezeigt werden, dass ihr Verhalten eine Funktion des Terminkurses *und* der Risikoprämie ist. Die Risikoprämie war unter dem Aspekt der EMH (Hypothese effizienter Märkte) für den weiteren Verlauf der Arbeit von zentraler Bedeutung. Nach eingehender Diskussion der Risikoprämie wurde eine Spezifikation vorgenommen, welche die Ermittlung der Risikoprämie für den Zeitraum von April 1976 bis Mai 1996 möglich machte. Um feststellen zu können, ob sich die Risikoprämie im Laufe der Zeit verändert hat, wurden vier Unterperioden gebildet. Es zeigt sich, dass die Risikoprämie am Devisenmarkt während der Phase starker Integration zwischen 1985 und 1992 am kleinsten war. Dies ist auf die Plaza-Verhandlungen und auf die sich konstituierende Währungsunion zurückzuführen, die beide am nachhaltigsten auf die Höhe der Risikoprämie einwirkten (obwohl der Börsenkrach von 1987 in diesen Zeitraum fällt, scheint er die Veränderung der Risikoprämien am Devisenterminmarkt nur in geringem Mass beeinflußt zu haben.) Die Messung der Integration der Finanzmärkte mit der Risikoprämie war mit einigen Schwierigkeiten in der Datenermittlung verbunden. Grundsätzlich ist zu bemerken, dass die gefundenen Resultate ein plausibles Bild ermitteln.

Im dritten Kapitel gingen wir der Frage nach, ob sich die reale Zinsparität im Zeitvergleich geändert hat. Die hier überprüften Realzinsen sind stationär. Diese Einschätzung ist in der Literatur umstritten, wobei sich pro und kontra Stationarität der Realzinsen in etwa die Waage halten. Werden stationäre Reihen gemessen, ist die Frage nach der potentiellen Kointegration von Realzinsen bereits widerlegt. Der schliesslich gewählte Ansatz war im Grunde genommen der "kleinste gemeinsame Nenner" der Realzinsparität. Die Änderung der Integration von Finanzmärkten wurde an der Veränderung der Realzinsabhängigkeit vom Nominalzins gemessen. Mit zunehmender Integration der Kapitalmärkte lassen sich nämlich unterschiedliche Inflationsraten als Länderrisiko bei ausländischen Anlagen einkalkulieren. So wird auch der Einfluss von Inflationsunterschieden auf die Zinsänderung mit zunehmender Integration kleiner. Der Test, der die gleiche Unterteilung vornimmt wie der Risikoprämientest, hat eine Zunahme der Integration seit der Mitte der siebziger Jahre bestätigt.

Im vierten Kapitel wurde der Ansatz von Feldstein und Horioka mittels eines Fehlerkorrekturmodells untersucht. Die verwendete

Zeitreihe geht bis in die sechziger Jahre zurück, da in diesem Ansatz Spar- und Investitionsquoten verglichen werden, die sich über relativ lange Zeit hinweg ändern. Die Schätzungen wurden überdies mit Jahresdaten vorgenommen. Deshalb war es im Sinne einer genügend grossen Stichprobe notwendig, Zahlenreihen bis zu Beginn der sechziger Jahre miteinzubeziehen. Die hier berücksichtigten Strukturbrüche sind einerseits durch die Einführung flexibler Wechselkurse und andererseits durch den Übergang zur Geldmengenpolitik gegen Ende der siebziger Jahre gekennzeichnet. Das Fehlerkorrekturmodell unter Berücksichtigung der Strukturbrüche hat gezeigt, dass die kurzfristige Kapitalmobilität zugenommen hat. Daraus folgt, dass mit dem modifizierten Ansatz von Feldstein und Horioka heute auch auf eine verstärkte Integration der schweizerischen Finanzmärkte im Vergleich zu früher geschlossen werden kann.

Welcher der Ansätze misst die internationale Integration der schweizerischen Finanzmärkte am besten? Vermutlich kann mit der Messung der Risikoprämien die genaueste Aussage zur internationalen Integration der Finanzmärkte gemacht werden. Deren Messung ist aber, wie wir gesehen haben, im Vergleich zu den anderen Ansätzen mit den grössten Problemen behaftet. Das Fehlerkorrekturmodell im Ansatz von Feldstein und Horioka hat den Vorteil, dass auf eine angemessene Spezifikation der Nutzenfunktion verzichtet werden kann, weil die verwendeten Daten diesen Entscheid schon vorwegnehmen. Der Ansatz von Feldstein und Horioka ist aus diesem Grund auch eher ein Mass für die Kapitalmobilität, während der Ansatz zur Messung einer Risikoprämie eher geeignet ist, die Integration der Finanzmärkte zu messen.

Für die weitergehende Forschung wäre es interessant, das Fehlerkorrekturmodell für den Ansatz von Feldstein und Horioka für andere Länder und längere Perioden zu schätzen. Dieses Unterfangen ist mit einigen Problemen verbunden, da die Datenbasis für den Erfolg einer derartigen Studie entscheidend ist und diese

Daten müssten in den entsprechenden Ländern beschafft werden, was je nach Land einen entsprechend hohen personellen Einsatz verlangt. Im Rahmen der Risikoprämie werden besonders in der internationalen Finanzmarkttheorie Anstrengungen unternommen, um angemessene Spezifikationen und ökonometrische Ansätze zu finden, welche neben dem Problem der Risikoprämie auch das oben angesprochene Puzzle der internationalen Finanzmarkttheorie lösen.

ANHANG

A1 Struktur der Bankbilanzen ab 1971 nach inländischen und ausländischen Aktiva

		Inländische Aktiva				
	Bilanz-summe	Banken-debitoren auf Sicht	Banken-debitoren auf Zeit	Wechsel und Geldmarkt-pap.	Total	in % der Bilanz-summe
	in Mio Fr.					
1971	243278	5645	11298	5613	22556	9.27
1972	265496	5221	10453	4597	20271	7.64
1973	276605	4462	11885	5162	21509	7.78
1974	286676	4079	13614	5081	22774	7.94
1975	322963	3846	17609	6835	28290	8.76
1976	347710	4041	17659	6980	28680	8.25
1977	369625	3953	18604	6913	29470	7.97
1978	398540	5245	18185	8512	31942	8.01
1979	438170	4866	19769	6997	31632	7.22
1980	489239	4454	21183	6146	31783	6.50
1981	559883	7862	25493	5878	39233	7.01
1982	611496	4980	27973	5483	38436	6.29
1983	656628	5413	29350	5409	40172	6.12
1984	722844	6961	29938	5709	42608	5.89
1985	777747	a)	43908	5733	49641	6.38
1986	847771	a)	51740	4850	56590	6.68
1987	902248	8076	46308	4279	58663	6.50
1988	967580	6376	48464	4115	58955	6.09
1989	1036483	6947	48094	4619	59660	5.76
1990	1081649	6113	47463	4199	57775	5.34
1991	1114785	5057	44238	3843	53138	4.77
1992	1148875	5822	44226	6329	56377	4.91
1993	1219335	5869	47450	11236	64555	5.29
1994	1225101	5128	42889	11997	60014	4.90
1995	1323427	6598	43992	12942	63532	4.80

a) Die Bankdebitoren auf Zeit und auf Sicht sind für die Jahre 1985 und 1986 in der Spalte Bankdebitoren zusammengefasst

	Bilanz-summe	Ausländische Aktiva				
		Banken-debitoren auf Sicht	Banken-debitoren auf Zeit	Wechsel und Geldmarkt-pap.	Total	in % der Bilanz-summe
	in Mio Fr.					
1971	243278	15352	43235	3329	61916	25.45
1972	265496	16434	46593	3152	66179	24.93
1973	276605	13895	44975	3061	61931	22.39
1974	286676	12356	43987	4491	60834	21.22
1975	322963	11688	59917	6989	78594	24.34
1976	347710	9870	63943	7518	81331	23.39
1977	369625	10456	63504	6410	80370	21.74
1978	398540	11126	66798	5258	83182	20.87
1979	438170	13022	68498	6814	88334	20.16
1980	489239	12751	73104	10148	96003	19.62
1981	559883	13960	83712	14596	112268	20.05
1982	611496	12029	99775	16071	127875	20.91
1983	656628	12067	105869	21046	138982	21.17
1984	722844	13896	124728	24655	163279	22.59
1985	777747	a)	149705	26973	176678	22.72
1986	847771	a)	170186	28024	198210	23.38
1987	902248	15832	160237	27393	203462	22.55
1988	967580	10841	180918	19790	211549	21.86
1989	1036483	13479	155572	23318	192369	18.56
1990	1081649	10781	150923	31534	193238	17.87
1991	1114785	11796	144242	27308	183346	16.45
1992	1148875	11391	149990	29596	190977	16.62
1993	1219335	15505	150701	25032	191238	15.68
1994	1225101	12055	145417	28564	186036	15.19
1995	1323427	12160	149940	34838	196938	14.88

a) Die Bankdebitoren auf Zeit und auf Sicht sind für die Jahre 1985 und 1986 in der Spalte Bankdebitoren zusammengefasst

	Inländische Passiva						
	Bilanz-summe	Banken-kreditoren auf Sicht	Banken-kreditoren auf Zeit	Kreditoren auf Sicht	Kreditoren auf Zeit	Total	in % der Bilanz-summe
	in Mio Fr.						
1971	243278	7450	13380	23034	17335	61199	25.16
1972	265496	8324	10731	24149	17840	61044	22.99
1973	276605	5943	13682	22843	20262	62730	22.68
1974	286676	4929	17217	22130	24709	68985	24.06
1975	322963	5288	21581	24155	22750	73774	22.84
1976	347710	5020	20111	27838	19879	72848	20.95
1977	369625	5757	22112	29261	21744	78874	21.34
1978	398540	6405	21672	38790	17161	84028	21.08
1979	438170	7444	28084	32822	32128	100478	22.93
1980	489239	7517	31553	31660	45446	116176	23.75
1981	559883	11249	36072	31594	63827	142742	25.49
1982	611496	7192	37149	34077	53353	131771	21.55
1983	656628	9131	40107	35040	53710	137988	21.01
1984	722844	9790	46808	40381	64144	161123	22.29
1985	777747	a)	64067	43043	71304	152425	19.60
1986	847771	a)	74829	45315	76136	196280	23.15
1987	902248	13090	66406	52677	84039	216212	23.96
1988	967580	8237	67568	52099	92670	220574	22.80
1989	1036483	6942	71030	50023	135690	263685	25.44
1990	1081649	5786	74953	47461	152158	280358	25.92
1991	1114785	5820	62829	47696	156980	273325	24.52
1992	1148875	5712	66351	50322	152800	275185	23.95
1993	1219335	6000	68921	57042	131360	263323	21.60
1994	1225101	5738	67479	60534	133046	266797	21.78
1995	1323427	8926	65625	65670	111286	251507	19.00

a) Die Bankkreditoren auf Zeit und auf Sicht sind für die Jahre 1985 und 1986 in der Spalte Bankdebitoren zusammengefasst

	Inländische Passiva						
	Bilanzsumme	Bankenkreditoren auf Sicht	Bankenkreditoren auf Zeit	Kreditoren auf Sicht	Kreditoren auf Zeit	Total	in % der Bilanzsumme
	in Mio Fr.						
1971	243278	10702	22333	18068	17183	68286	28.07
1972	265496	10128	30643	16794	15060	72625	27.35
1973	276605	9657	32760	14899	15862	73178	26.46
1974	286676	9615	31094	13222	17131	71062	24.79
1975	322963	9662	36424	14458	18550	79094	24.49
1976	347710	10610	42286	15185	18653	86734	24.94
1977	369625	10887	40283	15475	19257	85902	23.24
1978	398540	10588	45376	16172	21277	93413	23.44
1979	438170	13781	48720	16792	26177	105470	24.07
1980	489239	13974	60415	17390	37367	129146	26.40
1981	559883	17212	68530	30247	43836	159825	28.55
1982	611496	15252	61493	18913	61109	156767	25.64
1983	656628	14344	63479	19407	71413	168643	25.68
1984	722844	17250	61634	21078	88851	188813	26.12
1985	777747	a)	95945	21278	83956	201179	25.87
1986	847771	a)	116531	22075	83626	222232	26.21
1987	902248	17935	103957	23199	76903	221994	24.60
1988	967580	14194	120003	20689	96038	250924	25.93
1989	1036483	15543	131442	20606	103415	271006	26.15
1990	1081649	15156	135453	20162	116883	287654	26.59
1991	1114785	15526	139792	14823	127571	297712	26.71
1992	1148875	14332	135551	23042	137346	310271	27.01
1993	1219335	17630	135714	31717	126738	311799	25.57
1994	1225101	18028	149493	24151	132575	324247	26.47
1995	1323427	20002	142383	26020	118717	307122	23.21

a) Die Bankkreditoren auf Zeit und auf Sicht sind für die Jahre 1985 und 1986 in der Spalte Bankdebitoren zusammengefasst

A2 Form der Indifferenzkurven einer quadratischen Nutzenfunktion

Mit dem Taylorpolynom in (2.22) erhält man den Erwartungsnutzen als Funktion der ersten beiden Momente μ_S und σ_S^2. Der Erwartungsnutzen des Gesamtportfolios setzt sich aus den mit den Eintrittswahrscheinlichkeiten gewichteten Partialnutzen der einzelnen Anlagen zusammen. Die Nutzenfunktion aus den einzelnen Anlagen, die im Portfolio berücksichtigt werden, lässt sich analog zur Erwartungsnutzenfunktion mit einer Taylorapproximation zweiten Grades darstellen:

$$u_i = u_i(\mu_i) + \frac{u_i''(\mu_i)}{2!}(\tilde{\alpha}_i - \mu_i)^2 \tag{A 2.1}$$

Wobei u_i den Nutzen bezeichnet der dem Anleger aus der Investition in die Wertschrift i entsteht, mit $\tilde{\alpha}_i$ werde die effektiv erwirtschaftete Rendite aus der Investition in die Wertschrift i bezeichnet und μ_i sei der aus der Anlage i erwartete Ertrag. Geht man davon aus die Nutzenfunktion sei quadratisch, dann erhält man folgende Gleichung:

$$u_i = a + b\,\mu_i - \frac{1}{2}c(\tilde{\alpha}_i - \mu_i)^2 \tag{A 2.2}$$

Gewichtet man diese Nutzenfunktion mit den Eintrittswahrscheinlichkeiten Π_i, entsteht durch Addition der einzelnen Erwartungsnutzen der Globalnutzen oder der Erwartungsnutzen des Portfolios U.

$$U = \sum_{i=1}^{n} \Pi_i\, u_i \tag{A 2.3}$$

Durch einsetzen von u_i erhält man:

$$U = \sum_{i=1}^{n} \Pi_i \left[a + b\,\mu_i - \frac{1}{2}c(\tilde{\alpha}_i - \mu_i)^2\right] \tag{A 2.4}$$

$$\text{oder: } = a\sum_{i=1}^{n} \Pi_i + b\sum_{i=1}^{n} \Pi_i\, \mu_i - \frac{1}{2}c\sum_{i=1}^{n} \Pi_i\left(\tilde{\alpha}_i - \mu_i\right)^2$$

Für die ersten beiden Summen gilt: $\sum_{i=1}^{n} \Pi_i = 1$ und $\sum_{i=1}^{n} \Pi_i\, \mu_i = \mu_S$. Die Vereinfachung des dritten Summenzeichens folgt aus den folgenden Umformungen:

$$\sum_{i=1}^{n} \Pi_i\left(\tilde{\alpha}_i - \mu_i\right)^2 = \sum_{i=1}^{n} \Pi_i\left[\left(\left(\tilde{\alpha}_i - \mu_i\right) - \mu_S\right) + \mu_S\right]^2 =$$

$$\sum_{i=1}^{n} \Pi_i\left[\left(\left(\tilde{\alpha}_i - \mu_i\right) - \mu_S\right)^2 + 2\mu_S\left(\left(\tilde{\alpha}_i - \mu_i\right) - \mu_S\right) + \mu_S^2\right] =$$

$$\sum_{i=1}^{n} \Pi_i\left(\left(\tilde{\alpha}_i - \mu_i\right) - \mu_S\right)^2 + 2\mu_S\sum_{i=1}^{n} \Pi_i\left(\left(\tilde{\alpha}_i - \mu_i\right) - \mu_S\right) + \mu_S^2\sum_{i=1}^{n} \Pi_i$$

da $\sum_{i=1}^{n} \Pi_i\left(\left(\tilde{\alpha}_i - \mu_i\right) - \mu_S\right)^2 = \sigma^2$, $2\mu_S\sum_{i=1}^{n} \Pi_i\left(\left(\tilde{\alpha}_i - \mu_i\right) - \mu_S\right) = 0$ und

$\mu_S^2\sum_{i=1}^{n} \Pi_i = \mu_S^2$

Daraus folgt für (A 2.4):

$$U = a + b\,\mu_S - \frac{1}{2}c\left(\mu_S^2 + \sigma_S^2\right) \qquad \text{(A 2.5)}$$

Für die Indifferenzkurve auf einem gegebenen Nutzenniveau U^*, erhält man durch das Auflösen nach μ_S und σ_S^2:

$$\frac{1}{2}c\,\mu_S^2 - b\,\mu_S + \frac{1}{2}c\,\sigma_S^2 = a - U^*$$

Die beidseitige Multiplikation mit $2/c$ und die Erweiterung um $(b/c)^2$ führt zu:

$$\left(\mu_S^2 - \frac{b}{c}\right)^2 + \sigma_S^2 = 2\frac{a - U^*}{c} + \frac{b^2}{c^2} \qquad \text{(A 2.6)}$$

Die rechte Seite dieser Funktion besteht ausschliesslich aus Konstanten, die linke ist eine quadratische Funktion mit dem Zentrum in $\mu_S = b/c$ und $\sigma_S = 0$, für den Radius erhält man:

$$R = \sqrt{\frac{a - E^{*}\left(U_{p}\right)}{c} + \frac{b^{2}}{4c^{2}}} \qquad \text{(A 2.7)}$$

Abbildung A 2.1: Indifferenzkurven einer quadratischen Nutzenfunktion

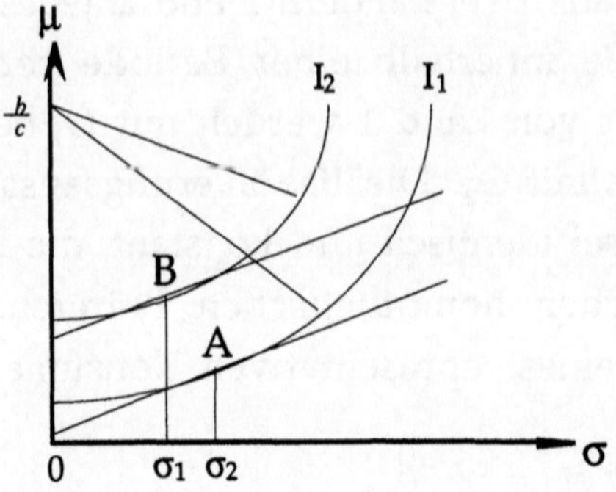

Die quadratische Nutzenfunktion ist für den Bereich eingeschränkt, in dem für die Vermögensänderung ein positiver Grenznutzen entsteht. Das heisst, für die Ableitung von Gleichung (A 2.2) muss $u_i' = b - c\left(\tilde{\alpha}_i - \mu_i\right) > 0$ gelten.

A3 Herleitung des Gleichgewichts im intertemporalen Asset-Pricing-Modell

A 3.1 Tauschhandel

Die Welt besteht aus zwei Ländern 1 und 2. Jedes Land produziere Konsumgüter, die innerhalb einer Periode verbraucht werden. Die Konsumgüter von Land 1 werden mit Θ_1 bezeichnet und die Güter aus Land 2 mit Θ_2. Die Bevölkerungszusammensetzung in beiden Ländern sei identisch und konstant, die Konsumenten haben die identischen homothetischen Präferenzstrukturen. Die Nutzenfunktion eines repräsentativen Konsumenten sei:

$$U_t = E\left\{\sum_{t=0}^{\infty} \zeta^t \, U\left(C_{1t}, C_{2t}\right)\right\} \tag{A 3.1}$$

ζ ist ein Diskontfaktor, der zwischen Null und Eins liegt. Die Konsumgüter Θ aus den Ländern 1 und 2 werden in der Zeit-Periode t konsumiert. In beiden Ländern werden die Konsumenten zu Beginn einer Periode mit dem Güterbündel Θ_1 im Land 1 und Θ_1 im Land 2 ausgestattet. Die kontinuierliche Ausstattung der Konsumenten folge einem Markov-Prozess mit einer Übergangsfunktion, die folgendermassen vorgegeben sei:

$$\Pi\left\{\Theta_{1t+1} \leq \Theta_1', \Theta_{2t+1} \leq \Theta_2' \,\middle|\, \Theta_{1t} = \Theta_1 , \Theta_{2t} = \Theta_2\right\} =$$
$$F\left\{\Theta_{1t+1}, \Theta_{2t+1} \,\middle|\, \Theta_{1t}, \Theta_{2t}\right\} \tag{A 3.2}$$

Bezeichnet man die gegenwärtige Ausstattung der Volkswirtschaft mit $s = \left(\Theta_{1t}, \ \Theta_{2t}\right)$, dann erhalten wir für die Übergangsfunktion $F\left(s', s\right)$. Die Übergangsfunktion $F(\bullet, s)$ ist eine stetige Verteilungsfunktion und ist in jedem Zustand s definiert, wobei $F\left(0, s\right) = 0$ ist.

Das Vermögen V werde folgendermassen verwendet:

$$V \geq C_1 + C_2 \, P_2(s) + v_1 \, G_1(s) + v_2 \, G_2(s) \tag{A 3.3}$$

$P_2(s)$ ist der relative Preis für C_2 gemessen in C_1, $G_i(s)$ ist der Preis der Aktien und v_i die Anzahl erworbener Aktien. Die Aktien sind die Ersparnisse der Konsumenten und gehen in der folgenden Periode (s') als Vermögen des Individuums ein, das Portfolio wird sich dann folgendermassen zusammensetzen:

$$V' = v_1 \left[\Theta_1' + G_1(s') \right] + v_2 \left[P_2(s')\Theta_2' + G_2(s') \right] \qquad \text{(A 3.4)}$$

Die Funktion $\psi(V, s)$ eines Konsumenten hängt von seiner Portfolioallokation (A 3.4) und seinem Grad an Ungewissheit in Bezug auf die zukünftigen Entwicklung ab. Die Ungewissheit ist durch die Verteilungsfunktion der zukünftigen Zustände $F(s', s)$ charakterisiert. Unter der Bedingung, dass die Funktion $F(s') = \int \psi(V', s')\, d\,F(s)$ stationär und $F(s)$ differenzierbar mit $F'(s) = f(s)$ ist, erhält man für die Funktion $\int \psi(V', s')\, f(s)\, ds$ (vgl. Shilov und Gurevich, 1977 S. 88ff.). Die Nutzenfunktion (A 3.1) sei die Zielfunktion des Konsumenten, der zu Beginn der ersten Periode s mit dem Vermögen V ausgestattet ist. Der Konsument folge, nachdem die Nutzenfunktion festgelegt wurde, einem optimalen Portfolio Anpassungspfad $\int \psi(V', s')\, f(s', s)\, ds'$, der mit β diskontiert wird und unter der Nebenbedingung (A 3.3) und V' aus Gleichung (A 3.4).

$$\psi(V, s) = max \left\{ U(C_1, C_2) + \beta \int \psi(V', s')\, f(s', s)\, ds' \right\} \qquad \text{(A 3.5)}$$

Die Beziehung (A 3.5) wird nun bezüglich C_1, C_2, V_1 und V_2 maximiert. Unter Verwendung der Lagrange-Methode erhält man:

$$L(V, s) = \left\{ U(C_1, C_2) + \beta \int \psi(V', s')\, f(s', s)\, ds' \right\}$$
$$+ \lambda \left[V - C_1 - C_2\, P_2(s) - v_1\, G_1(s) - v_2\, G_2(s) \right]$$

Die Bedingungen erster Ordnung lauten:

$$\partial U(C_1, C_2) / \partial C_1 = \lambda \qquad \text{(A 3.6)}$$

$$\partial U(C_1, C_2)/\partial C_2 = \lambda\, P_2(s) \qquad \text{(A 3.7)}$$

$$\beta \int \psi_V(V', s')[\,\Theta_1' + G_1(s')\,]\, f(s', s)\, ds' = \lambda\, G_1(s) \qquad \text{(A 3.8)}$$

$$\beta \int \psi_V(V', s')[\,P_2(s')\,\Theta_2' + G_2(s')\,]\, f(s', s)\, ds' = \lambda\, G_2(s) \qquad \text{(A 3.9)}$$

Mit Gleichung (A 3.6) und (A 3.7) erhält man den Gleichgewichtspreis, da die Präferenzen der Konsumenten im In- und Ausland gleich sind, werden diese inländische und ausländische Produkte je zur Hälfte konsumieren, so dass $(C_1\ C_2) = (\frac{1}{2}\Theta_1, \frac{1}{2}\Theta_2)$ und sich damit der Preis

$$P_2(s) = \frac{\partial U(\frac{1}{2}\Theta_1, \frac{1}{2}\Theta_2)/\partial C_2}{\partial U(\frac{1}{2}\Theta_1, \frac{1}{2}\Theta_2)/\partial C_1} = \frac{\partial U(s)/\partial C_2}{\partial U(s)/\partial C_1} \qquad \text{(A 3.10)}$$

ergibt. Die Euler-Gleichungen (A 3.8) und (A 3.9) beschreiben die Investitionsentscheidungen der Individuen. Maximiert man schliesslich die Zielfunktion bezüglich des Vermögens in (A 3.3), erhält man:

$$\psi_V(V, s) = \lambda \qquad \text{(A 3.11)}$$

Unter Verwendung von Gleichung (A 3.6), (A 3.8) und (A 3.11) und dem Umstand, dass es sich um stationäre Prozesse handelt, erhält man für den Preis der jeweiligen Aktien:

$$G_1(s) = \frac{\beta \int \partial U(s')/\partial C_1 [\,\Theta_1' + G_1(s')\,]\, f(s', s)\, ds'}{\partial U(s)/\partial C_1} \qquad \text{(A 3.12)}$$

Gleichung (A 3.12) wird als Erwartungswert formuliert, für den

$$G_1(s) = E\left[\frac{\beta\, \partial U(s')/\partial C_1 (\,\Theta_1' + G_1(s')\,)}{\partial U(s)/\partial C_1}\right] \qquad \text{(A 3.13)}$$

gilt. Für den Preis der ausländischen Anteile erhalten wir durch Verwendung von Gleichung (A 3.6), (A 3.9) und (A 3.11):

$$G_2(s) = \beta \frac{\int \partial U(s')/\partial C_1 \left[P_2(s')\,\Theta_2' + G_2(s') \right] f(s', s)\, ds'}{\partial U(s)/\partial C_1} \quad \text{(A 3.14)}$$

beziehungsweise

$$G_2(s) = E\left[\frac{\beta\, \partial U(s')/\partial C_1 \; \left(P_2(s')\,\Theta_2' + G_2(s') \right)}{\partial U(s)/\partial C_1} \right] \quad \text{(A 3.15)}$$

A 3.2 Zwei Ländermodell mit flexiblen Wechselkursen

Die in jeder Periode angebotene Geldmenge betrage:

$$M_{1,t+1} = \left(1 + \rho_{1,t+1}\right) M_1 \quad \text{(A 3.16)}$$

$$M_{2,t+1} = \left(1 + \rho_{2,t+1}\right) M_2 \quad \text{(A 3.17)}$$

Das Wachstum der Geldmenge folge einem Markov-Prozess:

$$N(\rho, \rho', s, s') =$$
$$prob\left\{ \rho_{1t} \le \rho_1', \rho_{2t} \le \rho_2' \,\middle|\, \rho_{1t-1} = \rho_{1t}, \rho_{2t-1} = \rho_{2t}, s_t = s', s_{t-1} = s \right\}$$

Die Wertefunktion sei wie in Gleichung (A 3.5) und (2.56) hergeleitet. Die verwendeten Parameter seien die gleichen wie im Lucas-Modell des zweiten Kapitels. Die zu maximierende Nutzenfunktion laute

$$\psi(V, s, M_1, M_2, \rho) = max\left\{ U(C_1, C_2) \right.$$
$$\left. + \beta \int \psi(V', s', M_1', M_2', \rho')\, f(s', s)\, ds' \right\} \quad \text{(A 3.18)}$$

unter der Nebenbedingung :

$$V \ge \phi_1 n_1 + \phi_2 n_2 + v_1 G_1(s, \rho_1) + v_2 G_2(s, \rho_2)$$
$$+ q_1 H_1(s, \rho_1) + q_2 H_2(s, \rho_2) \quad \text{(A 3.19)}$$

Und das Vermögen V' in der folgenden Periode sei wie in Gleichung (2.57) hergeleitet:

$$V' = v_1 \left[G_1(s', \rho_1) + \frac{\phi_1'}{\phi_1} \Theta_1 \right] + v_2 \left[G_2(s', \rho_2) + \frac{\phi_2'}{\phi_2} \Theta_2 \right]$$

$$+ q_1 \left[\phi_1' \rho_1 M_1 + H_1(s', \rho_1') \right] + q_2 \left[\phi_2' \rho_2 M_2 + H_2(s', \rho_2') \right]$$

$$+ \phi_1' \rho_1 M_1 + \phi_2' \rho_2 M_2 \qquad \text{(A 3.20)}$$

Unter Verwendung der Lagrange-Methode erhält man:

$$L(V, s, M_1, M_2, \rho) = max \left\{ U(C_1, C_2) + \beta \int \psi(V', s' M_1', M_2', \rho') f(s', s)\, ds' \right\}$$

$$+ \lambda \left[V - \phi_1 n_1 - \phi_2 n_2 - G_1(s, \rho_1) V_1 - G_2(s, \rho_2) V_2 \right.$$

$$\left. - \Xi_1 H_1(s, \rho_1) - H_2(s, \rho_2) \Xi_2 \right] \qquad \text{(A 3.21)}$$

Die Maximierung nach C_1 und C_2 führt zum gleichen Resultat wie Gleichung (A 3.7) und (A 3.8) und wird an dieser Stelle nicht wiederholt.

$$\beta \int \psi_V(V', s' M_1', M_2', \rho') \left[G_1(s', \rho_1) + \frac{\phi_1'}{\phi_1} \Theta_1 \right] f(s', s)\, ds' = \lambda\, G_1(s, \rho_1) \qquad \text{(A 3.22)}$$

$$\beta \int \psi_V(V', s' M_1', M_2', \rho') \left[G_2(s', \rho_2) + \frac{\phi_2'}{\phi_2} \Theta_2 \right] f(s', s)\, ds' = \lambda\, G_2(s, \rho_2) \qquad \text{(A 3.23)}$$

$$\beta \int \psi_\Xi(V', s' M_1', M_2', \rho') \left[\phi_1' \rho_1 M_1 + H_1(s', \rho_1') \right] f(s', s)\, ds' = \lambda\, H_1(s, \rho_1) \qquad \text{(A 3.24)}$$

$$\beta \int \psi_\Xi(V', s' M_1', M_2', \rho') \left[\phi_2' \rho_2 M_2 + H_2(s', \rho_2') \right] f(s', s)\, ds' = \lambda\, H_2(s, \rho_2) \qquad \text{(A 3.25)}$$

Unter der Verwendung von:

$$\psi_V(V, s, M_1, M_2, \rho) = \lambda \qquad \text{(A 3.26)}$$

beziehungsweise

$$\psi_\Xi(V, s, M_1, M_2, \rho) = \lambda \qquad \text{(A 3.27)}$$

und der Beziehung $U_1(s) = \lambda$ erhält man für (A 3.22) und (A 3.23):

$$G_1(s,\rho_1) = \frac{\beta \int \partial U(s')/\partial C_1 \left[G_1(s',\rho_1) + \frac{\phi_1'}{\phi_1}\Theta_1 \right] f(s',s)\,ds'}{\partial U(s)/\partial C_1} \tag{A 3.28}$$

$$G_2(s,\rho_2) = \frac{\beta \int \partial U(s')/\partial C_1 \left[G_2(s',\rho_2) + \frac{\phi_2'}{\phi_2}\Theta_2 \right] f(s',s)\,ds'}{\partial U(s)/\partial C_1} \tag{A 3.29}$$

Ein ähnliches Resultat erhält man für den Geldmarkt aus Gleichung (A 3.24) und (A 3.25):

$$H_1(s,\rho_1) = \frac{\beta \int \partial U(s')/\partial C_1 \left[\phi_1' \rho_1 M_1 + H_1(s',\rho_1') \right] f(s',s)\,ds'}{\partial U(s)/\partial C_1} \tag{A 3.30}$$

$$H_2(s,\rho_1) = \frac{\beta \int \partial U(s')/\partial C_1 \left[\phi_2' \rho_2 M_2 + H_2(s',\rho_2') \right] f(s',s)\,ds'}{\partial U(s)/\partial C_1} \tag{A 3.31}$$

Der Gleichgewichtspreis in- und ausländischer Wertschriften und Geldmarktpapieren ist in Gleichung (A 3.28) bis (A 3.31) gegeben und entspricht der intertemporalen marginalen Rate der Substitution des Geldes (IMRS) (vgl. auch die Gleichungen A 3.12/13). Um den Wert der Anlagen in Geldeinheiten zu bestimmen, wird der Barwert berechnet. Es muss aber berücksichtigt werden, dass der Zinssatz positiv ist, da das Gleichgewicht nur unter der Annahme entstand, dass die Liquiditätsbedingungen bindend sind.

Den Barwert eines Frankens in einer Periode erhält man aus Gleichung (2.48) und Gleichung (2.50) $\Theta_1'/(1+\rho_1')\,M_1$. Der Barwert einer beliebigen Geldanlage in einer Periode betägt also:

$$\beta \int \frac{\partial U(s')/\partial C_1}{\partial U(s)/\partial C_1} \frac{\Theta_1'}{(1+\rho_1')\,M_1} f(s',s)\,ds' \tag{A 3.32}$$

Der gegenwärtige Preis in Franken entspricht der Multiplikation dieser Menge mit dem Preis $P_1(M_1,s) = M_1/\Theta_1$ aus Gleichung (2.50):

$$B_1(s,\rho)=\beta\int\frac{\partial U(s')/\partial C_1\,\Theta_1'}{\partial U(s)/\partial C_1\,\Theta_1}\frac{1}{(1+\rho_1')}f(s',s)\,ds' \qquad \text{(A 3.33)}$$

und für Anlagen in ausländischer Währung entsprechend:

$$B_2(s,\rho)=\beta\int\frac{\partial U(s')/\partial C_1\,\Theta_2'}{\partial U(s)/\partial C_1\,(s)\,\Theta_2}\frac{1}{(1+\rho_2')}f(s',s)\,ds' \qquad \text{(A 3.34)}$$

Auch hier basieren die Werte der Anlagen auf bedingten Erwartungswerten und können mit Erwartungsparametern geschrieben werden. Der Preis einer Anlage in der Periode t, von der in der Periode $t+1$ ein Ertrag erwartet wird, beträgt deshalb

$$B_1(s,\rho)=E\left[\frac{\beta\,\partial U(s')/\partial C_1\,(s')\,\Theta_1'}{\partial U(s)/\partial C_1\,(s)\,\Theta_1}\frac{1}{(1+\rho_1')}\right] \qquad \text{(A 3.35)}$$

im Inland und

$$B_2(s,\rho)=E\left[\frac{\beta\,\partial U(s')/\partial C_2\,\Theta_2'}{\partial U(s)/\partial C_2\,\Theta_2}\frac{1}{(1+\rho_2')}\right] \qquad \text{(A 3.36)}$$

im Ausland.

A 3.3 Herleitung der Risikoprämie

Die Arbitragebedingung aus Gleichung (2.68) lautet:

$$E\left[\frac{W_{t+1}^K-W_{t,t+1}^T}{W_t^K}\frac{P_1}{P_1'}Z_1'\right]=0 \qquad \text{(A 3.37)}$$

Die in t bekannten Wechselkurse und Preise lassen sich ausmultiplizieren und man erhält:

$$\frac{P_1}{W_t^K}E\left[\frac{W_{t+1}^K-W_{t,t+1}^T}{P_1'}Z_1'\right]=0 \qquad \text{(A 3.38)}$$

Nach beidseitiger Division von P_1/W_t^K erhält man für die Gleichung (A 3.38) in Exponentenschreibweise:

$$E\left[e\left(w_{t+1}^{K}-p_{1}'+z'\right)\right]=E\left[e\left(w_{t,t+1}^{T}-p_{1}'+z'\right)\right] \qquad \text{(A 3.39)}$$

Wobei e für die Eulersche Zahl steht. Unter Verwendung von $E[e(x)]= e\left(\mu_x+1/2\,\sigma_x^2\right)$ und von $Var\left(w_{t+1}^{K}-p_1'+z'\right)=Var\left(w_{t+1}^{K}\right)+ Var\left(p_1'\right)+Var\left(z'\right)-2\,Cov\left(w_{t+1}^{K};\,p_1'\right)-2\,Cov\left(w_{t+1}^{K};\,z'\right)+2\,Cov\left(p';\,z'\right)$ erhält man für

$$E\left[e\left(w_{t+1}^{K}-p_1'+z'\right)\right]=e\Bigg(E\left\{w_{t+1}^{K}\right\}-E\left\{p_1'\right\}+E\left\{z'\right\}+\frac{1}{2}Var\left(w_{t+1}^{K}\right)+ \frac{1}{2}Var\left(p_1'\right)+\frac{1}{2}Var\left(z'\right)-Cov\left(w_{t+1}^{K};\,p_1'\right)-Cov\left(w_{t+1}^{K};\,z'\right)+Cov\left(p_1';\,z'\right)\Bigg).$$

Analog dazu erhält man unter der Berücksichtigung, dass $w_{t,t+1}^{T}$ bekannt ist und demnach dessen Varianz und Kovarianz Null sind, für

$$E\left[e\left(w_{t,t+1}^{T}-p_1'+z'\right)\right]=e\Bigg(w_{t,t+1}^{T}-E\left\{p_1'\right\}+E\left\{z'\right\}+\frac{1}{2}Var\left(p_1'\right)+ \frac{1}{2}Var\left(z'\right)+Cov\left(p';\,z'\right)\Bigg).$$

Durch Einsetzen dieser Beziehungen in Gleichung (A 3.39) und deren Logarithmierung, erhält man:

$$E\left(w_{t+1}^{K}\right)=w_{t,t+1}^{T}-\frac{1}{2}\,var\left(w_{t+1}^{K}\right)+cov\left(w_{t+1}^{K},\,p_1'\right)-cov\left(w_{t+1}^{K},\,z'\right) \qquad \text{(A 3.40).}$$

A 3.3.1 Die Risikoprämie für die vorliegende Schätzung

Aus:

$$E\left[\frac{W_{t+1}^{K}-W_{t,t+1}^{T}}{W_{t}^{K}}\frac{P_{CH}}{P_{CH}'}\left(\frac{SPI'}{SPI}\right)^{-\gamma}\right]=0 \qquad \text{(A 3.41)}$$

folgt analog zu (A 3.39):

$$E\left[e\left(w_{t+1}^{K}+\pi'-\gamma\varsigma'\right)\right]=E\left[e\left(w_{t,t+1}^{T}+\pi'-\gamma\varsigma'\right)\right] \qquad \text{(A 3.41)}$$

Mit $ln\left(\frac{P_1}{P_1'}\right)=\pi'$ und $ln\left(\frac{SPI_{t+1}}{SPI_t}\right)=\varsigma'$
unter Verwendung von:

$$E\left[e\left(w_{t+1}^{K}+\pi'-\gamma\varsigma'\right)\right]=e\Big(E\left\{w_{t+1}^{K}\right\}-E\left\{\pi'\right\}+\gamma\,E\left\{\varsigma'\right\}+\frac{1}{2}Var\left(w_{t+1}^{K}\right)+$$

$$\frac{1}{2}Var\left(\pi'\right)+\frac{1}{2}\gamma^{2}\,Var\left(\varsigma'\right)-Cov\left(w_{t+1}^{K};\pi'\right)-$$

$$\gamma\,Cov\left(w_{t+1}^{K};\varsigma'\right)+\gamma\,Cov\left(\pi';\varsigma'\right)\Big)$$

und

$$E\left[e\left(w_{t,t+1}^{T}+\pi'-\gamma\varsigma'\right)\right]=e\Big(w_{t,t+1}^{T}-E\left\{\pi'\right\}+\gamma\,E\left\{\varsigma'\right\}+\frac{1}{2}Var\left(\pi'\right)+$$

$$\frac{1}{2}\gamma^{2}\,Var\left(\varsigma'\right)+\gamma\,Cov\left(\pi';\varsigma'\right)\Big)$$

folgt:

$$\zeta=\frac{1}{2}Var\left(w_{t+1}^{K}\right)-Cov\left(w_{t+1}^{K};\pi'\right)-\gamma\,Cov\left(w_{t+1}^{K};\varsigma'\right) \qquad \text{(A 3.42)}$$

A 3.4 Subsamples der EMH Schätzung

4.1975 bis 11. 1978

	α	β	R^2	D.W.
USD	-0.017 (-1.833)	-0.748 (-1.148)	0.077	1.486
DEM	-0.010 (-2.753)	-1.460 (-3.462)	0.245	1.520
FRF	-0.021 (-3.177)	-0.865 (-2.135)	0.200	1.526
GBP	-0.016 (-1.738)	-0.026 (-0.369)	0.131	1.772
ITL	-0.024 (-2.71)	-0.308 (-1.192)	0.198	1.375
NLG	-0.016 (3.974)	-1.275 (4.287)	0.336	1.726
CAD	-0.023 (-1.938)	-0.769 (0.704)	0.107	1.430
JPY	-0.004 (-0.728)	-0.598 (-1.261)	0.036	2.069

12.1978 bis 9. 1985

	α	β	R^2	D.W.
USD	-0.025 (-2.191)	-1.526 (-2.608)	0.083	2.026
DEM	-0.008 (-2.410)	-0.979 (-2.452)	0.074	1.837
FRF	-0.007 (-1.180)	-0.137 (-0.473)	0.052	1.912
GBP	-0.003 (-0.969)	-0.969 (-1.778)	0.039	1.843
ITL	0.006 (-0.909)	-0.018 (-0.087)	0.078	1.983
NLG	0.004 (-1.921)	-0.295 (-1.866)	0.051	1.928
CAD	-0.024 (-2.040)	-1.297 (-2.238)	0.059	1.839
JPY	-0.003 (-0.738)	-0.820 (-1.945)	0.048	2.081

Quelle: IMF/IFS Monatsdaten,
Zentrierte R^2, t-Werte in Klammern,
D.W. bezeichnet die Durbin-Watson-Statistik

10.1985 bis 9. 1992

	α	β	R^2	$D.W.$
USD	-0.008 (-1.816)	-0.401 (-0.794)	0.039	1.861
DEM	-0.002 (-1.423)	-1.456 (-3.727)	0.148	1.941
FRF	-0.006 (-2.376)	-0.681 (-2.710)	0.082	1.951
GBP	0.006 (0.721)	0.103 (1.190)	0.037	1.544
ITL	-0.006 (-1.872)	-0.260 (-1.618)	0.042	1.223
NLG	0.000 (-0.462)	-0.429 (-2.532)	0.075	1.916
CAD	-0.012 (-1.795)	-0.726 (-1.253)	0.038	1.878
JPY	0.001 (0.510)	-1.383 (-3.515)	0.131	1.825

10.1992 bis 4. 1996

	α	β	R^2	$D.W.$
USD	0.001 (0.085)	0.188 (0.104)	0.000	2.766
DEM	-0.005 (-0.364)	-0.795 (-0.371)	0.003	2.910
FRF	-0.001 (-0.078)	-0.008 (-0.012)	0.000	2.877
GBP	0.004 (-0.315)	-0.061 (-0.167)	0.002	2.930
ITL	-0.014 (-0.624)	-0.638 (-0.472)	0.010	2.682
NLG	0.004 (0.174)	0.583 (0.237)	0.001	2.895
CAD	-0.004 (-0.269)	-0.168 (-0.243)	0.001	2.875
JPY	0.018 (1.214)	-2.663 (-1.494)	0.051	2.525

Quelle: IMF/IFS Monatsdaten,
Zentrierte R^2, t-Werte in Klammern,
D.W. bezeichnet die Durbin-Watson-Statistik

A4 Die Preisänderungsrate als Inflationsmass

Die Definition der Inflation wird in der monetären Aussenhandelstheorie in der Regel einfach gehalten. Sie wird als länger anhaltender Prozess charakterisiert, in dem die Wachstumsrate der nominalen Geldmenge grösser ist als die des realen Sozialprodukts. Damit wird der gebräuchlichsten Symptomdefinition (Cassel, 1995) Rechnung getragen, wonach die Inflation eine mehrmalige Preisniveausteigerung ist. Dieser Zusammenhang lässt sich mit Hilfe der Cambridge-Gleichung erläutern. Wird die ursprünglichen Funktion

$$\frac{M}{P} = \kappa \cdot Y \tag{A 4.1}$$

in Änderungsraten formuliert,

$$\Delta m - \Delta y = \Delta \kappa + \Delta p, \tag{A 4.2}$$

erhält man auf der linken Seite der Gleichung die Inflationsrate

$$\Delta m - \Delta y = \pi \tag{A 4.3}$$

Die Äquivalenz verlangt, dass auch

$$\Delta \kappa + \Delta p = \pi \tag{A 4.4}$$

gilt.

Die durch überschüssiges Geldmengenwachstum in Gleichung (A 4.3) ausgelöste Inflation wird sich in einer Zunahme des Kassenhaltungskoeffizienten und/oder einer allgemeinen Preissteigerung in Gleichung (A 4.4) niederschlagen. Unter der Annahme, der Kassenhaltungskoeffizient bleibe konstant, wird sich die Geldmengenänderung ausschliesslich auf die Preisänderung niederschlagen und die Inflationsrate ist somit gerade gleich gross wie die logarithmierte Preisänderung:

$$\pi_{t+1} = ln\ p_{t+1} - ln\ p_t$$

Die Fisher-Relation postuliert die Abhängigkeit nominaler Zinssätze von den erwarteten Preisänderungsraten. Diese hängen ihrerseits von der gewählten Erwartungsbildungshypothese in Gleichung (A 4.3) bis (A 4.3), welche so geartet ist, dass sich die Nominalzinsanpassungen bei Änderung der Inflationsrate verzögern. Gilt aber trotz Inflationserwartung die Fisher-Relation in der Anpassungsphase, muss sich, bei gegebenem Nominalzins, der Realzins anpassen. Die erwarteten Realzinssätze können variieren, wobei die ihnen zugrundeliegende Erwartungsbildungshypothese zu berücksichtigen ist. Solange die Inflationsrate π grösser als die Nominalzinsanpassung $\hat{i} = d\,i/d\,t$ ist, schwankt der Realzins $\dot{r} = d\,r/d\,t$ invers zur Inflation. Die bedingte Implikation lautet somit folgendermassen (Gebauer, 1982 S. 44):

$$\left(+\pi \rightarrow -\dot{r} \;\middle|\; +\pi > +\hat{i}\right) \tag{A 4.6}$$

Das bedeutet, dass eine Zunahme der Inflationsrate zu einer Senkung des Realzinses führt, solange die Inflationsrate grösser ist als die Nominalzinsanpassung. Bildet man die Differenz der Nominalzinssätze zweier Volkswirtschaften, erhält man die offene Fisher-Relation:

$$i - i^* = \left[\, E(r) - E(r^*) \,\right] + \left[\, E(\pi) - E(\pi^*) \,\right] \tag{A 4.7}$$

Ein Beispiel: Eine Volkswirtschaft habe heute einen Nominalzinssatz $i = 6\%$, eine Inflationsrate $\pi = 3\%$ und einen Realzinssatz $r = 3\%$. Nun steige in der kommenden Periode die Inflationserwartung auf $E(\pi) = 4\%$. Wenn der Nominalzins wegen der zugrundeliegenden Erwartungsbildungshypothese nur um $d\,i/d\,t = 1/2$ angepasst wird, dann muss der Realzins um $-d\,r/d\,t = -1/2$ fallen, um die Gleichung (A 4.2) also:

$i = E(r) + E(\pi) \Rightarrow (3\% - 0{,}5\%) + 4\% = 6\% + 0{,}5\%.$

A5 Datenbeschreibung

Als Datenbasis dienten die Angaben aus zwei Quellen. Einerseits waren es die Daten, die mir von H.P. Huber zur Verfügung gestellt wurden, andererseits waren es Angaben aus der DEWI Datenbank des Instituts für empirische Wirtschaftsforschung (IEW) der Universität Zürich. In der folgenden Aufstellung werden die einzelnen Reihen besprochen.

A 5.1 Wechselkurse

A 5.1.1 Kassakurse

Die verwendeten Kassakurse stammen aus der international Financial Statistics (IFS)-Datenbank des IMF. Verwendet wurden die Datenserien xxx.ae (wobei xxx für das entsprechende Land steht, z.B. 146.ae für den sFr.). Die Wechselkurse werden vom IMF in entsprechender Landeswährung gegen Dollar (z.B. *Fr/$, DM/$, £/$* usw.) angegeben und wurden für die vorliegende Arbeit aufgrund der vorliegenden Kreuzparitäten in Franken gegen die entsprechende Fremdwährung umgerechnet (also: *Fr/DM*, *Fr/£* usw.).

A 5.2.2 Terminkurse

Die verwendeten 3-Monatsterminkurse stammen aus der Reihe 60f der IFS-Datenbank. Dabei handelt es sich auch um Periodenendsätze. Bei den vom IWF für die IFS gemachten Angaben handelt es sich um Swapsätze (Forward-Premium und Forward-Discount). Die Swapsätze wurden gemäss der im *IFS-Supplement on Exchange Rates, No. 9 (1985)* S X, angegebenen Gleichung in Terminkurse umgerechnet und darauf in Franken gegen die entsprechende Fremdwährung angegeben.

Ausnahmen bildeten Frankreich, die Niederlande und Canada. Für Frankreich liegen ab Dezember 1992, für die Niederlande ab Dezember 1993 und für Canada ab Oktober 1994 keine Angaben vor. Für den entsprechenden Zeitraum wurde für diese drei Währungen die Terminkurse aufgrund von Devisenkassakursen und Geldmarktkursen berechnet.

A. 5.2 Zinssätze

A 5.2.1 Kurzfristiger Nominalzins

Die Kurzfristigen Zinssätze wurden ebenfalls den Angaben des IWF für die IFS entnommen. Dabei handelt es sich um die Dreimonats-LIBOR-Sätze aus der Reihe 60ea *"London Interbank Offer Rates on Three-Month Deposits"* .

Da diese Angaben für die USA und Italien nicht verfügbar sind, wurden die kurzfristigen Interbank Geldmarktpapiere der Reihe des 60b IFS verwendet. Da die IFS-Daten für Italien eine Lücke von zwei Jahren (1.1.94-1.12.95) aufweisen, wurden für diese Zeit die Angaben für Geldmarktpapiere der Italienischen Notenbank verwendet: *"Certificate of Deposits, Banca d'Italia, Economic Bulletin 94-96"*.

A 5.2.2 Langfristiger Nominalzins

Für sämtliche langfristige Nominalzinssätze verwendeten wir die Daten der IFS-Reihe 61, *"Government Bond Yield"*.

A 5.3 Verwendete Indizes

A 5.3.1 Preisindizes

Für die Konsumentenpreisindizes wurde ausschliesslich die Reihe xxx.64 der IFS-Datenbank verwendet.

A 5.3.2 Aktienindizes

Die Änderung der Aktienpreise berechnen sich aufgrund der Angaben des Gesamtindexes der Schweizer Aktien vom Schweizerischen Bankverein (Stand 1958=100). Die Änderungsraten dieses Indexes entsprechen denjenigen des schweizerischen Performance Indizes mit Dividenden-Reinvestition. Da der SPI aber erst seit 1987 geführt wird, wurde der Gesamtindex des Schweizerischen Bankvereins gewählt.

A 5.4 Spar- und Investitionsquote

A 5.4.1 Ertragsbilanz

Für die Ertragsbilanzen im Ländervergleich wurden jeweils die IFS-Angaben aus der Reihe xxx.78 verwendet, wobei für die Schätzung der Spar- und Investitionsquote für die Schweiz die Angaben aus den SNB-Monatsberichten zur Ertragsbilanz verwendet wurden.

A 5.4.2 Bruttoinlandprodukt

Für das BIP verwendeteten wir die Angaben des IWF für die IFS xxx.99. Während auch hier wie bereits bei der Ertragsbilanz für die Schweiz die Angaben aus den SNB-Monatsberichten massgebend waren.

A 5.4.3 Investitionen

Die Daten für die Bruttoinlandsinvestitionen stammen ebenfalls aus den SNB-Monatsberichten.

A6 Realzinsvergleich: Schweiz andere Länder

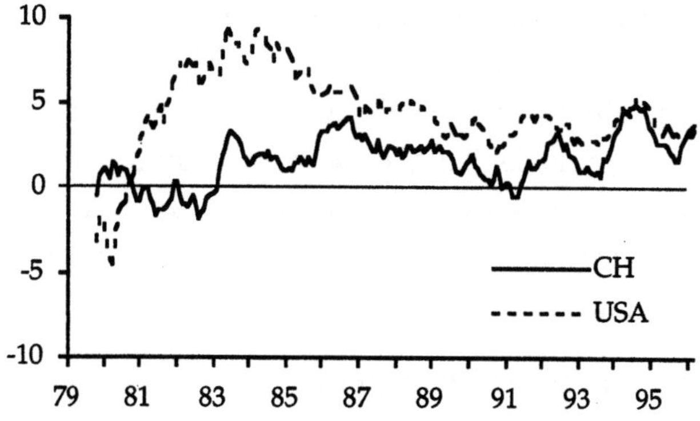

Quelle: IFS Reihe 61, Monatsdaten

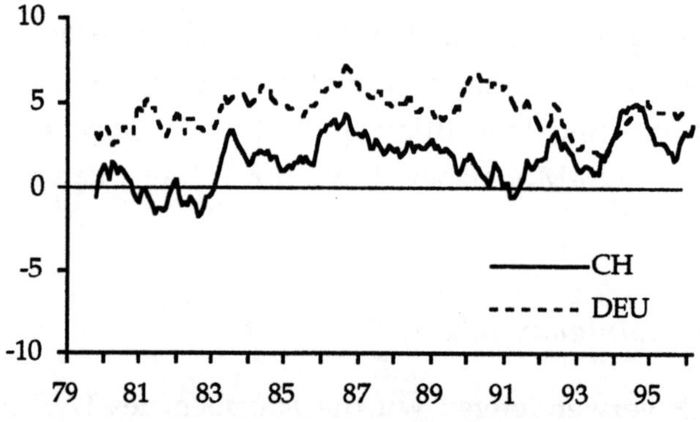

Quelle: IFS Reihe 61, Monatsdaten

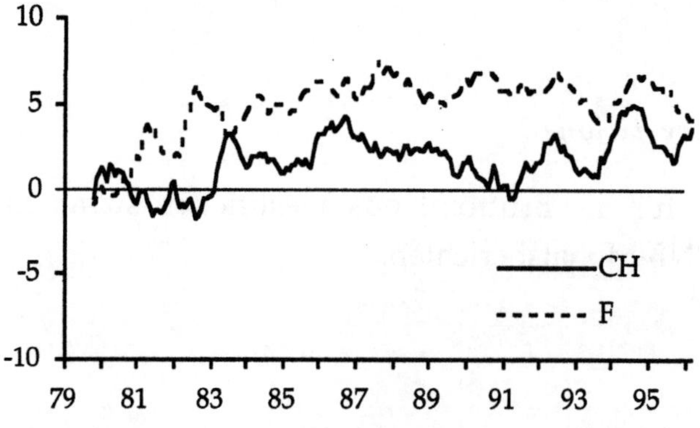

Quelle: IFS Reihe 61, Monatsdaten

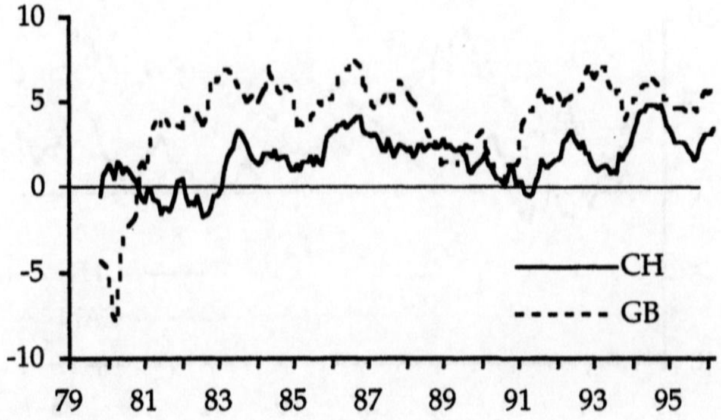

Quelle: IFS Reihe 61, Monatsdaten

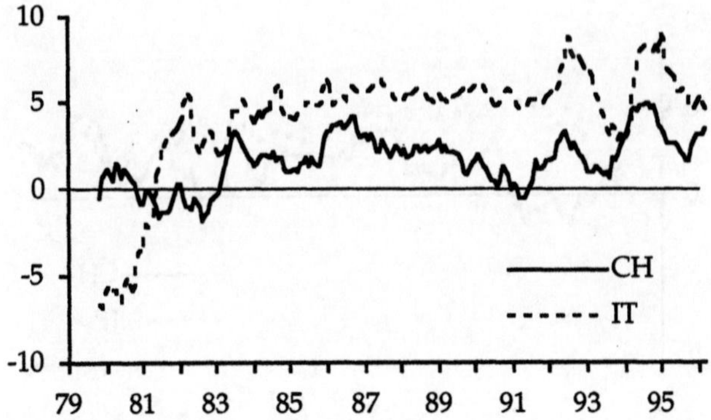

Quelle: IFS Reihe 61, Monatsdaten

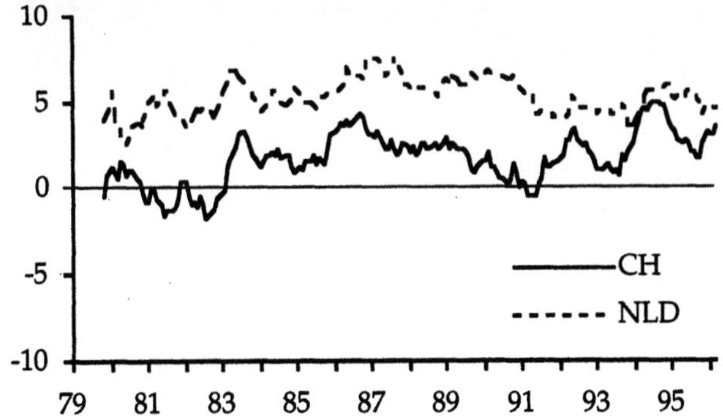

Quelle: IFS Reihe 61, Monatsdaten

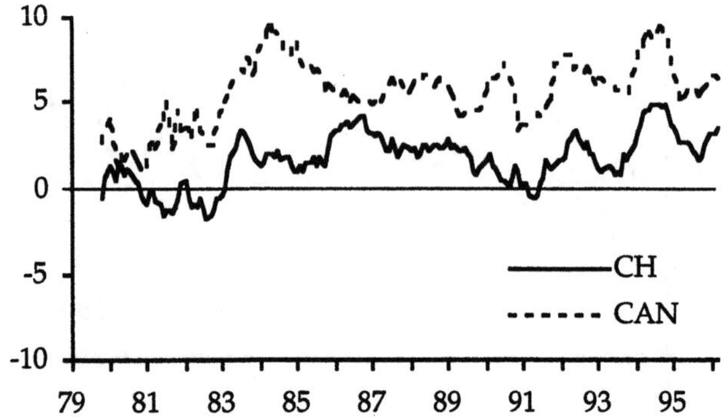

Quelle: IFS Reihe 61, Monatsdaten

Quelle: IFS Reihe 61, Monatsdaten

A7 Vergleich der Ertragsbilanzquoten

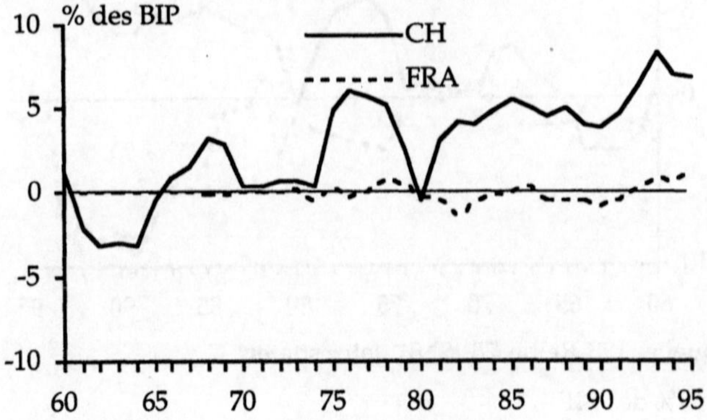

Quelle: IFS Reihe 78, SNB, Jahresdaten

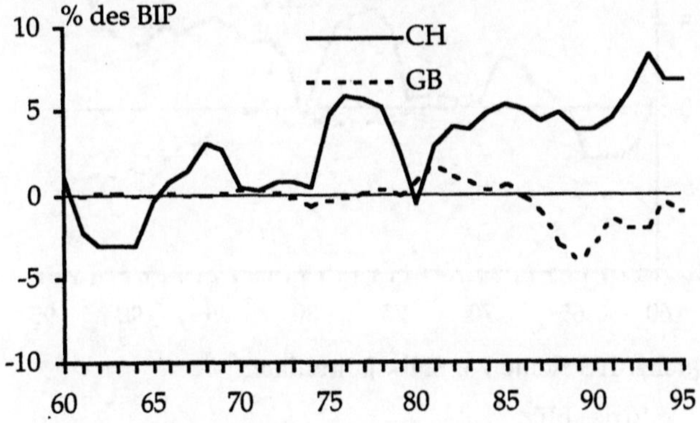

Quelle: IFS Reihe 78, SNB, Jahresdaten

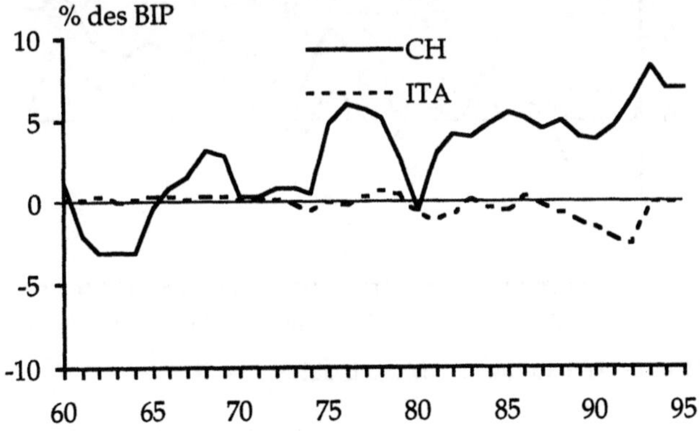

Quelle: IFS Reihe 78, SNB, Jahresdaten

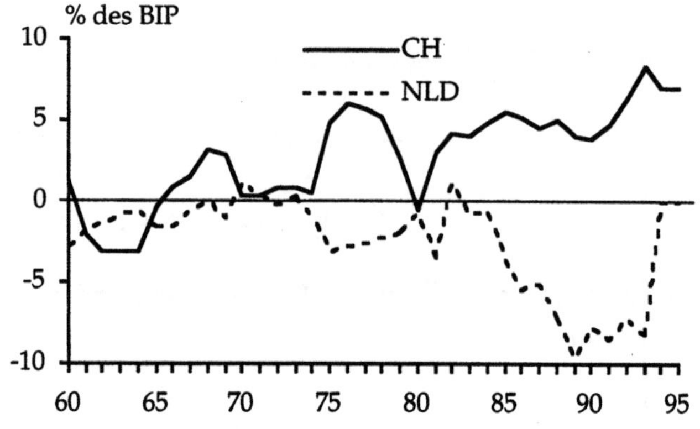

Quelle: IFS Reihe 78, SNB, Jahresdaten

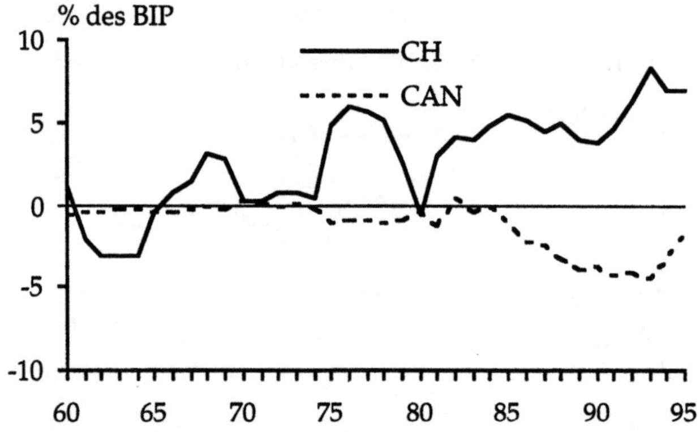

Quelle: IFS Reihe 78, SNB, Jahresdaten

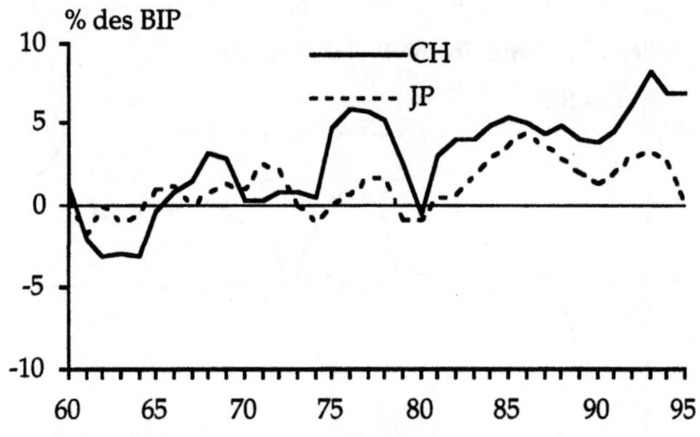

Quelle: IFS Reihe 61, Monatsdaten

SYMBOLVERZEICHNIS

A_i : Rendite einer risikolosen Anlage *i* (nur in Kapitel 2.3)
C : Konsumausgaben
C_i : Konsum im Land i
E : Erwartungsoperator
EB : Ertragsbilanz
EX : Exporte
G : Staatsausgaben
G_i : Preis der Aktie *i* (gilt nur in Kapitel 2.3)
H_i : Preis der Geldmarktanlage *i*
I : Investitionen
KVB : Kapitalverkehrsbilanz
L : Lagrangeoperator
M^d : Nominale Geldnachfrage
M^s : Nominales Geldangebot
P : Preis
R : Radius
S : Ersparnisse
T : Kapitalertragsbilanz
U : Nutzen
V : Gesamtvermögen

W_t^K : Kassakurs in t

$W_{t,t+k}^T$: Terminkurs für k Perioden

X : Bruttoinlandprodukt

Y : Bruttosozialprodukt

c : Logarithmierte Konsumausgaben

d : Dummievariable

e : Eulersche Zahl

$f_{t,t+k}$: Swapsatz für k Perioden

g_i : Wachstumsrate der Arbeitskräfte

$i_{t,t+k}$: Nominalzinssatz für k Perioden

k : Wert der Kapitalimporte /-exporte

m_t : Logarithmierte Geldnachfrage

n_i : Logarithmierte nominelle Konsumausgaben

p : Logarithmierte Güterpreise

q_0 : Rendite der risikolosen Anlage

r : Realzinssatz

t : Zeitpunkt

v_i : Vermögensanteile

w_t^K : Logarithmierter Kassakurs in t

$w_{t,t+k}^T$: Logarithmierter Terminkurs für k Perioden

${}^e w_{t+1}^K$: Logarithmierter Erwarteter Kassakurs

y : Reales Sozialprodukt

Die analog für das Ausland geltenden Variablen, sind jeweils mit einem hochgestellten * markiert. Im Zweiländer Modell des zweiten Kapitels wurde auf die Zeitindices verzichtet. Die gegenwärtige Periode wird in diesem Fall nicht speziell gekennzeichnet; Variablen der darauf folgenden Periode sind aber mit einem Apostroph versehen. So wird z.B. die Variable p_t mit p abgekürzt und p_{t+1} mit p'.

Γ : Kovarianzmatrix

Θ : Summe aller Konsumgüter

I : Einheitsvektor

Ξ_i : Vermögensanteile in liquiden Mittel

Ω_t : Informationsset in t

α, β, γ : Positive Modellparameter

γ : Konstante, relative Risikoaversion (gilt nur in Kapitel 2.3)

δ : Konstante Risikoprämie

ε : Störterm

ζ : Diskontfaktor

η_t : Variierende Risikoprämie

ϑ : Lagrangemultiplikator

κ : Kassahaltungskoeffizient

λ : Lagrangemultiplikator

μ : Erwarteter Ertrag

ρ : Positiver Modellparameter

ρ : Stochastische Geldwachstumsrate (gilt nur in Kapitel 2.3)

ξ_t : Risikoprämie

π : Teuerungsrate

σ^2 : Varianz

ς : Änderungsrate des schweizerischen Aktienindexes

φ : Abweichung vom Mittelwert

ϕ : Kaufkraft

ABKÜRZUNGSVERZEICHNIS

CHIPS	:	Clearing House Interbank Payments System
CIA	:	Cash-In-Advance
CIP	:	Covered Interest Parity (gedeckte Zinsparität)
CRRA	:	Konstante Relative Risikoaversion
EMH	:	Efficient Market Hypothesis
EWS	:	Europäisches Währungssystem
ERM	:	Exchange Rate Mechanism
EU	:	Europäische Union
GMM	:	Generalised Method of Moments (verallgemeinerte Methode der Momente)
IFS	:	International Financial Statistics
IMRS	:	Intertemporale marginale Rate der Substitution
IWF	:	Internationaler Währungsfonds
KKP	:	Kaufkraftparität
MRS	:	Marginale Rate der Substitution
OLS	:	Ordinary least squares (Schätzung mit Kleinstquadraten)
SNB	:	Schweizerische Nationalbank
UIP	:	Uncovered Interest Parity (ungedeckte Zinsparität)

LITERATUR

Abuaf, N. und Jorion, P. (1990) "Purchasing Power Parity in the Long Run", *Journal of Finance*, Vol. 45 (1); S. 157-174.

Aliber, R. Z. (1973) "The Interest Rate Parity Theorum: A Reinterpretation", *Journal of Political Economy*, Vol. 81; S. 1451-1459.

Aliber, R. Z. (1976) "Equilibrium and Disequilibrium in the International Money Market", *Weltwirtschaftliches Archiv*, Vol. 112; S. 73-90.

Ayuso, J. und Restoy, F. (1996) "Interest Rate Parity and Foreign Exchange Risk Premia in the ERM", *Journal of international Money and Finance*, Vol. 15 (3); S. 369-382.

Baille, R. T., Lippens, R. E. und McMahon, P. C. (1983) "Testing Rational Expectations and Efficiency in the Foreign Exchange Market", *Econometrica*, Vol. 51; S. 553-563.

Bayoumi, T. (1990) "Saving-Investment Correlations: Immobile Capital, Government Policy or Endogenous Behavior?", *IMF Staff Papers*, Vol. 37; S. 360-387.

Bayoumi, T. und MacDonald, R. (1995) "Consumption, Income, and International Capital Market Integration", *IMF Staff Papers*, Vol. 42 (3); S. 552-556.

Bekaert, G. (1994a) "Exchange rate Volatility and Deviations from Unbiasdness in a Cash-in-Advance Model", *Journal of International Economics*, Vol. 36; S. 29-52.

Bekaert, G. (1994b), "The Time Variation of Risk and Return in Foreign Exchange Markets: A General Equilibrium Perspective", Cambridge; NBER Working paper, Nr. 4818.

Bekaert, G., Hodrick, R. J. und Marshall, D. A. (1994), "The Implications of First-Order Risk Aversion for Asset Market Risk Premiums", Cambridge; NBER Working paper, Nr. 4624.

Bierens, H. J. und Guo, S. (1993) "Testing Stationarity and Trend Stationarity against the Unit Root Hypothesis", *Econometric Reviews*, Vol. 12 (1); S. 1-32.

Bilson, J. F. O. (1981) "The "Speculative Efficiency" Hypothesis", *Journal of Business*, Vol. 54 (3); S. 435-451. Ebenfalls in MacDonald, R. und Taylor, M. (1992) *Exchange Rate Economics*, Vol. 2, Aldershot; Edwar Elgar.

Blanchard, O. J. und Fischer, S. (1989) "Lectures on Macroeconomics", London; MIT Press, 650 Seiten.

Bordo, M. D. (1993) "The Bretton Woods International Monetary System: A Historical Overview", in Bordo, M. D. und Eichengreen; B. (Hrsg.) *A Retrospective on the Bretton Woods System*, London; University Chicago Press, S. 3-108.

Braillard, P., Betcher, O. G. und Lusenti, G. (1987) "Der Finanzplatz Schweiz: Regierungspolitik und Internationale Konkurrenzfähigkeit", Übersetzt von: Agad, C. M., Forni-Degkwitz, C., Genf; Georg Editeur, 325 Seiten.

Brainard, W. und Tobin, J. (1992) "On Internationalization of Portfolios", *Oxford Economic Papers*, Vol. 4; S. 533-565.

Branson, W. H. (1969) "The Minimum Covered Interest Differential Needed for International Arbitrage Activity", *Journal of Political Economy*, Vol. 77; S. 1028-1035.

Breuer, J. B. und Wohar, M. E. (1996) "The Road Less Travelled: Institutional Aspects of Data and Their Influence on Empirical Estimates with an Application to Tests of Forward Rate Unbiasedness", *Economic Journal*, Vol. 106 (434); S. 26-38.

Campbell, J. Y., Lo, A. W. und MacKinlay, C. (1997) "The Econometrics of Financial Markets", Princeton; Princeton University Press.

Canova, F. und Marrinan, J. (1993) "Profits, Risk and Uncertainty in Foreign Exchange Markets", *Journal of Monetary Economics*, Vol. 32; S. 259-286.

Cassel, D. (1995) "Inflation", in Bender, D. (Hrsg.) *Kompendium der Wirtschaftstheorie*, Vol. 1, München; Vahlen, S. 265-323.

Cavaglia, S., Verschoor, W. F. C. und Wolfe, C. C. P. (1993a) "Asian Exchange Rate Expectations", *Journal of the Japanese and International Economies*, Vol. 7; S. 57-77.

Cavaglia, S., Verschoor, W. F. C. und Wolfe, C. C. P. (1993b), "On the Biasedness of Forward Foreign Exchange Rates: Irrationality or Risk Premia?", Limburg Institute of Financial Economics, Nr. 93-12, 41 Seiten.

Chinn, M. und Dooley, M. (1995), "Asia-Pacific Capital Markets: Integration and Implications for Economic Activity", Cambridge; NBER Working paper, Nr. 5280, 37 Seiten.

Chinn, M. D. und Frankel, J. A. (1994) "Financial Links Around the Pacific Rim 1982-1992", in Glick, R. und Hutchison, M. M. (Hrsg.) *Exchange Rate Policy and Interdependence: Perspectives from the Pacific Basin*, Cambridge; Cambridge University Press.

Cosandier, P. A. und Lang, B. R. (1981) "Interest Rate Parity Tests: Switzerland and Some Major Western Countries", *Journal of Banking and Finance*, Vol. 5 (187-200).

Cox, J., Ingersoll, J. E. und Ross, S. (1981) "The Relation Between Forward Prices and Future Prices", *Journal of Financial Economics*, Vol. 9; S. 321-346.

Cumby, R. E. (1988) "Is it Risk? Explaining Deviations from Uncovered Interest Parity", *Journal of Monetary Economics*, Vol. 22; S. 279-299.

Cumby, R. und Mishkin, F. S. (1986) "The International Linkage of Real Interest Rates: The European-U.S. Connection", *Journal of international Money and Finance*, Vol. 5; S. 5-23.

Cumby, R. und Obstfeld, M. (1981) "A Note on Exchange-Rate Expectations and Nominal Interest Rate Differentials: A Test of the Fisher Hypothesis", *Journal of Finance*, Vol. 36 (3); S. 697-703. Ebenfalls in MacDonald, R. und Taylor, M. (1992) *Exchange Rate Economics*, Vol. 2, Aldershot; Edwar Elgar.

Cumby, R. E. und Obstfeld, M. (1984) "International Interest Rate and Price Level Linkages under Flexible Exchange Rates: A Review of Recent Evidence", in Bilson, J. F. O. und Marston, R. C. (Hrsg.) *Exchange Rate Theory and Practice*, National Bureau of Economic Research conference report, London; University Chicago Press, S. 121-151.

Dickey, D. und Fuller, W. A. (1979) "Distribution of the Estimates for Autoregressive Time Series with a Unit Root", *Journal of the American Statistical Association*, Vol. 74 (366); S. 427-431.

Dickey, D. und Fuller, W. A. (1981) "Likelihood Ratio Statistics for Autoregressive Time Series with a Unit Root", *Econometrica*, Vol. 49 (4); S. 1057-1072.

Domowitz, I. und Hakkio, C. S. (1985) "Conditional Variance and the Risk Premium in the Foreign Exchange Market", *Journal of International Economics*, Vol. 19; S. 47-66. Ebenfalls in MacDonald, R. und Taylor, M. (1992) *Exchange Rate Economics*, Vol. 2, Aldershot; Edwar Elgar.

Dooley, M. P. und Isard, P. (1980) "Capital Controls, Political Risk, and Deviations from Interest-Rate Parity", *Journal of Political Economy*, Vol. 88 (2); S. 370-384.

Dooley, M. P. und Mathieson, D. J. (1994) "Exchange Rate Policy, International Capital Mobility, and Monetary Policy Instruments", in Glick, R. und Hutchison, M. (Hrsg.) *Exchange Rate Policy and Interdependence: Perspectives from the Pacific Basin*, Cambridge; Cambridge University Press.

Dutton, J. (1993a) "Real and Monetary Shocks and Risk Premia in Forward Markets for Foreign Exchange", *Journal of Money, Credit and Banking*, Vol. 25 (731-754).

Dutton, M. M. (1993b) "Real Interest Rate Parity: New Measures and Tests", *Journal of international Money and Finance*, Vol. 12; S. 62-77.

Edison, H. J. und Pauls, D. B. (1993) "A Re-Assesment of the Relationship Between Real Exchange Rates and Real Interest Rates: 1974-1990", *Journal of Monetary Economics*, Vol. 31; S. 165-187.

Einzig, P. (1970a) "The Case against Floating Exchange Rates", London; MacMillan, 211 Seiten.

Einzig, P. (1970b) "The History of Foreign Exchange", London; MacMillan, 2. Auflage, 362 Seiten.

Enders, W. (1995) "Applied Econometric Time Series", Barnett, V. et al. (Hrsg.) *Wiley Series in Probability and Mathematical Statistics*, New York; John Wiley & Sons, 433 Seiten.

Engel, C. (1996) "The Forward Discount Anomaly and the Risk Premium: A Survey of Recent Evidence", *Jounal of Empirical Finance*, Vol. 3 (2); S. 123-191.

Engle, R. F. und Granger, C. W. J. (1987) "Co-integration and Error Correction: Representation, Estimation, and Testing", *Econometrica*, Vol. 55 (2); S. 251-276.

Ettlin, F. (1989) "Der schweizerische Notenumlauf 1962-1988: Resultate einer ökonometrischen Untersuchung aufgrund des Fehler-Korrektur-Ansatzes", *Geld, Währung und Konjunktur*, (3); S. 257-268.

Evans, G. W. (1986) "A Test for Speculative Bubbles in the Sterling-Dollar Exchange Rate: 1981-84", *American Economic Review*, Vol. 76 (4); S. 621-636. Ebenfalls in MacDonald, R. und Taylor, M. (1992) *Exchange Rate Economics*, Vol. 2, Aldershot; Edwar Elgar.

Fama, E. (1991) "Efficient Capital Markets: II", *Journal of Finance*, Vol. 25 (2); S. 383-417.

Fama, E. F. (1976) "Foundations of Finance", New York; Basic Books, 395 Seiten.

Fama, E. F. (1970) "Efficient Capital Markets: A Review of Theory and Empirical Work", *Journal of Finance*, Vol. 25; S. 383-417.

Fama, E. F. (1984) "The Information in the Term Structure", *Journal of Financial Economics* , Vol. 13; S. 509-528.

Fama, E. (1991) "Efficient Capital Markets: II", *Journal of Finance* , Vol. 25 (2); S. 383-417.

Feldstein, M. (1983) "Domestic Saving and International Capital Movements", *European Economic Revue,* Vol. 21; S. 129-151.

Feldstein, M. und Horioka, C. (1980) "Domestic Saving and International Capital Flows", *The Economic Journal,* Vol. 90; S. 314-329.

Finn, M. G. (1990) "On Savings and Investment in a Small Open Economy", *Journal of International Economics,* Vol. 29; S. 1-21.

Frankel, J. A. (1993a) "International Financial Integration", in Das, D. K. (Hrsg.) *International Finance,* London; Routledge, S. 333-359.

Frankel, J. A. (1993b) "Quantifying International Capital Mobility in the 1980s", in Das, D. K. (Hrsg.) *International Finance,* London; Routledge, S. 27-54.

Frankel, J. A. (1992) "Measuring International Capital Mobility: A Review", *American Economic Review Papers and Proceedings,* Vol. 82; S. 197-202.

Frankel, A. J. (1986) "International Capital Mobility and Crowding-Out in the U.S. Economy: Imperfect Integration of Financial Markets or of Goods Markets?", in Hafer, R. W. (Hrsg.) *How open is the U.S. economy?,* Lexington Books for the Federal Reserve Bank of St. Louis, Lexington; Lexington Books, S. 33-67.

Frankel, J. A. (1982) "In Search of the Exchange Risk Premium: A Six Currency Test Assuming Mean-Variance Optimization", *Journal of international Money and Finance,* Vol. 1; S. 255-274. Ebenfalls in Frankel, J. A. (1993) *On Exchange Rates,* London; MIT Press.

Frankel, J. A. (1980) "Tests of Rational Expectations in the Forward Exchange Market", *Southern Economics Journal,* Vol. 46 (4). Ebenfalls in Frankel, J. A. (1993) *On Exchange Rates,* London; MIT Press.

Frankel, J. A. (1979) "On the Mark: A Theory of Floating Exchange Rates Based on Real Interest Differentials", *American Economic Review,* Vol. 69 (4); S. 601-622. Ebenfalls in Frankel, J. A. (1993) *On Exchange Rates,* London; MIT Press.

Frankel, J. A. und Froot, K. (1990a), "Exchange Rate Forcasting Techniques, Survey Data, and Implication for the Foreign Exchange Market", IMF Working Paper, Nr. WP/90/43, 26 Seiten.

Frankel, J. A. und Froot, K. A. (1990b) "Chartists, Fundamentalists, and Trading in the Foreign Exchange Market", *American Economic Review Papers and Proceedings,* Vol. 80 (2); S. 181-185. Ebenfalls in Frankel, J. A. (1993) *On Exchange Rates,* London; MIT Press.

Frankel, J. A. und Froot, K. A. (1989) "Forward Discount Bias: Is it an Exchange Risk Premium?", *Quarterly Journal of Economics,* Vol. 104 (1); S. 139-161. Ebenfalls in Frankel, J. A. (1993) *On Exchange Rates,* London; MIT Press.

Frankel, J. A. und Froot, K. (1987) "Using Survey Data to Test Standard Propositions Regarding Exchange Rate Expectations", *American Economic Review,* Vol. 77 (1); S. 133-153. Ebenfalls in Frankel, J. A. (1993) *On Exchange Rates,* London; MIT Press.

Frankel, A. J. und MacArthur, A. T. (1988) "Political vs. Currency Premia in International Real Interest Differentials: A Study of Forward Rates for 24 Countries", *European Economic Revue,* Vol. 32; S. 1083-1121.

Frankel, J. A. und Rose, A. K. (1995) "Empirical Research on Nominal Exchange Rates", in Grossman, G. und Rogoff, K. (Hrsg.) *Handbook of International Economics,* Vol. 3, Handbooks in Economics, Amsterdam; Elsevier, S. 1689-1730.

Fratianni, M. und Wakeman, L. M. (1982) "The Law of One Price in the Eurocurrency Market", *Journal of international Money and Finance,* Vol. 1 (307-323).

Frenkel, J. A. (1981) "Flexible Exchange Rates, Prices, and the Role of "News": Lessons from the 1970s", *Journal of Political Economy*, Vol. 89 (41); S. 665-705. Ebenfalls in MacDonald, R. und Taylor, M. (1992) *Exchange Rate Economics*, Vol. 1, Aldershot; Edwar Elgar.

Frenkel, J. A. (1976) "A Monetary Approach to the Exchange Rate: Doctrinal Aspects and Empirical Evidence", *Scandinavian Journal of Economics*, Vol. 78 (2); S. 200-224. Ebenfalls in MacDonald, R. und Taylor, M. (1992) *Exchange Rate Economics*, Vol. 1, Aldershot; Edwar Elgar.

Friedman, M. (1953) "The Case for Flexible Exchange Rates", in Friedman, M. (Hrsg.) *Essays in Positive Economics*, Chicago; University of Chicago Press. Ebenfalls in MacDonald, R. und Taylor, M. (1992) *Exchange Rate Economics*, Vol. 1, Aldershot; Edwar Elgar.

Froot, K. A. (1990), "Short Rates and Expected Asset Returns", Cambridge; NBER Working paper, Nr. 3247.

Froot, K. A. und Kenneth, R. (1995) "Perspectives on PPP and Long-Run Real Exchange Rates", in Grossman, G. und Rogoff, K. (Hrsg.) *Handbook of International Economics*, Vol. 3, Handbooks in Economics, Amsterdam; Elsevier, S. 1647-1688.

Froot, K. A. und Thaler, R. H. (1990) "Anomalies: Foreign Exchange", *Journal of Economic Perspectives*, Vol. 4 (3); S. 179-192.

Fujiki, H. und Kitamura, Y. (1995) "Feldstein-Horioka Paradox Revisted", *Bank of Japan Monetary and Economic Studies*, Vol. 36.

Fuller, W. A. (1976) "Introduction to statistical time series", Barnett, V. et al. (Hrsg.) *Wiley Series in Probability and Mathematical Statistics*, New York; John Wiley, 470 Seiten.

Gaab, W., Granziol, M. J. und Horner, M. (1986) "On Some International Parity Conditions: An Empirical Investigation", *European Economic Revue*, Vol. 30 (3); S. 683-713.

Gagnon, J. E. und Unferth, M. U. (1995) "Is there a World Interest Rate?", *Journal of international Money and Finance*, Vol. 14 (6); S. 845-855.

Garber, P. M. (1993) "The Collapse of the Bretton Woods Fixed Exchange Rate System", in Bordo, M. D. und Eichengreen, B. (Hrsg.) *A Retrospective on the Bretton Woods System,* London; University Chicago Press, S. 461-494.

Garbers, H. (1987) "A Misspecification Analysis of the Relationship between Spot and Forward Exchange Rates", *European Economic Revue,* Vol. 31; S. 1407-1417.

Gebauer, W. (1982) "Realzins, Inflation und Kapitalzins", *Studies in Contemporary Economics,* Berlin; Springer.

Geweke, J. und Feige, E. (1979) "Some Joint Tests of the Efficiency of Markets for Forward Foreign Exchange", *Review of Economics and Statistics,* Vol. 61; S. 334-341.

Goldstein, M. (1994) "Improving Economic Policy Coordination: Evaluating some new and some not-so-new Proposals", in Kenen, P. B. et al. (Hrsg.) *The International Monetary System,* Cambridge; Cambridge University Press, S. 298-324.

Goldstein, M. und Folkerts-Landau, D. (1994) "International Capital Markets: Developments, Prospects, and Policy Issues", *World Economic and Financial Surveys,* Washington; International Monetary Fund.

Goodhart, C. A. E., McMahon, P. C. und Ngama, Y. L. (1992) "Does the Forward Premium/Discount Help to Predict the Future Change in the Exchange Rate?", *Scottish Journal of Political Economy,* Vol. 39; S. 129-140.

Gordon, R. H. und Bovenberg, L. A. (1996) "Why is Capital so Immobile Internationally? Possible Explanations and Implications for Capital Income Taxation", *American Economic Review,* Vol. 86 (5); S. 1057-1075.

Granziol, M. J. (1980) "Rationale Erwartungen und Devisenkurse-Ergebnisse einer Multimarkt-Effizienzuntersuchung des Dollar/Franken- und Deutsche Mark/Franken Einmonatsterminmarktes", *Schweizerische Zeitschrift für Volkswirtschaft und Statistik,* Vol. 116; S. 423-434.

Grubel, H. G. (1969) "International Capital Movements and Monetary equilibrium", *American Economic Review,* Vol. 69.

Hall, A. (1994) "Testing for a Unit Root in Time Series Using Instrumental Variable Estimators with Pretest Data Based Model Selection: Erratum", *Journal of Econometrics*, Vol. 60 (1-2); S. 321.

Hall, A. (1992) "Testing for a Unit Root in Time Series Using Instrumental Variable Estimators with Perfect Data Based Model Selection", *Journal of Econometrics*, Vol. 54 (1-3); S. 223-250.

Hallwood, P. C. und Mac Donald, R. (1995) "International Money and Finance", Oxford; Blackwell, 2. Auflage, 445 Seiten.

Hamilton, J. D. (1994) "Time Series Analysis", Princeton; Princeton University Press.

Hansen, L. P. (1982) "Large Sample Properties of Generalized Method of Moments", *Econometrica*, Vol. 50; S. 1029-1054.

Hodrick, R. J. (1989a) "Risk, Uncertainty and Exchange Rates", *Journal of Monetary Economics*, Vol. 23; S. 433-459.

Hodrick, R. J. (1989b) "U.S. International Capital Flow: Perspectives from Rational Maximizing Models", *Carnegie-Rochester Conference Series on Public Policies*, Vol. 30; S. 231-288.

Hodrick, R. J. (1987) "The Empirical Evidence on the Efficiency of Forward and Futures Foreign Exchange Markets", Lesourne, J. und Sonnenschein, H. (Hrsg.) *Fundamentals of Pure and Applied Economics*, Vol. 24, Chur; Harwood Academic Publishers, 174 Seiten.

Hodrick, R. J. und Srivastava, S. (1986) "The Covariation of Risk Premiums and Expected Future Spot Exchange Rates", *Journal of international Money and Finance*, Vol. 5 supplement; S. 5-22.

Hodrick, R. J. und Srivastava, S. (1984) "An Investigation of Risk and Return in Forward Foreign Exchange", *Journal of international Money and Finance*, Vol. 3 (1); S. 5-29.

Holden, D. und Perman, R. (1994) "Unit Root and Cointegration for the Economist", in Rao, B. B. (Hrsg.) *Cointegration for the Applied Economist*, Hampshire; MacMillan Press.

Huber, H.-P. (1995), "Der Zusammenhang von Wechselkursen und Kapitalmarktzinsen auf der Basis finanzmarktorientierter Wechselkursmodelle", Universität Zürich; Difo-Druck.

Ito, T. und Folkerts-Landau, D. (1996) "International Capital Markets: Developments, Prospects, and Policy Issues", *World Economic and Financial Surveys*, Washington; International Monetary Fund.

Jansen, W. J. und Schulze, G. G. (1996) "Theory-Based of the Saving Investment Correlation with an Application to Norway", *Economic Inquiry*, Vol. 34; S. 116-132.

Jorion, P. (1996) "Does Real Interest Parity Hold at Longer Maturities", *Journal of International Economics*, Vol. 40 (1/2); S. 105-126.

Kaldor, N. (1939) "Speculation and Economic Stability", *Review of Economic Studies*, Vol. 7; S. 1-27.

Kesselman, J. (1971) "The Role of Speculation in Forward Exchange Rate Determination", *Canadian Journal of Economics*, Vol. 4; S. 279-298.

Kilgus, E. und Hirszowicz, C. (Hrsg.) (1991), *Der Finanzplatz Schweiz im Spannungsfeld der internationalen Entwikklungen*, Vol. 138, Bern; Paul Haupt 349 Seiten.

Kirchgässner, G. und Wolters, J. (1990) "Sind Realzinsen stationär? Theoretische Überlegungen und empirische Ergebnisse", *Kredit und Kapital*, Vol. 23 (4); S. 468-495.

Krasker, W. S. (1980) "The "Peso Problem" in Testing the Efficiency of Forward Exchange Markets", *Journal of Monetary Economics*, Vol. 6; S. 269-276. Ebenfalls in MacDonald, R. und Taylor, M. (1992) *Exchange Rate Economics*, Vol. 2, Aldershot; Edwar Elgar.

Kremers, J., Ericsson, N. und Dolado, J. (1992) "The Power of Cointegration Tests", *Oxford Bulletin of Economics and Statistics*, Vol. 54; S. 325-348.

Kugler, P. und Neusser, K. (1993) "International Real Interest Rate Equalization", *Journal of Applied Econometrics*, Vol. 8; S. 163-174.

Lemmen, J. J. G. und Eijffinger, S. C. W. (1996) "The Price Approach to Financial Integration: Decomposing European Money Market Interest Rate Differential", *Kredit und Kapital*, Vol. 29 (2); S. 189-223.

Leupold, T. (1996) "Benchmarkorientierte Portfolio-Optimierung: Zum Benchmarking in der μ/σ-Portfolioanalyse und dessen Anwendung im Asset & Liability Management bertrieblicher Pensionsfonds", Kilgus, E. et al. (Hrsg.) *Bank- und Finanzwirtschaftliche Forschung*, Vol. 234, Bern; Paul Haupt, 258 Seiten.

Lewis, K. E. (1995) "Puzzles in International Financial Markets", in Grossman, G. und Rogoff, K. (Hrsg.) *Handbook of International Economics*, Vol. 3, Handbooks in Economics, Amsterdam; Elsevier, S. 1913-1971.

Lucas, R. E. (1982) "Interest Rate and Currecy Prices in a Two-Country World", *Journal of Monetary Economics*, Vol. 10; S. 335-359.

MacCallum, B. T. (1994) "A Reconsideration of the Uncovered Interest Parity Condition", *Journal of Monetary Economics*, Vol. 33; S. 105-132.

MacDonald, R. und Murphy, D. (1989) "Testing for the Long Run Relationship Between Nominal Interest Rates and Inflation Using Cointegration Techniques", *Applied Economics*, Vol. 21; S. 439-447.

MacDonald, R. und Taylor, M. (1992) "Exchange Rate Economics, A Survey", *IMF Staff Papers*, Vol. 39 (1); S. 1-57.

MacDonald, R. und Torrance, T. S. (1990) "Expectations Formation and Risk in Four Foreign Exchange Markets", *Oxford Economic Papers*, Vol. 42; S. 544-561. Ebenfalls in R. MacDonald, M. Taylor (1992) *Exchange Rate Economics*, Vol. 2, Aldershot; Edwar Elgar.

Macklem, R. T. (1991) "Forward Exchange Rates in Artificial Economies", *Journal of international Money and Finance*, Vol. 10; S. 365-391.

Mark, N. C. (1985a) "On Time Varying Risk Premia in the Foreign Exchange Market", *Journal of Monetary Economics*, Vol. 16 (1); S. 3-18.

Mark, N. C. (1985b) "Some Evidence on the International Equality of Real Interest Rates", *Journal of international Money and Finance*, Vol. 4; S. 189-208.

Marston, R. C. (1993) "Interest Differentials under Bretton Woods and Post-Bretton Woods Float: The Effects of Capital Controls and Exchange Risk", in Bordo, M. D. und Eichengreen, B. (Hrsg.) *A Retrospective on the Bretton Woods System*, London; University Chicago Press, S. 515-546.

Marston, R. C. (1976) "Interest Arbitrage in the Eurocurrency Markets", *European Economic Revue*, Vol. 7; S. 1-13.

Mayfield, S. E. und Murphy, R. G. (1992) "Interest Rate Parity and the Exchange Risk Premium", *Economics Letter*, Vol. 40; S. 319-324.

Meese, R. A. und Singleton, K. J. (1982) "On Unit Roots and the Empirical Modeling of Exchange Rates", *Journal of Finance*, Vol. 37 (4); S. 1029-1035.

Menkhoff, L. (1995) "Spekulative Verhaltensweise auf Devisenmärkten", Tübingen; J.C.B. Mohr (Paul Siebeck), 248 Seiten.

Mishkin, F. S. (1984) "Are Real Interest Rates Equal Across Countries? An Empirical Investigation of International Parity Conditions", *Journal of Finance*, Vol. 39 (5); S. 1345-1357.

Modjtahedi, B. (1988) "Dynamics of Real Interest Differentials: An Empirical Investigation", *European Economic Review*, Vol. 32 (6); S. 1191-1211.

Modjtahedi, B. (1991) "Multiple Maturities and Time-Varying Risk Premia in Forward Exchange Markets", *Journal of International Economics*, Vol. 30 (69-86).

Nelson, C. R. und Plosser, C. I. (1982) "Trends and Random Walks in Macroeconomic Time Series: Some Evidence and Implications", *Journal of Monetary Economics*, Vol. 10 (2); S. 139-162.

Noriega-Muro, A., E (1993) "Nonstationarity and Structural Breaks in Time Series: Asymptotic Theory and Monte Carlo Simulations", Aldershot; Avebury.

Nurske, R. (1944) "International Currency Experience", Geneva; League of Nations.

Obstfeld, M. (1995) "International Capital Mobility in the 1990s", in Kenen, P. B. (Hrsg.) *Understanding Interdependence: The Macroeconomics of the Open Economy,* Princeton; Princeton University Press, S. 201-261.

Obstfeld, M. (1994) "Are Industrial-Country Consumption Risks Globally Diversified?", in Leidermann, L. und Razin, A. (Hrsg.) *Capital Mobility: the Impact on Consumption, Investment and Growth,* Cambridge; Centre for Economic Policy Research, S. 13-44.

Obstfeld, M. (1986) "Capital Mobility in the World Economy: Theory and Measurement", *Carnegie-Rochester Conference Series on Public Policies,* Vol. 24; S. 55-104.

Obstfeld, M. und Rogoff, K. (1996) "Foundations of International Macroeconomics", Cambridge; MIT-Press.

Reading, B. (1960) "The Forward Pound 1951-59", *Economic Journal,* Vol. 70; S. 304-319.

Roll, R. (1977) "A Critique of the Asset Pricing Theory´s Tests Part 1: On Past and Potential Testability of the Theory", *Journal of Financial Economics,* Vol. 4; S. 129-176.

Romer, D. (1996) "Advanced Macroeconomics", New York; McGraw Hill, 540 Seiten.

Rose, A. K. (1988) "Is the Real Interest Rate Stable", *Journal of Finance,* Vol. 43; S. 1095-1112.

Rüdel, T. (1989) "Kointegration und Fehlerkorrekturmodelle: Mit einer empirischen Untersuchung zur Geldnachfrage in der Bundesrepublick Deutschland", Müller, W. A. (Hrsg.) *Wirschaftswissenschaftliche Beiträge,* Vol. 15, Heidelberg; Physica.

Schneider, H. (1992), "Aussenwirtschaft: Makroökonomische Aspekte", Zürich; Unveröffentlichtes Vorlesungsskript an der Universität Zürich.

Sheperd, W. F. (1994) "International Financial Integration: History, Theory and Applications in OECD Countries", Aldershot; Avebury, 450 Seiten.

Shilov, G. E. und Gurevich, B. L. (1977) "Integral, Measure and Derivative: A Unified Approach", Übersetzt von: Silverman, R. A., New York; Dover, 233 Seiten.

Sinn, H.-W. (1980) "Ökonomische Entscheidungen bei Ungewissheit", *Die Einheit der Gesellschaftswissenschaften*, Vol. 28, Tübingen; Mohr, 374 Seiten.

Sinn, S. (1992) "Saving-Investment Correlations and Capital Mobility: On the Evidence from Annual Data", *Economic Journal*, Vol. 102 (414); S. 1162-1170.

Sohmen, E. (1969) "Flexible Exchange Rates", London; University Chicago Press, Revised Edition, 263 Seiten.

Spraos, J. (1953) "The Theory of Forward Exchange and Recent Practice", *Manchester School of Economics and Social Studies*, Vol. 21; S. 87-117.

Summers, L. H. (1988) "Tax Policy and International Competitiveness", in Frenkel, J. A. (Hrsg.) *International Aspects of Financial Policies*, National Bureau of Economic Research conference report, Chicago; University of Chicago, S. 408.

Svensson, L. A. (1985a) "Currency Prices, Terms of Trade, and Interest Rates: A General Equilibrium Asset-Pricing Cash-In-Advance Approach", *Journal of International Economics*, Vol. 18; S. 17-42.

Svensson, L. A. (1985b) "Money and Asset Prices in a Cash-In-Advance Economy", *Journal of Political Economy*, Vol. 93; S. 919-944.

Taylor, A. M. (1994), "Domestic Saving and International Capital Flows Reconsidered", Cambridge; NBER Working paper, Nr. 4892.

Taylor, M. (1995) "The Economics of Exchange Rate", *Journal of Economic Literature*, Vol. 33 (1); S. 13-47.

Taylor, M. A. (1996), "International Capital Mobility in History: The Saving-Investment Relationship", Cambridge; NBER Working paper, Nr. 5743, 34 Seiten.

Tesar, L. (1991) "Saving, Investment and International Capital Flows", *Journal of International Economics*, Vol. 31; S. 55-78.

Tsiang, S. C. (1959) "The Theory of Forward Exchange and Effects of Government Intervention on the Forward Exchange Market", *IMF Staff Papers*, Vol. 7; S. 75-106.

Vikøren, B. (1994) "The Saving-Investment Correlation in the Short and in the Long Run", in Vikøren, B. (Hrsg.) *Interest Rate Differentials, Exchange Rate Expectations and Capital Mobility: Norwegian Evidence*, Vol. 21, Norges Bank Skriftserie, Oslo; Norges Bank.

Working, H. (1960) "Note on Correlation of First Differences of Averages in a Random Chain", *Econometrica*, Vol. 28; S. 916-918.

Zevin, R. (1992) "Are World Financial Markets More Open? If So, Why and With What Effects?", in Banouri, T. und Schor, J. B. (Hrsg.) *Financial Opennes and National Autonomy: Opportunities and Constraints*, Oxford; Clarendon Press, S. 43-83.

Statistiken

BIZ, (1996) "Central Bank Survey of Foreign Exchange and Derivatives Market Activity 1995", Basel; Bank für Internationalen Zahlungsausgleich, 155 Seiten.

IMF (versch. Jahrgänge) "International Financial Statistics", *International Monetary Fund.*

SNB (1970-1996) "Das schweizerische Bankwesen im Jahre ...", Schweizerische Nationalbank (Hrsg.) Vol. 55-80, Zürich; Schweizerische Nationalbank.

SNB (versch. Jahrgänge) "Monatsbericht", Schweizerische Nationalbank (Hrsg.) Zürich; Schweizerische Nationalbank.

Wirtschaftswissenschaftliche Beiträge

Band 136: Th. Christiaans, Learning by Doing in offenen Volkswirtschaften, 1997, ISBN 3-7908-0990-X

Band 137: A. Wagener, Internationaler Steuerwettbewerb mit Kapitalsteuern, 1997, ISBN 3-7908-0993-4

Band 138: P. Zweifel et al., Elektrizitätstarife und Stromverbrauch im Haushalt, 1997, ISBN 3-7908-0994-2

Band 139: M. Wildi, Schätzung, Diagnose und Prognose nicht-linearer SETAR-Modelle, 1997, ISBN 3-7908-1006-1

Band 140: M. Braun, Bid-Ask-Spreads von Aktienoptionen, 1997, ISBN 3-7908-1008-8

Band 141: M. Snelting, Übergangsgerechtigkeit beim Abbau von Steuervergünstigungen und Subventionen, 1997, ISBN 3-7908-1013-4

Band 142: Ph. C. Rother, Geldnachfragetheoretische Implikationen der Europäischen Währungsunion, 1997, ISBN 3-7908-1014-2

Band 143: E. Steurer, Ökonometrische Methoden und maschinelle Lernverfahren zur Wechselkursprognose, 1997, ISBN 3-7908-1016-9

Band 144: A. Groebel, Strukturelle Entwicklungsmuster in Markt- und Planwirtschaften, 1997, ISBN 3-7908-1017-7

Band 145: Th. Trauth, Ein Beitrag zur Theorie des endogenen Wachstums in interdependenten Volkswirtschaften, 1997, ISBN 3-7908-1019-3

Band 146: E. Lübke, Ersparnis und wirtschaftliche Entwicklung bei alternder Bevölkerung, 1997, ISBN 3-7908-1022-3

Band 147: F. Deser, Chaos und Ordnung im Unternehmen, 1997, ISBN 3-7908-1023-1

Band 148: J. Henkel, Standorte, Nachfrageexternalitäten und Preisankündigungen, 1997, ISBN 3-7908-1029-0

Band 149: R. Fenge, Effizienz der Alterssicherung, 1997, ISBN 3-7908-1036-3

Band 150: C. Graack, Telekommunikationswirtschaft in der Europäischen Union, 1997, ISBN 3-7908-1037-1

Band 151: C. Muth, Währungsdesintegration – Das Ende von Währungsunionen, 1997, ISBN 3-7908-1039-8

Band 152: H. Schmidt, Konvergenz wachsender Volkswirtschaften, 1997, ISBN 3-7908-1055-X

Band 153: R. Meyer, Hierarchische Produktionsplanung für die marktorientierte Serienfertigung, 1997, ISBN 3-7908-1058-4

Band 154: K. Wesche, Die Geldnachfrage in Europa, 1998, ISBN 3-7908-1059-2

Band 155: V. Meier, Theorie der Pflegeversicherung, 1998, ISBN 3-7908-1065-7

Band 156: J. Volkert, Existenzsicherung in der marktwirtschaftlichen Demokratie, 1998, ISBN 3-7908-1060-6

Band 157: Ch. Rieck, Märkte, Preise und Koordinationsspiele, 1998, ISBN 3-7908-1066-5

Band 158: Th. Bauer, Arbeitsmarkteffekte der Migration und Einwanderungspolitik, 1998, ISBN 3-7908-1071-1

Band 159: D. Klapper, Die Analyse von Wettbewerbsbeziehungen mit Scannerdaten, 1998, ISBN 3-7908-1072-X

Band 160: M. Bräuninger, Rentenversicherung und Kapitalbildung, 1998, ISBN 3-7908-1077-0

Band 161: S. Monissen, Monetäre Transmissionsmechanismen in realen Konjunkturmodellen, 1998, ISBN 3-7908-1082-7

Band 162: Th. Kötter, Entwicklung statistischer Software, 1998, ISBN 3-7908-1095-9

GPSR Compliance

The European Union's (EU) General Product Safety Regulation (GPSR) is a set of rules that requires consumer products to be safe and our obligations to ensure this.

If you have any concerns about our products, you can contact us on ProductSafety@springernature.com

In case Publisher is established outside the EU, the EU authorized representative is:

Springer Nature Customer Service Center GmbH
Europaplatz 3
69115 Heidelberg, Germany

Batch number: 10815974

Printed by Printforce, the Netherlands